Hans Ruegg

Matemática activa

para familias educadoras y escuelas alternativas

Libro de trabajo

Primaria II

(9 a 12 años aprox.)

Las hojas de trabajo son solamente un complemento de las actividades prácticas y con material concreto. El aprendizaje esencial sucede son esas actividades, según lo descrito en el libro principal (Partes A y B).

Este material acompaña el libro con el mismo título. Se recomienda no usarlo independientemente del libro. Las instrucciones para el uso de las hojas de trabajo se encuentran en el libro principal.

Se ofrecen los siguientes libros de "Matemática Activa ...":

Pre-Matemática (4 a 6 años aprox.) - con hojas de trabajo incluidos.

Primaria I (6 a 9 años aprox.)

Primaria I, Libro de trabajo

Primaria II (9 a 12 años aprox.)

Primaria II, Libro de trabajo

Secundaria I (12 a 15 años aprox.)

Secundaria II (Pre-universitario)

Matemática Divina (Complemento para educadores)

Primera edición 2018.

ISBN 978-1719013628
Información y contacto por internet para consultas:
http://educacionCristianaAlternativa.wordpress.com/libros-de-matematica-activa/

Unas demostraciones en video de los métodos de la matemática activa se encuentran en los siguientes cursos por internet:
https://eliademy.com/catalog/matematica-activa-para-familias-educadoras.html
https://eliademy.com/catalog/operaciones-basicas-con-regletas-cuisenaire.html

Tabla de contenido

Nota:
Pido encarecidamente a los usuarios de este libro que no se molesten por las pequeñas notas de autoría que aparecen dentro de los gráficos de las hojas de trabajo. A mí mismo me gustaría no tener que colocar esas notas, pero desafortunadamente es un mal necesario. En nuestros tiempos, en el sistema escolar abundan los profesores carentes de integridad, acostumbrados a copiar obras ajenas y a colocar su propio nombre encima. Y no solamente en el sistema escolar; tuve que observar lo mismo también en instituciones eclesiásticas. Así que lo vi necesario tomar por lo menos esta pequeña medida para desalentar un poco a tales piratas. Cuando algún día regrese la integridad y la honestidad a nuestras sociedades, podré ofrecer una edición sin esas notas.

Unidad ___ - Notas pedagógicas **Fecha:**

Actividades hechas

Experiencias con los niños, observaciones, etc.

Dificultades

Ideas propias, sugerencias:

Camino de aprendizaje para: ______________________

(Nombre)

Divide números de 4 cifras entre números de 1 cifra, por escrito. *(U.12)*

Resuelve operaciones combinadas con números y en problemas de texto. *(U.13)*

Divide números de 4 cifras entre números de 1 cifra, mentalmente o con material. *(U.11)*

Multiplica números de 3 y de 4 cifras por números de 1 cifra, por escrito. *(U.10)*

Multiplica números de 3 y de 4 cifras por números de 1 cifra, mentalmente o con material. *(U.9)*

÷

Sabe dividir de manera fácil y rápida por 10, por 100 y por 1000. *(U.8)*

Lleva su contabilidad personal. *(U.7, 13)*

Resuelve por escrito sumas y restas con unidades mixtas de medidas. *(U.7)*

Entiende y aplica la ley distributiva. *(U.8)*

Resuelve por escrito restas que requieren restar varios números a la vez. *(U.6)*

Aplica correctamente el principio de la operación inversa a los problemas con "máquinas". *(U.6, 12)*

x

Resta números de 4 cifras por escrito, "prestando". *(U.6)*

Conoce y estima con buena aproximación las unidades de medida más usuales de longitud, peso y volumen. *(U.5)*

Realiza conversiones de unidades de medida que involucran números hasta 10'000. *(U.5)*

–

Sabe leer correctamente instrumentos de medición como cinta métrica, balanza, etc. *(U.5)*

+

Entiende el concepto del valor posicional en el sistema decimal. *(U.2)*

Suma números de 4 cifras por escrito, "llevando". *(U.4)*

Resuelve sumas y restas fáciles con números de 4 cifras mentalmente, o con material concreto. *(U.3)*

10'000

Sabe multiplicar de manera fácil y rápida por 10, por 100 y por 1000. *(U.2)*

9999

Ubica números en una recta numérica que avanza en pasos de 10, de 100, o de 1000. *(U.1)*

Lee y escribe números hasta 10'000. *(U.1)*

Representa números de 4 cifras con material en el tablero posicional, o con el ábaco decimal. *(U.1)*

Cuenta hacia adelante y hacia atrás con números de cuatro cifras. *(U.1)*

¿Cuál número viene antes?
¿Cuál viene después?

Antecesor	*Número*	*Sucesor*
	6089	
	4300	
	8009	
	7999	
	9399	
9998		
		1001

Cuenta por decenas, avanzando y retrocediendo.

5274	3059		2865
5284	3049		
	3039		
		1028	
		1038	
5344			
			2955

Cuenta por centenas, avanzando y retrocediendo.

4327	9406		
4427	9306		
		2497	1336
		2397	
4827			
	8606		
			736

Escribe los signos correctos: <, =, >

4782 ___ 4783		8344 ___ 8433	
5006 ___ 6005		7348 ___ 7348	
8988 ___ 8898		8020 ___ 8009	
6853 ___ 6788		5020 ___ 6009	
2978 ___ 3267		7258 ___ 7457	
3099 ___ 3100		7099 ___ 6100	

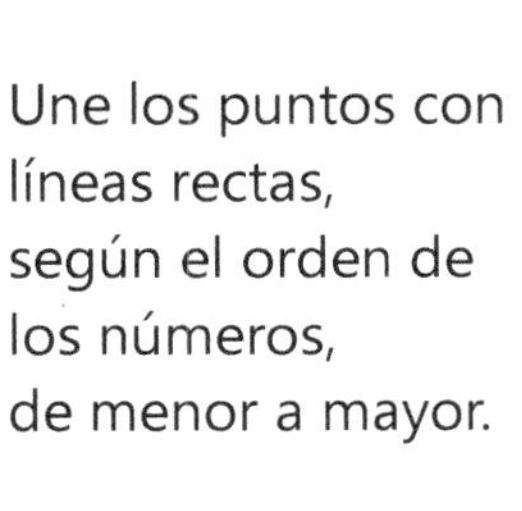

Une los puntos con líneas rectas, según el orden de los números, de menor a mayor.

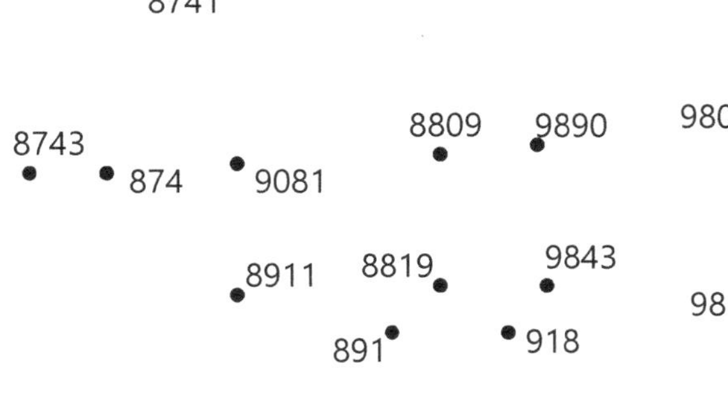

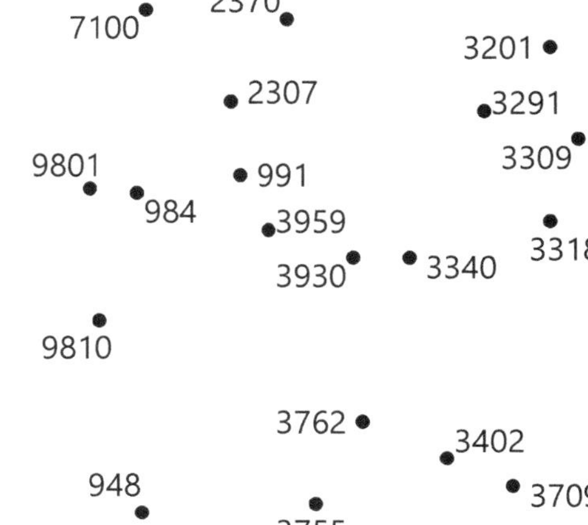

En las siguientes rectas numéricas, señala dónde se encuentra el número indicado.

Ejemplo:

3824
3000
3100
3200
3300
3400
3500
3600
3700
3800
3900
4000

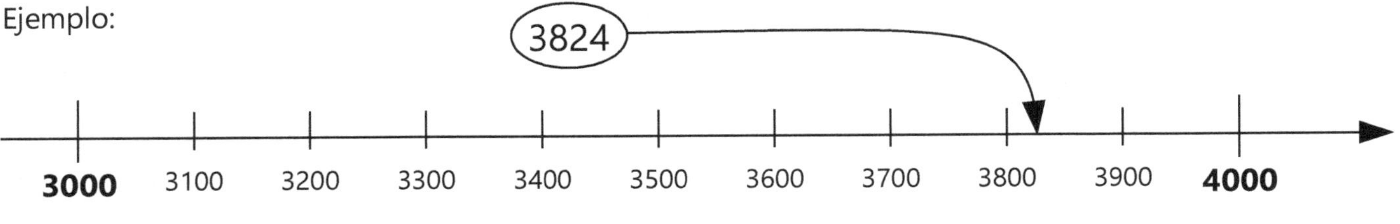

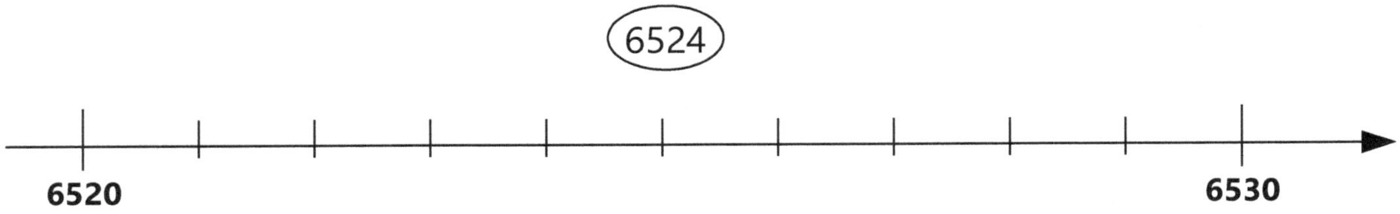

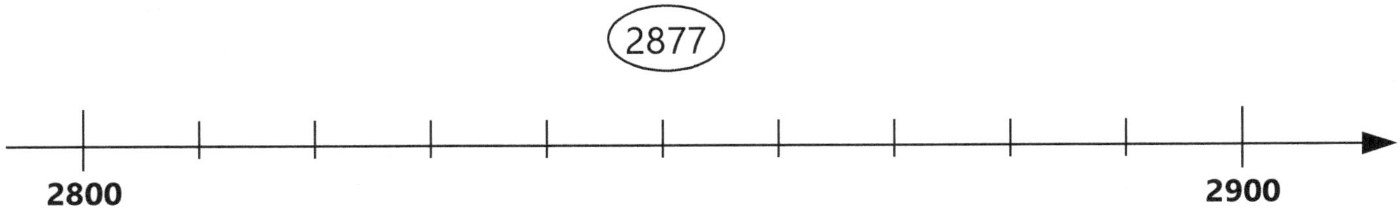

6524
6520
6530

2877
2800
2900

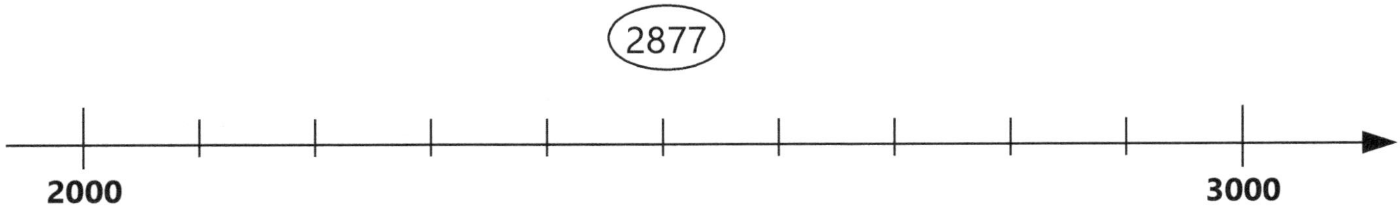

2877
2000
3000

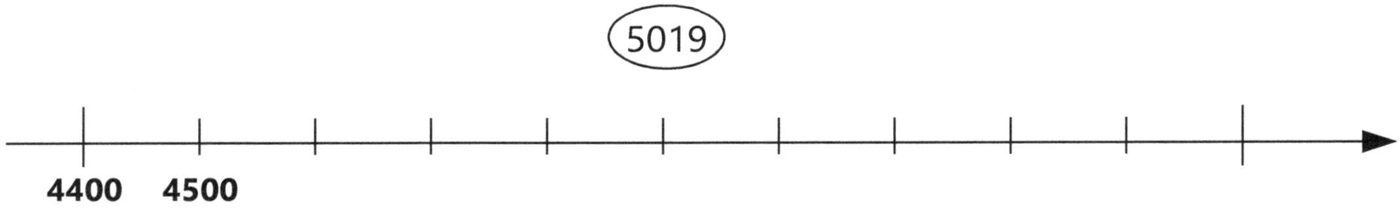

5019
4400
4500

En las siguientes rectas numéricas, escribe los números adonde señalan las flechas:

4500
4600

7000
8000

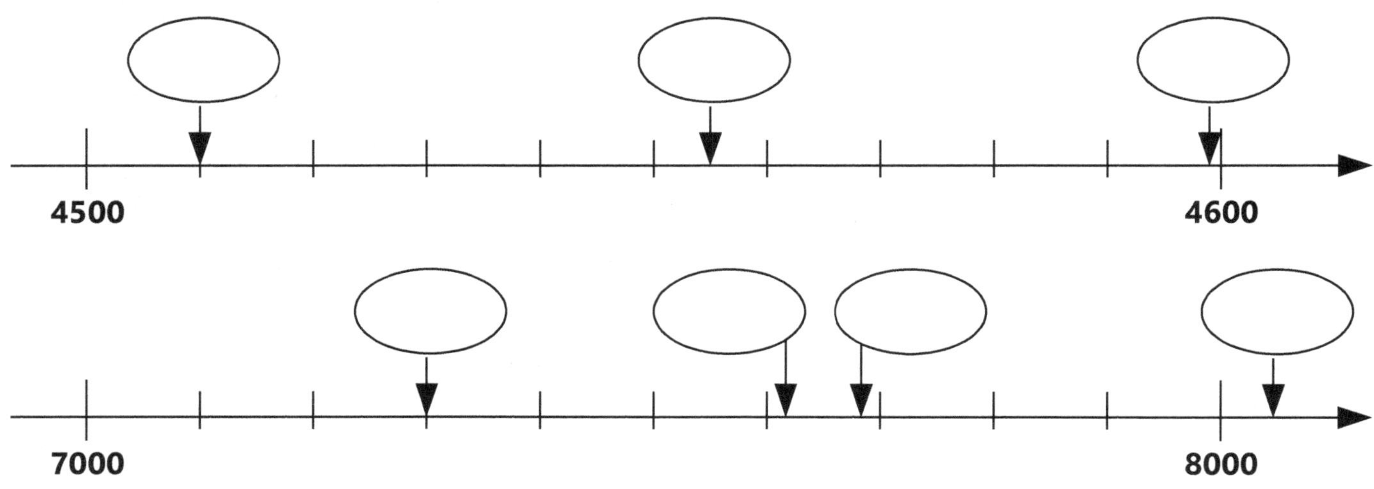

Tarjetas con sumas y restas hasta 10'000

para practicar con el ábaco, material Base 10, etc, o mentalmente.

3000+2006	6000+1700	4090 + 500
1008 + 620	7007 + 25	8200 + 73
8114 + 200	1922 + 57	70 + 2122
131 + 1414	2060 + 320	9090 + 910
3700 + 800	4963 + 40	5028 + 4700
8000–3000	5200–3000	6730 – 700
2077 – 50	4100 – 500	7043 – 21
7000 – 80	3000 – 600	9467 – 4000
5648 – 400	2092 – 1060	6904–4004
9999 – 3060	8000 – 430	7483 – 350

© Hans Ruegg 2018 - Matemática activa para familias educadoras y escuelas alternativas

Tarjetas con sumas y restas hasta 10'000 *(Reverso)*

Plastificar por ambos lados y cortar por las líneas punteadas.

4590	7700	5006
8273	7032	1628
2192	1979	8314
10'000	2380	1545
9728	5003	4500
6030	2200	5000
7022	3600	2027
5467	2400	6920
2900	1032	5248
7133	7570	6939

Representa con material y calcula:

3	2	5	1
+	4	0	8

	6	2	0
+	3	2	4

2	4	7	5
+6	3	2	4

8	4	5	5
+	7	3	3

1	6	3	7
+8	2	5	7

5	1	6	4
+	3	9	1

M	C	D	U
7	7	7	7
+1	2	3	4

M	C	D	U
5	1	4	5
+2	8	5	6

M	C	D	U
	9	9	9
+6	8	2	3

Haz tantos ejercicios como necesitas para dominar estas operaciones.

Escribe las operaciones correctamente en el tablero posicional.
Resuelve por escrito. Representa con material concreto si deseas.

1762 + 7343

M	C	D	U

544 + 4405

M	C	D	U

3998 + 4036

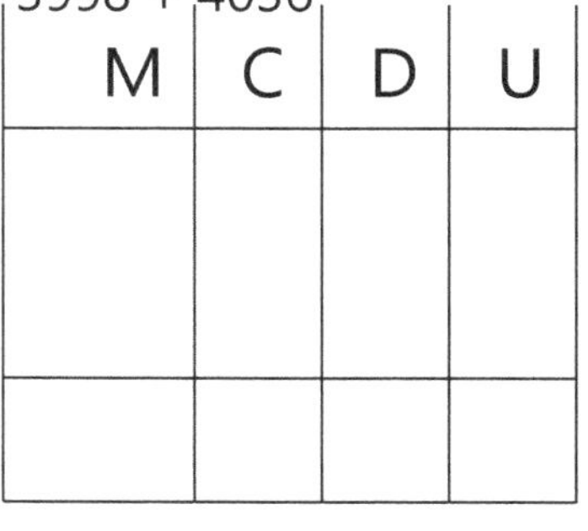

M	C	D	U

6976 + 27

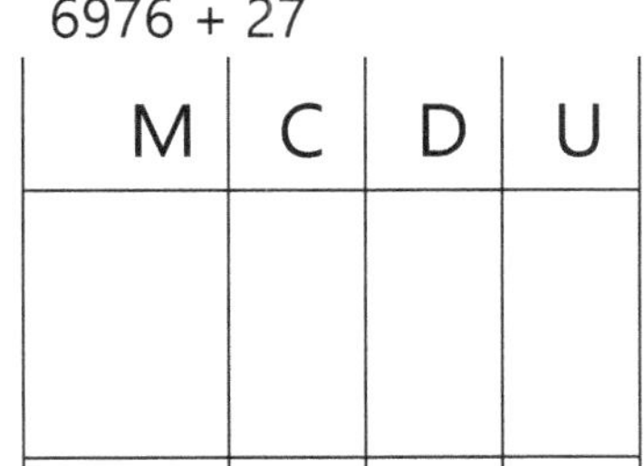

M	C	D	U

2892 + 7107

M	C	D	U

881 + 8819

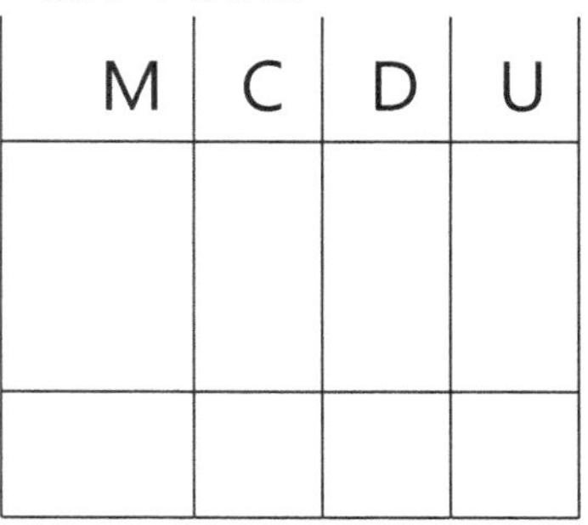

M	C	D	U

Representa con material, si es necesario. Calcula:

4	2	5	7
+1	0	3	2
+	6	1	5

	3	3	9
+2	8	5	0
+	9	2	9

3	2	7	5
+	4	4	1
+6	2	8	4

5	1	2	4
+	4	9	0
+2	3	9	6
+	5	2	7

1	9	8	6
+2	8	7	6
+2	9	3	6
+1	8	3	2

4	0	7	5
+	6	0	1
+		9	4
+3	2	3	8

Haz tantos ejercicios como necesitas para dominar estas operaciones.

Escribe las operaciones correctamente en el tablero posicional. Resuelve por escrito. Representa con material concreto si deseas.

2092 + 792 + 3602

555 + 8515 + 929

5874 + 606 + 63

44 + 443 + 4433 + 344

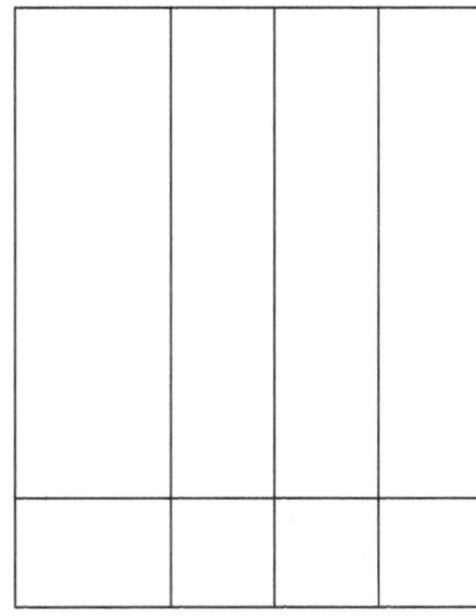

1234 + 2345 + 3456 + 789

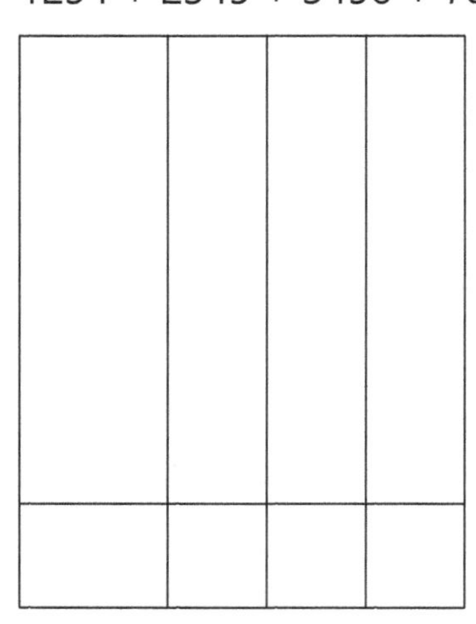

1876 + 2389 + 2611 + 3124

mm 5 10 15 20 30 40 50 60 70 80 90 100 110 120 130 140 150 160 200

cm 0.5 1 1.5 2 3 4 5 6 7 8 9 10 11 12 13 14 15 16 20

dm 0.05 0.1 0.15 0.2 0.3 0.4 0.5 0.6 0.7 0.8 0.9 **1** 1.1 1.2 1.3 1.4 1.5 1.6 **2**

m 0.005 0.01 0.015 0.02 0.03 0.04 0.05 0.06 0.07 0.08 0.09 0.10 0.11 0.12 0.13 0.14 0.15 0.16 0.20

http://www.youtube.com/user/educadorDiferente

3 **4**

5 **6** **7**

8 **9**

1000 mm **100 cm** **10 dm** **1 m**

Cinta multi-métrica (Reverso)

Representa con material y calcula:

7	6	5	4
–	4	1	3

	8	7	9
–	8	2	7

6	7	9	4
– 2	3	2	4

8	4	9	9
–	7	3	6

4	6	5	7
– 3	3	2	9

9	1	4	4
–	3	4	6

M	C	D	U
7	7	7	7
– 1	7	9	5

M	C	D	U
5	3	0	2
– 2	8	2	5

M	C	D	U
5	6	2	5
–	9	9	9

Haz tantos ejercicios como necesitas para dominar estas operaciones.

Escribe las operaciones correctamente en el tablero posicional.
Resuelve por escrito. Representa con material concreto si deseas.

3425 – 1515

M	C	D	U

9560 – 492

M	C	D	U

6000 – 5963

M	C	D	U

7381 – 587

M	C	D	U

4000 – 98

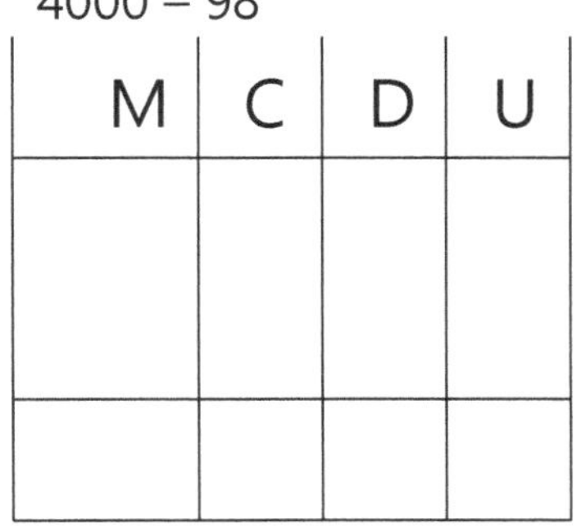

M	C	D	U

8471 – 7577

M	C	D	U

Representa con material, si es necesario. Calcula:

7	2	9	7
– 1	2	4	2
– 3	3	2	5

6	6	2	6
– 2	8	8	4
–	9	4	5

5	2	1	6
–	5	4	4
– 4	7	3	2

5	0	0	4
–	4	9	0
– 2	3	9	6
–	5	2	7

8	9	8	0
– 2	8	7	6
– 3	9	3	6
– 1	1	6	8

9	0	7	5
–	7	0	1
–		9	4
– 3	2	8	8

Haz tantos ejercicios como necesitas para dominar estas operaciones.

Escribe las operaciones correctamente en el tablero posicional.
Resuelve por escrito. Representa con material concreto si deseas.

9999 – 792 – 3602

5505 – 56 – 927

1774 – 836 – 935

8088 – 808 – 88 – 1880

9876 – 5432 – 54 – 321

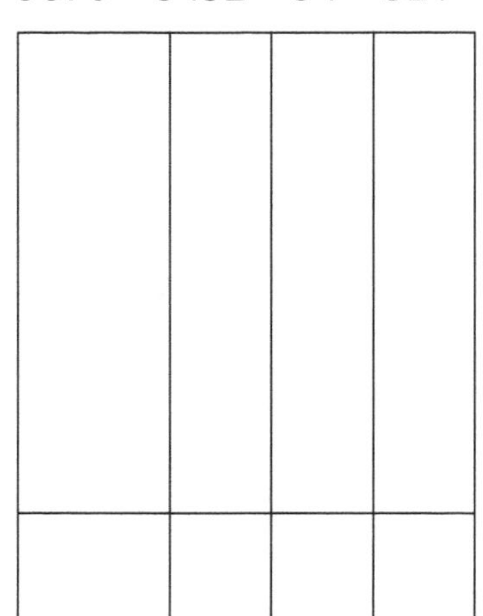

7111 – 17 – 1771 – 717

Máquinas de suma y resta

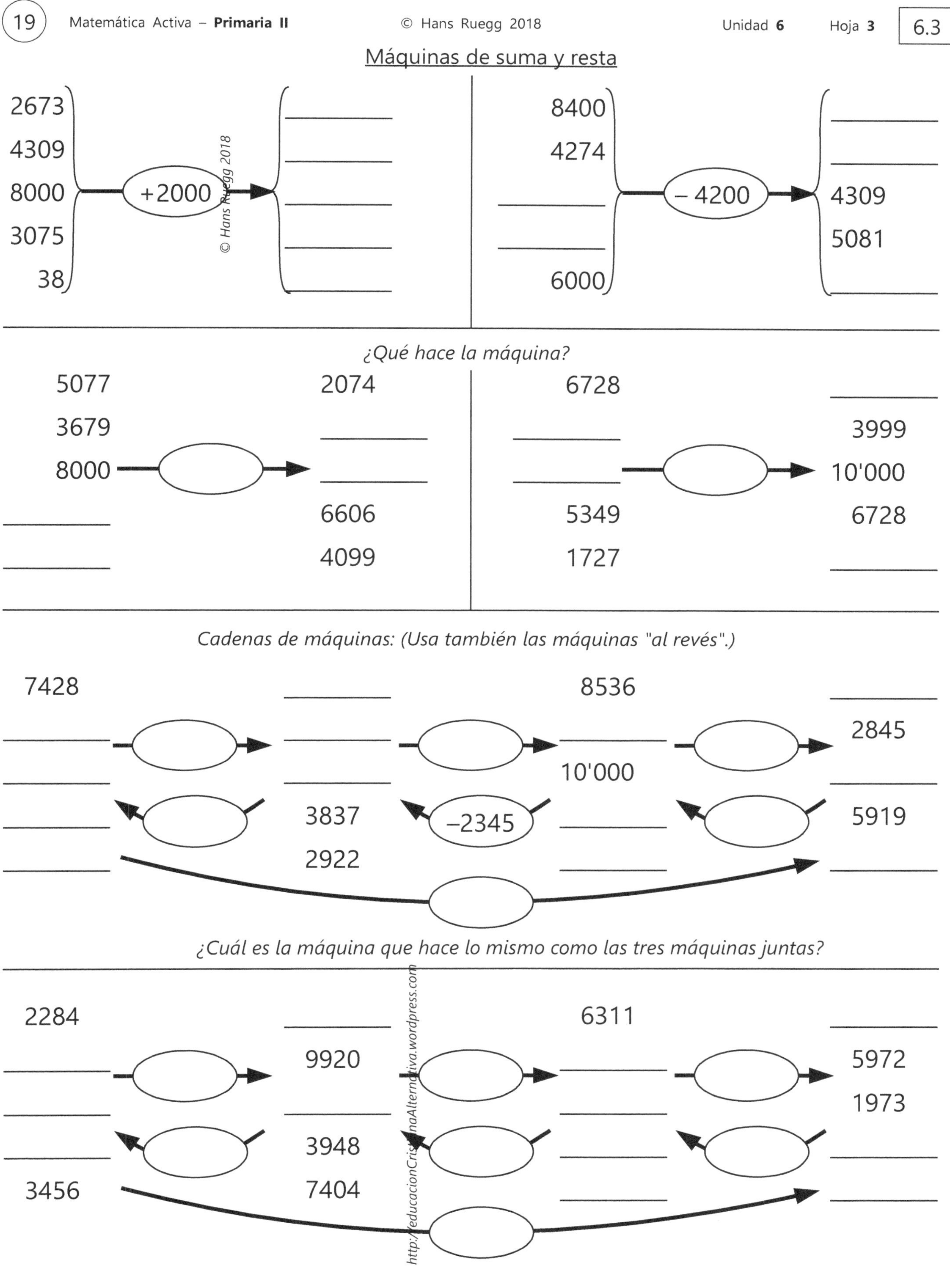

Cuadrículas de suma y resta

a)
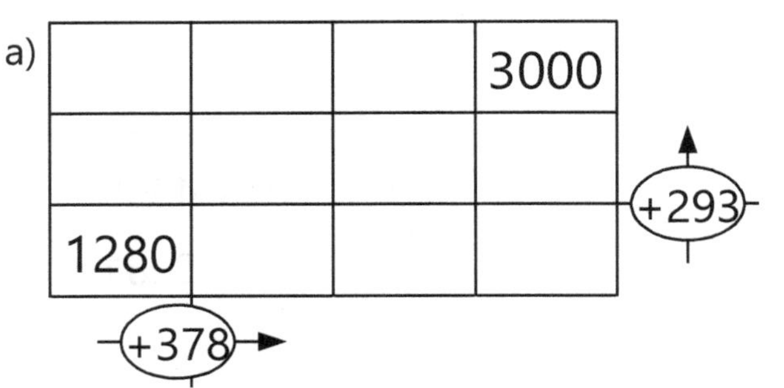

b)
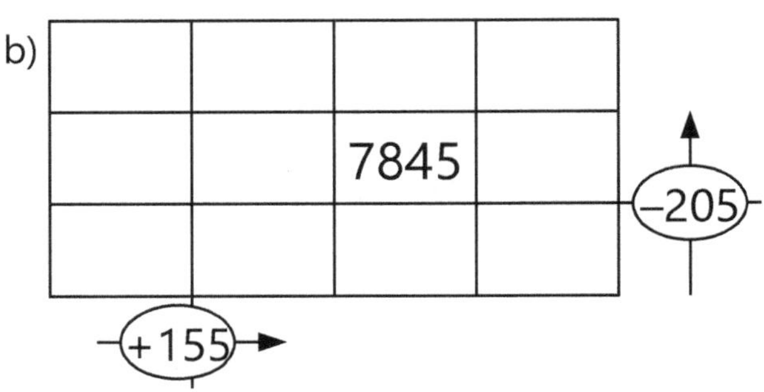

c)
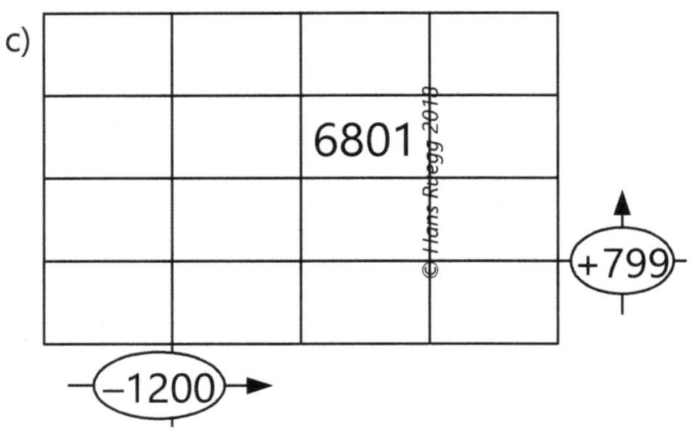

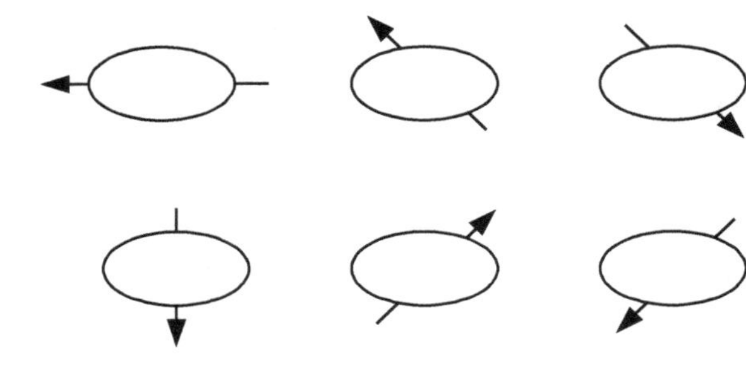

d)
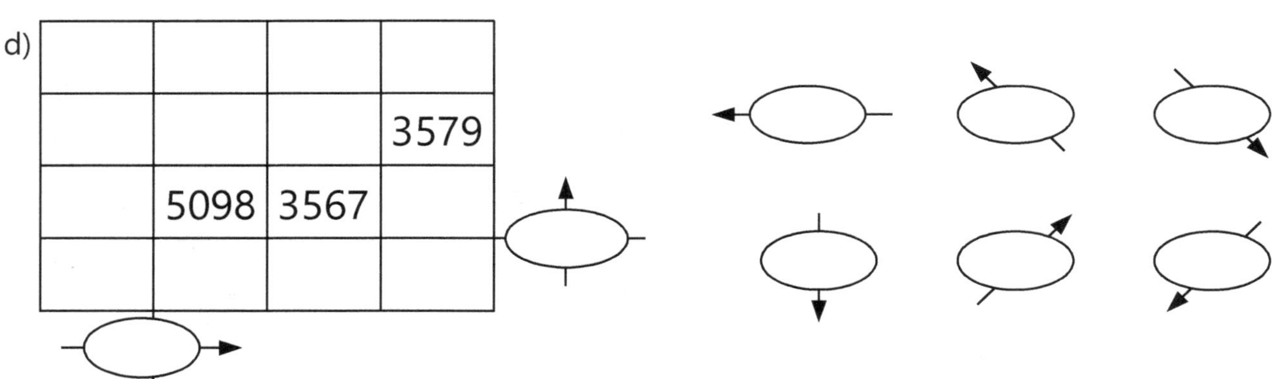

*e)
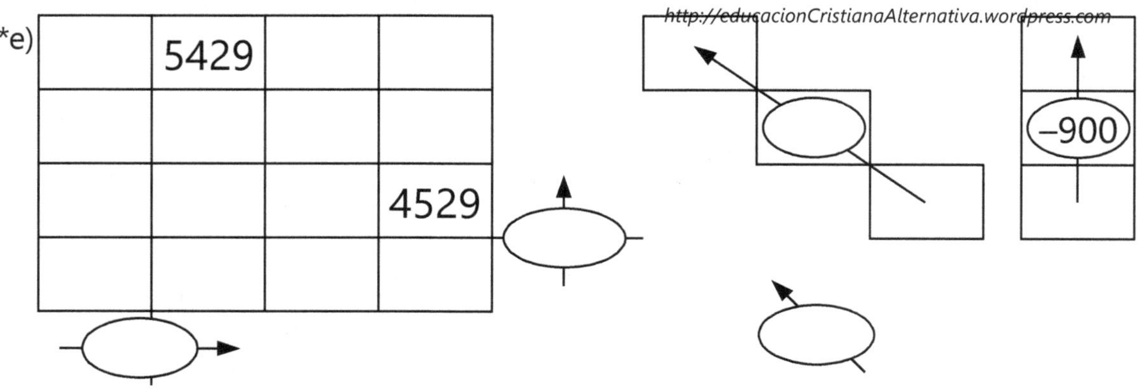

Tarjetas para practicar la multiplicación y división mental

56 x 6	29 x 3	82 x 4	87 x 5
209 x 4	308 x 3	407 x 7	909 x 8
312 x 3	122 x 4	611 x 6	943 x 2
2007 x 4	1030 x 7	1105 x 9	2321 x 3
2306 x 4	1506 x 5	1072 x 6	4807 x 2
456 ÷ 8	252 ÷ 3	774 ÷ 9	539 ÷ 7
836 ÷ 4	918 ÷ 9	3515 ÷ 5	4248 ÷ 6
4804 ÷ 4	6939 ÷ 3	6284 ÷ 2	5235 ÷ 5
7042 ÷ 7	9270 ÷ 9	6636 ÷ 6	8648 ÷ 8
7521 ÷ 3	3672 ÷ 4	9156 ÷ 7	6786 ÷ 6

Tarjetas para practicar la multiplicación y división mental *(Reverso)*

Plastificar la hoja por ambos lados y cortar por las líneas punteadas.

435	328	87	336
7272	2849	924	836
1886	3666	488	936
6963	9945	7210	8028
9614	6432	7530	9224
77	86	84	57
708	703	102	209
1047	3142	2313	1201
1081	1106	1030	1006
1131	1308	918	2507

¡Explicaciones en el libro!

x	1	2	3	4	5	6	7	8	9	10
1										
2										
3										
4										
5										

x	11	12	13	14	15	16	17	18	19	20
1										
2										
3										
4										
5										

x	1	2	3	4	5	6	7	8	9	10
6										
7										
8										
9										
10										

x	11	12	13	14	15	16	17	18	19	20
6										
7										
8										
9										
10										

x	1	2	3	4	5	6	7	8	9	10
11										
12										
13										
14										
15										

x	11	12	13	14	15	16	17	18	19	20
11										
12										
13										
14										
15										

x	1	2	3	4	5	6	7	8	9	10
16										
17										
18										
19										
20										

x	11	12	13	14	15	16	17	18	19	20
16										
17										
18										
19										
20										

Máquinas de multiplicación y división

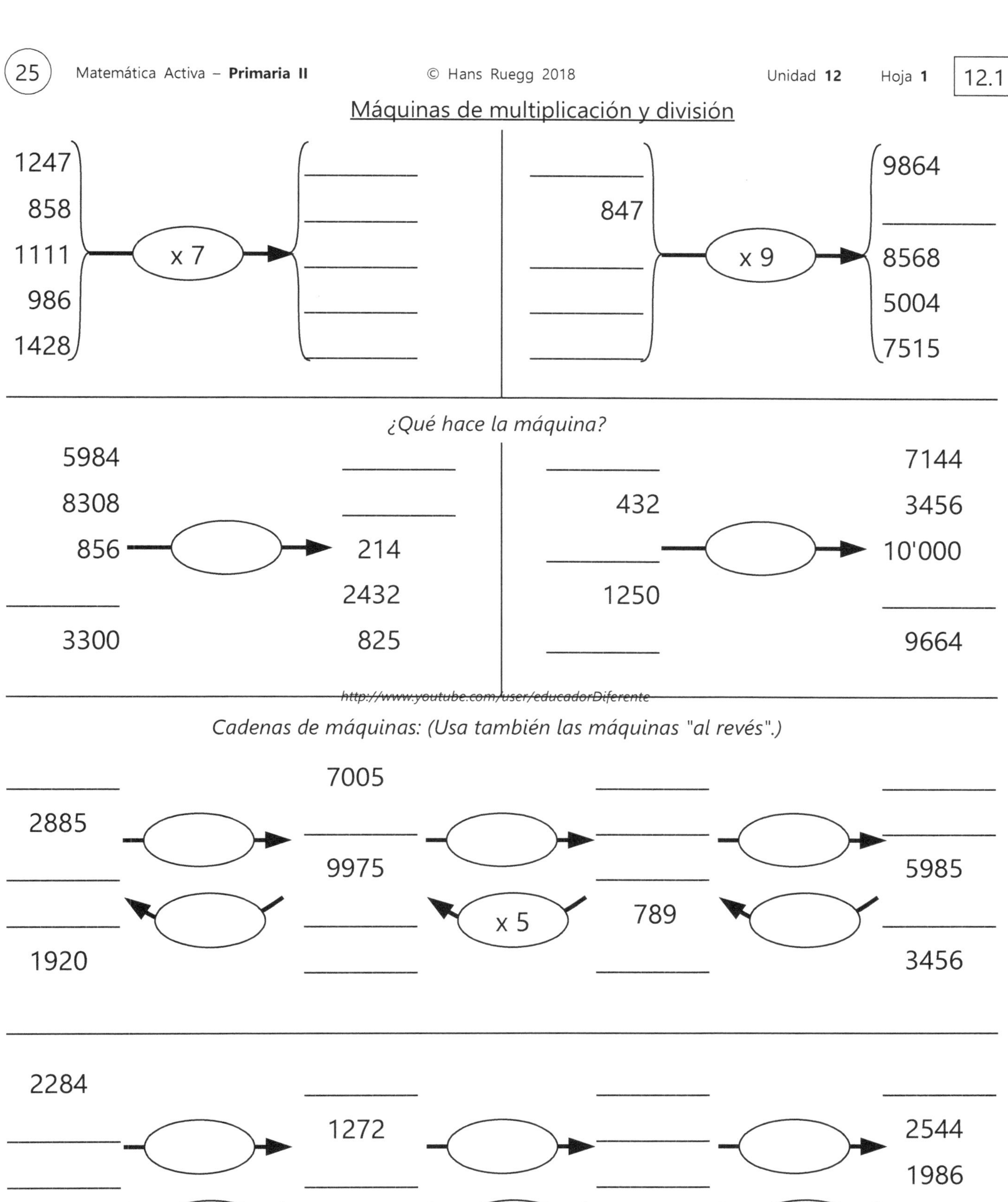

¿Cuál es la máquina que hace lo mismo como las tres máquinas juntas?

Cuadrículas de multiplicación y división

a)

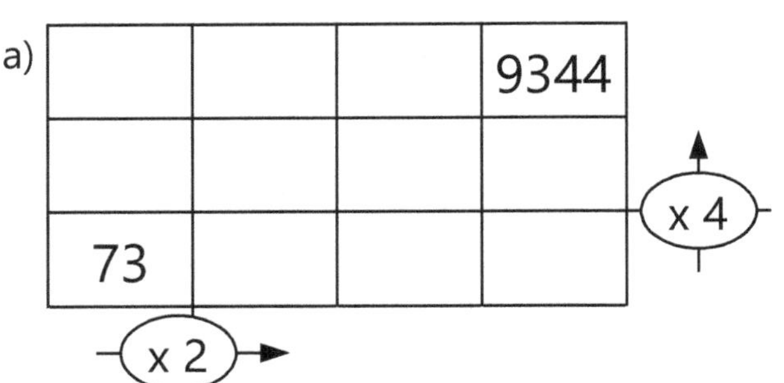

b)

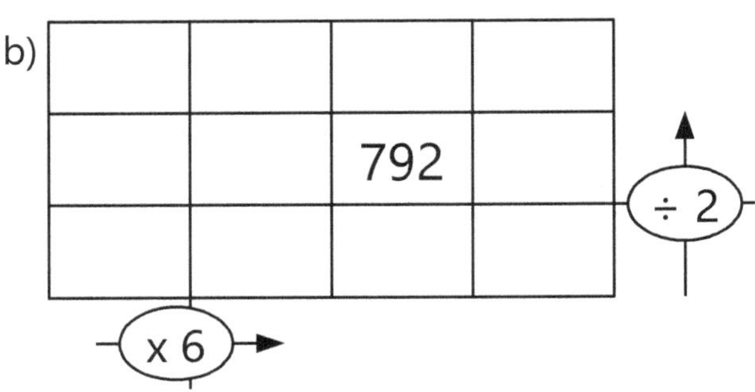

c)

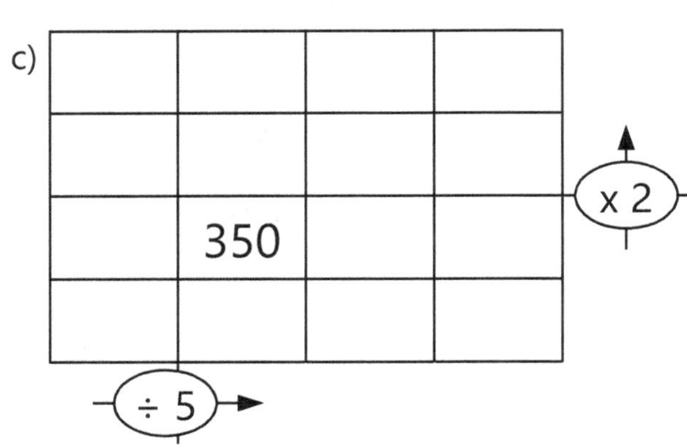

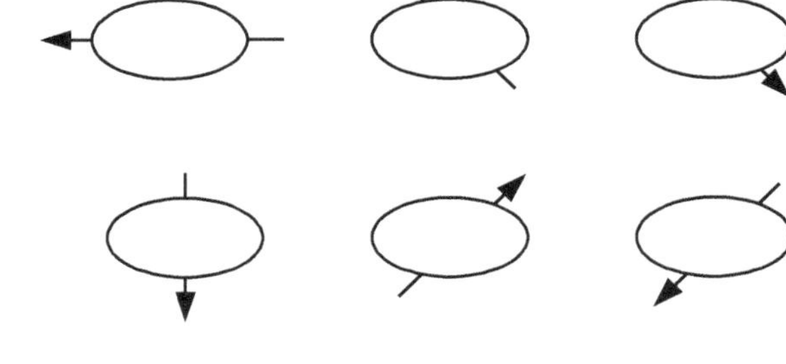

d)

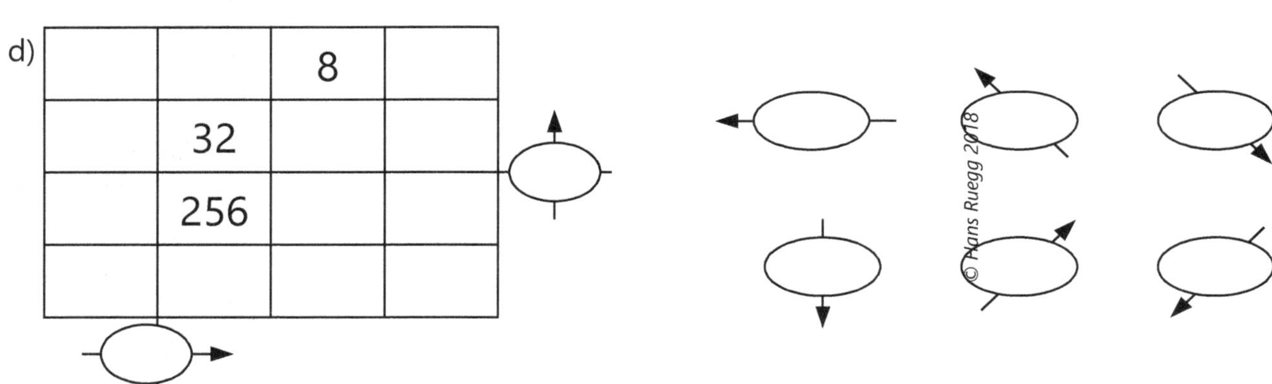

*e)

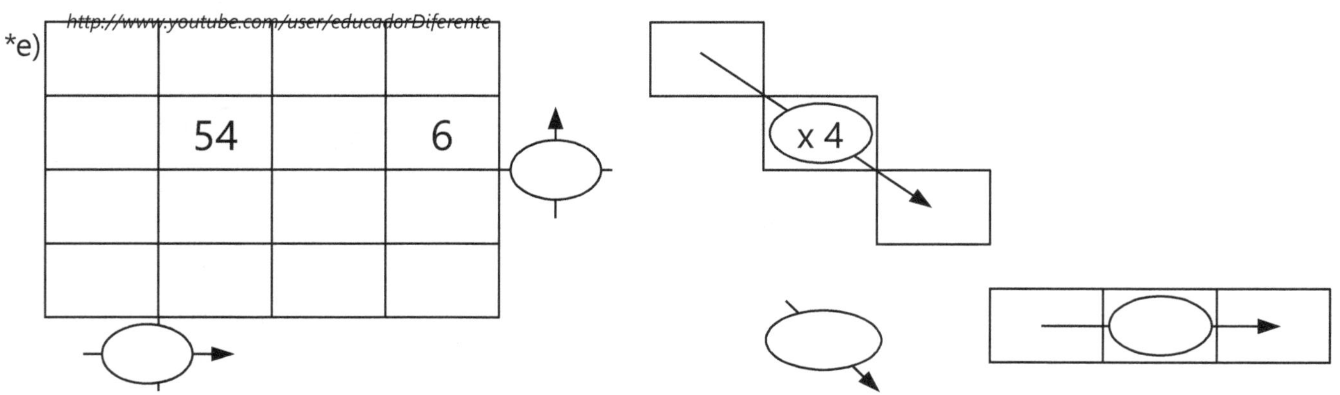

Problemas con segmentos

¡Aplica el principio del entero y sus partes!

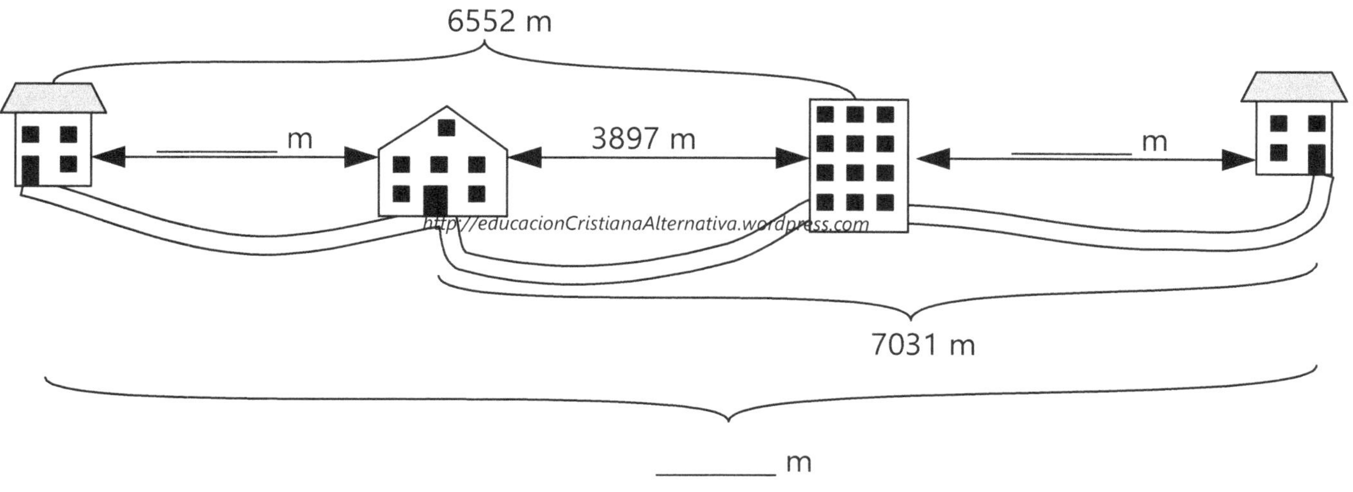

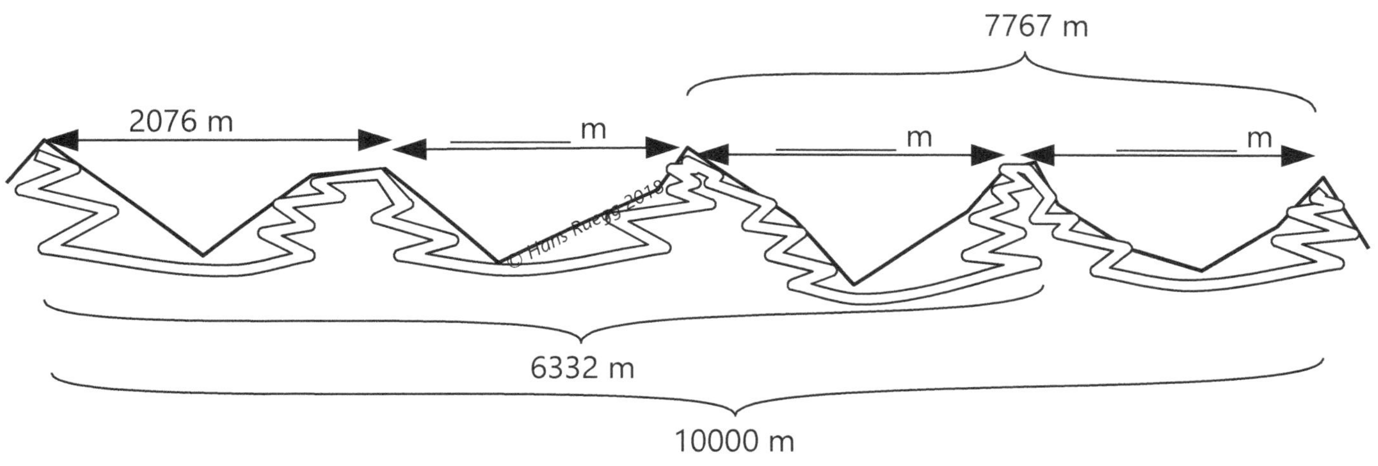

Dibuja y calcula:

1. Lorenzo, Miguel, Norberto y Óscar viven a lo largo de la misma carretera, en este orden.
Miguel vive en el kilómetro 2857, y Óscar vive en el kilómetro 3105.
Para visitar a Óscar, Lorenzo tiene que viajar 360 km. Para visitar a Norberto, viaja 194 km.
a) ¿En cuál kilómetro de la carretera vive Norberto?
b) ¿Cuántos kilómetros tiene que viajar Lorenzo para visitar a Miguel?

2. Wendy, Ximena, Yolanda y Zoraida viven a lo largo de la misma carretera, pero no necesariamente en este orden.
Cuando Wendy visita a Zoraida, viaja 198 km y no pasa por la casa de Ximena ni por la casa de Yolanda.
De la casa de Wendy hasta la casa de Ximena son 272 km.
Cuando Zoraida visita a Yolanda, viaja 245 km, y en el camino pasa por la casa de Ximena.
¿Cuántos kilómetros tiene que viajar Ximena para visitar a Yolanda?

Cadenas de máquinas

Trata de encontrar una única máquina que hace lo mismo como las tres máquinas juntas. Observa los resultados al intercambiar las máquinas. Saca conclusiones.

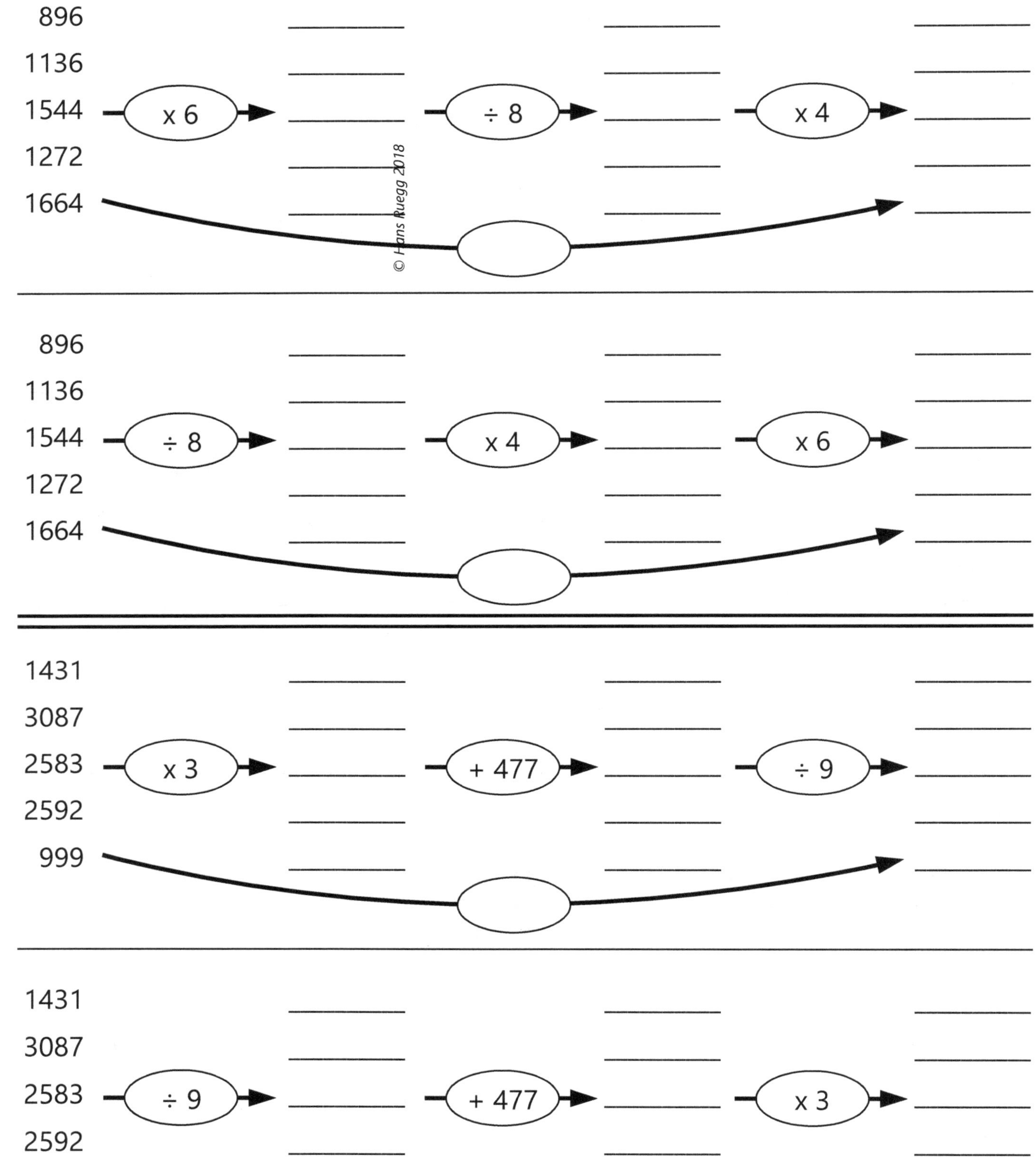

¡Combina!

Inserta operadores y paréntesis, de manera que el resultado sea correcto.

Ejemplo: 18 5 20 = 118 ⟶ 18 + (5 x 20)= 118

1080	8	112	7	=	983	1080	8	112	7	=	63
1080	8	112	7	=	30	1080	8	112	7	=	7856
1080	8	112	7	=	8521	1080	8	112	7	=	45
1080	8	112	7	=	151	1080	8	112	7	=	1288
1080	8	112	7	=	952	1080	8	112	7	=	7352

Usa cada número exactamente una vez, en cualquier orden:

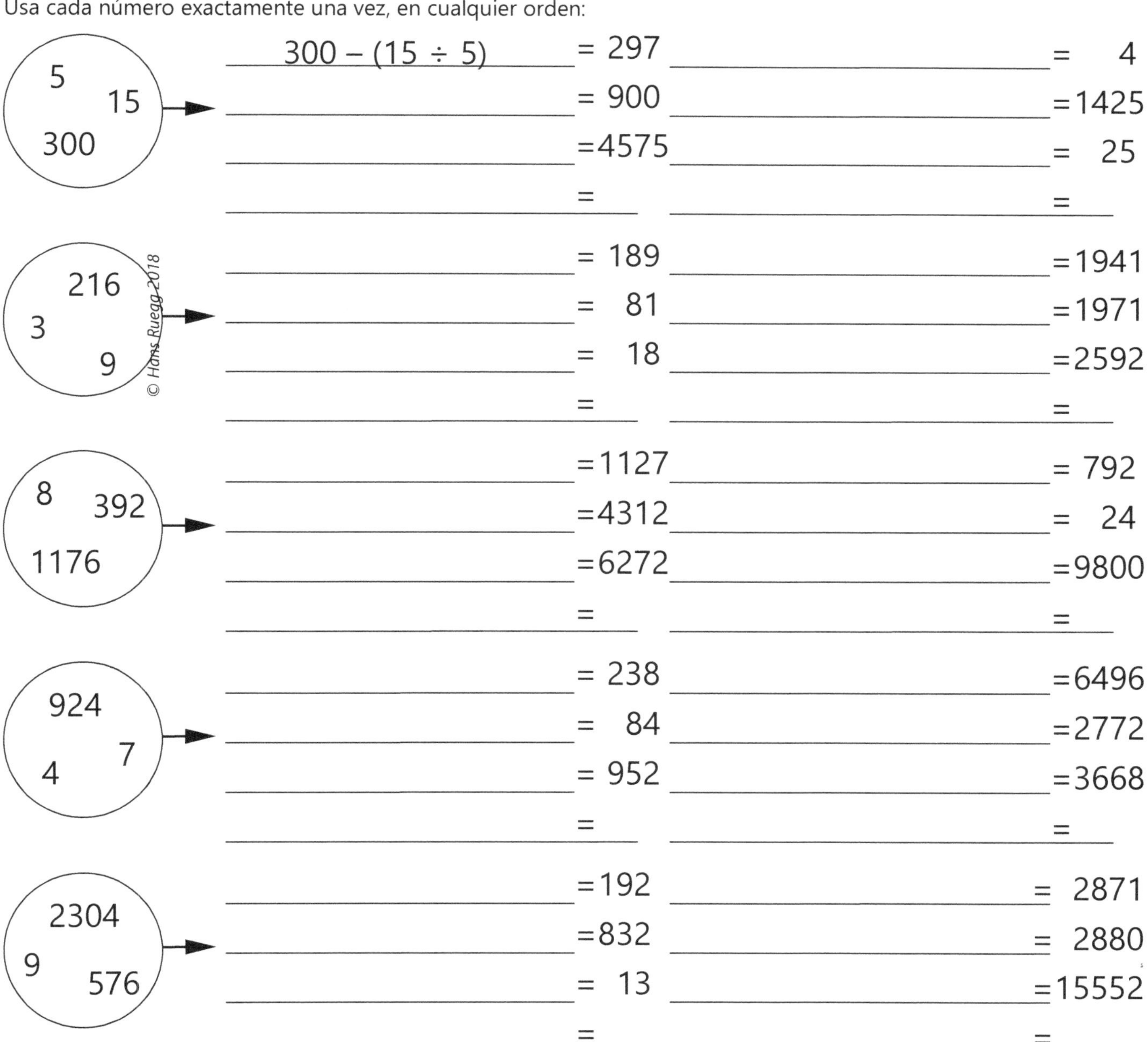

Camino de aprendizaje para: ______________________ (Nombre)

Aplica el método de multiplicar fácilmente por 11. *(U.25)*

Encontró una regla de divisibilidad (aunque sea limitada) entre 11. *(U.25)*

43

41

37

Dibuja el diagrama de divisores de un número dado. *(U.24)*

Completa diagramas de divisores donde su estructura y factores son conocidos. *(U.24)*

31

29

23

19

17

Aplica reglas de divisibilidad entre números compuestos. *(U.23)*

13

11

Aplica la prueba del 9 para comprobar resultados. *(U.22)*

Entiende la ley del residuo (congruencia modular). *(U.22)*

7

Resuelve problemas de reparto proporcional. *(U.21)*

5

Entiende el concepto de la proporcionalidad inversa. *(U.21)*

Resuelve problemas con proporciones inversas. *(U.21)*

3

Entiende el concepto de la proporcionalidad directa. *(U.20)*

Resuelve problemas sencillos con proporciones. *(U.20)*

2

Sabe calcular el MCM de dos números (con cualquiera de los métodos posibles). *(U.19)*

Entiende el concepto del MCM (mínimo común múltiplo). *(U.19)*

Sabe aplicar el algoritmo de Euclides para calcular el MCD de dos números. *(U.18)*

Entiende los conceptos del MCD (máximo común divisor) y de números PESI (primos entre sí). *(U.17)*

Sabe calcular el MCD de dos números (con cualquiera de los métodos posibles). *(U.17)*

$42 = 2 \times 3 \times 7$

Entiende los conceptos de "número primo" y "número compuesto". *(U.14)*

Sabe factorizar números en factores primos, y detectar si un número es primo o no. *(U.16)*

Entiende los conceptos de "múltiplo", "divisor", y divisibilidad. *(U.14)*

Sabe aplicar reglas sencillas de divisibilidad entre 2, 3, 5 y 9. *(U.15)*

Pinta:
Todos los múltiplos de 2 con amarillo.
Todos los múltiplos de 3 con azul.
Todos los múltiplos de 5 con rojo.
Todos los múltiplos de 7 con negro.
Todos los múltiplos de 11 con marrón.

Los campos que son múltiplos de varios de estos divisores, reciben una mezcla de todos los colores correspondientes,

Tablero para el juego de múltiplos y divisores (Reverso)

¡Explicaciones en el libro!

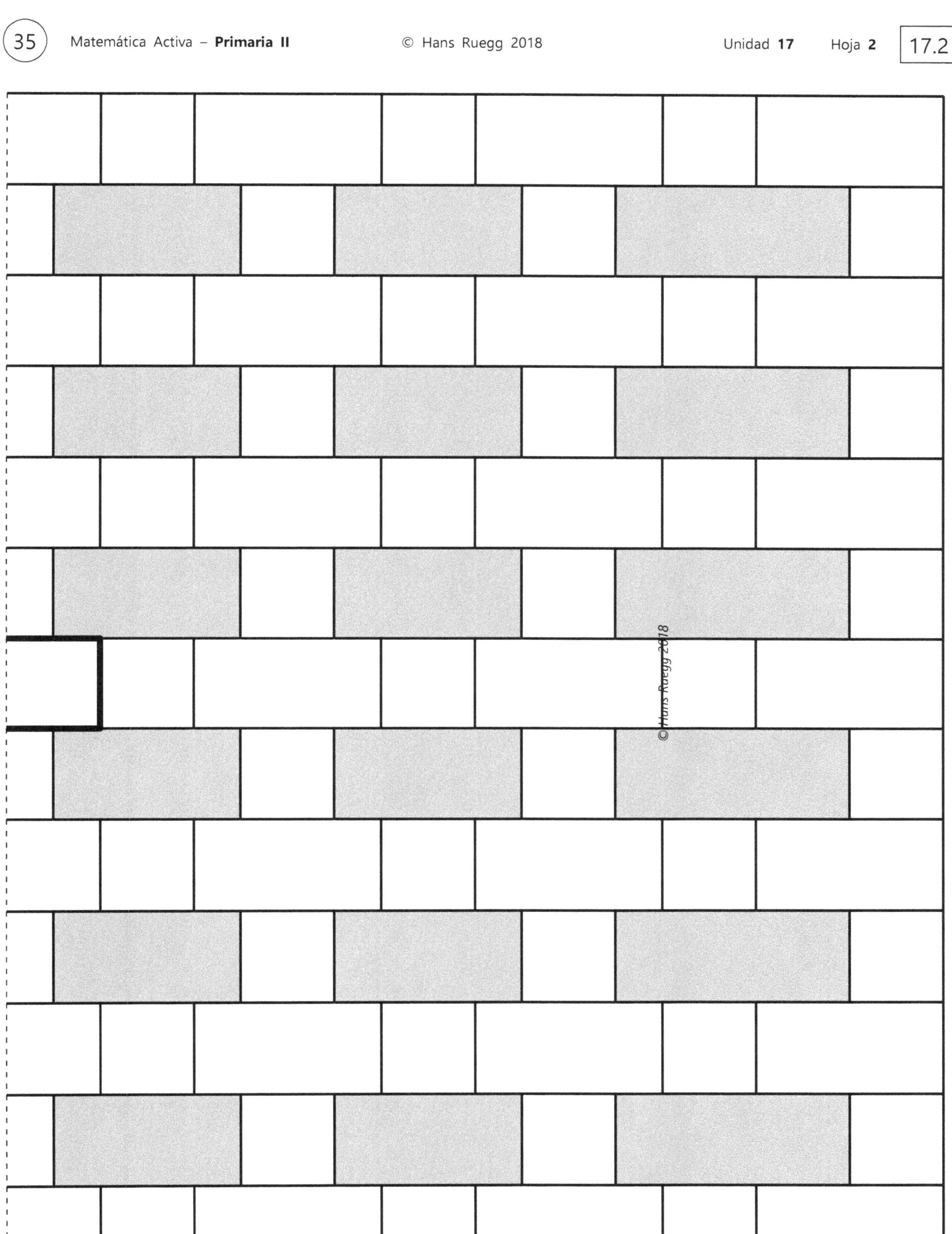

©Hans Ruegg 2018

1	1	1	1	1	2	2	2	2
2	2	2	2	2	3	3	3	3
3	3	3	4	4	4	4	4	4
5	5	5	5	5	6	6	6	6
7	7	7	7	8	8	8	8	9
9	9	10	10	10	11	11	11	12
12	12	14	14	15	15	16	16	18
18	20	20						

12	14	15	16
18	20	21	22
24	25	27	28
30	32	33	35
36	40	42	44
45	48	49	50
54	55	56	60
63	64	66	70
72	75	77	80
81	84	88	90
96	98	99	100

40

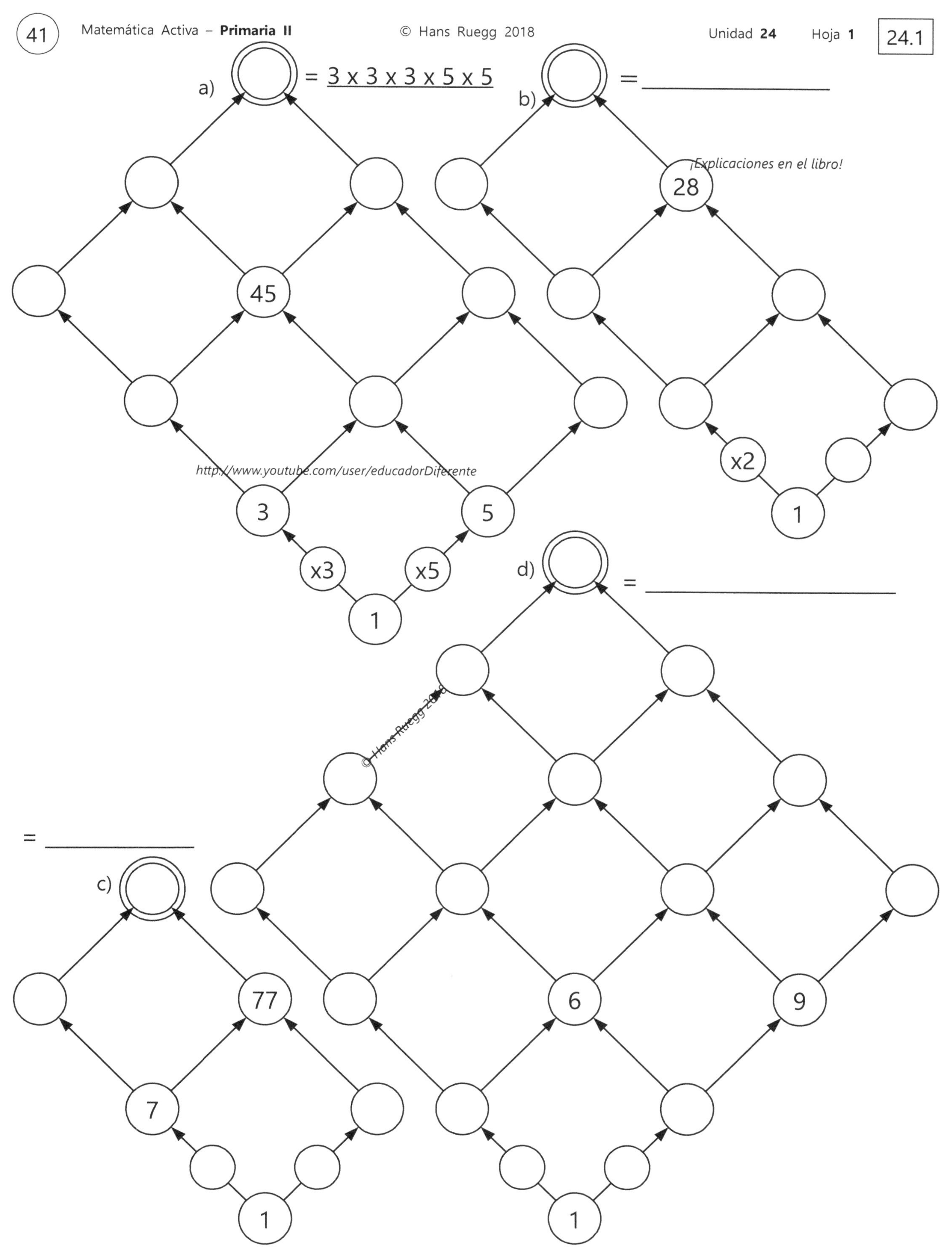
a)
= 3 x 3 x 3 x 5 x 5
45
3
5
x3
x5
1
b)
=
28
x2
1
¡Explicaciones en el libro!
http://www.youtube.com/user/educadorDiferente
d)
=
6
9
1
© Hans Ruegg 2018
=
c)
77
7
1

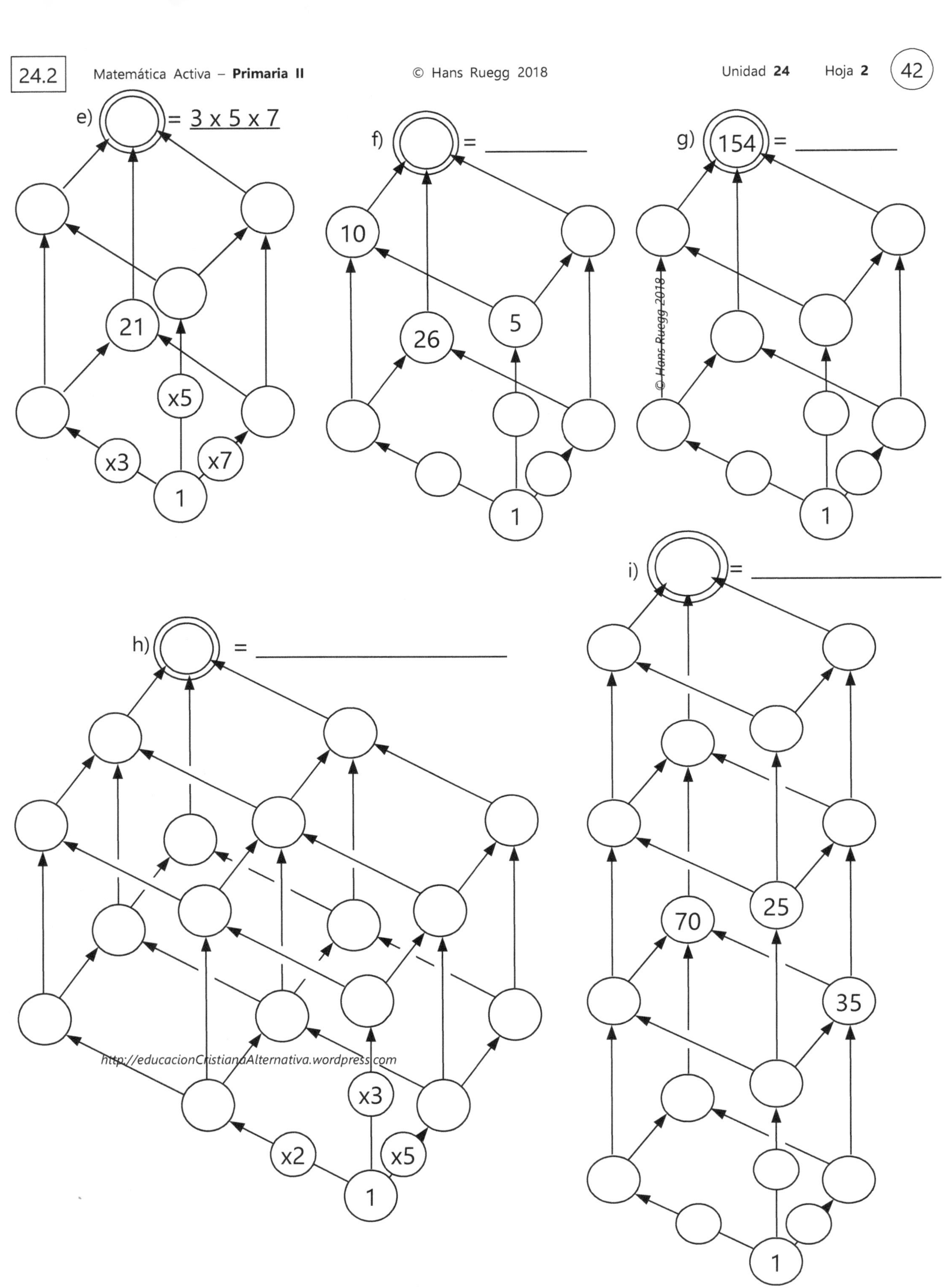

e)
= 3 x 5 x 7
21
x5
x3
x7
1
f)
=
10
5
26
1
g)
154
=
© Hans Ruegg 2018
1
i)
=
h)
=
25
70
35
x3
x2
x5
1
1
http://educacionCristianaAlternativa.wordpress.com

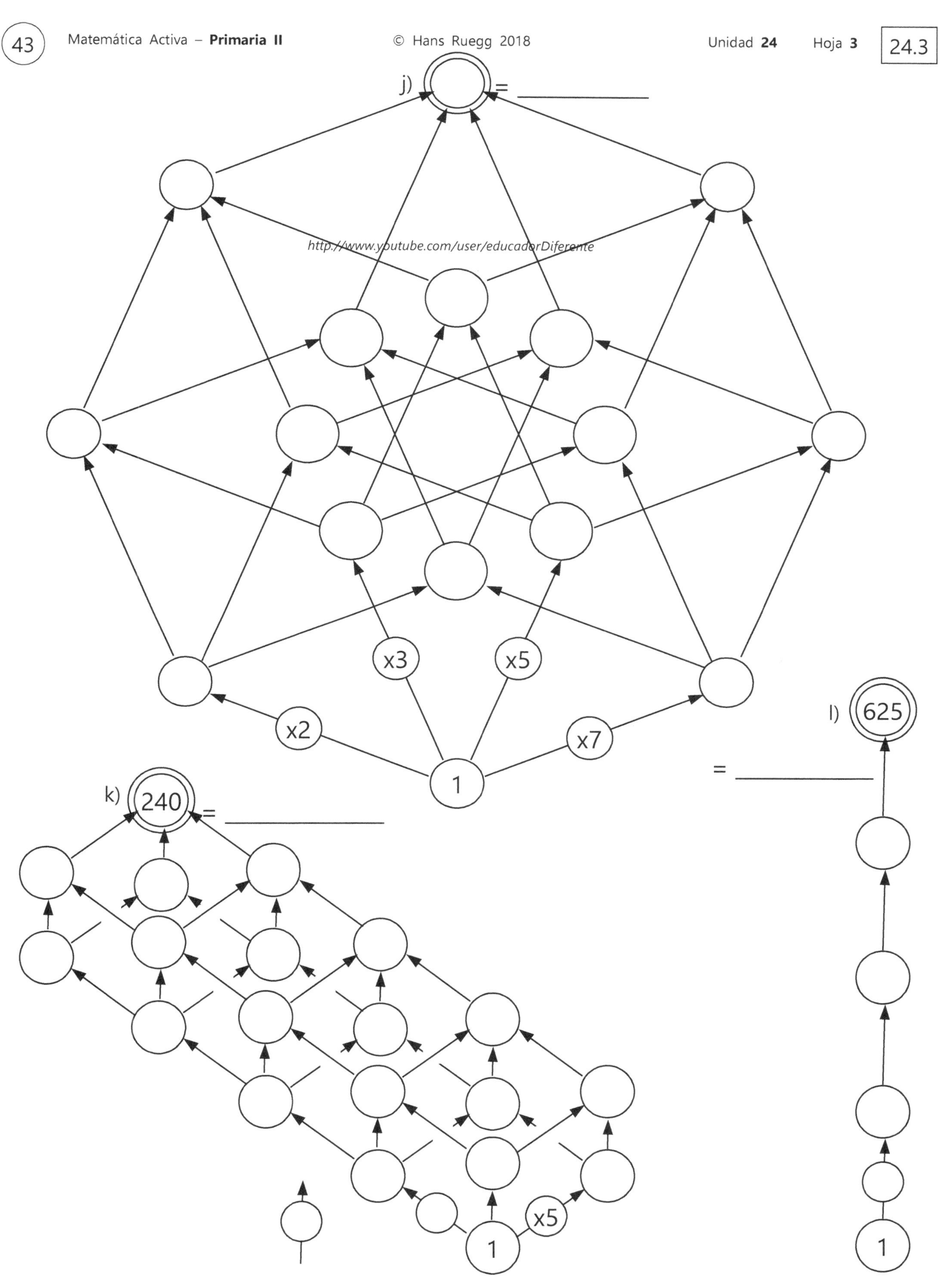
j)
=
http://www.youtube.com/user/educadorDiferente
x3
x5
x2
x7
1
l)
625
=
k)
240
=
x5
1
1

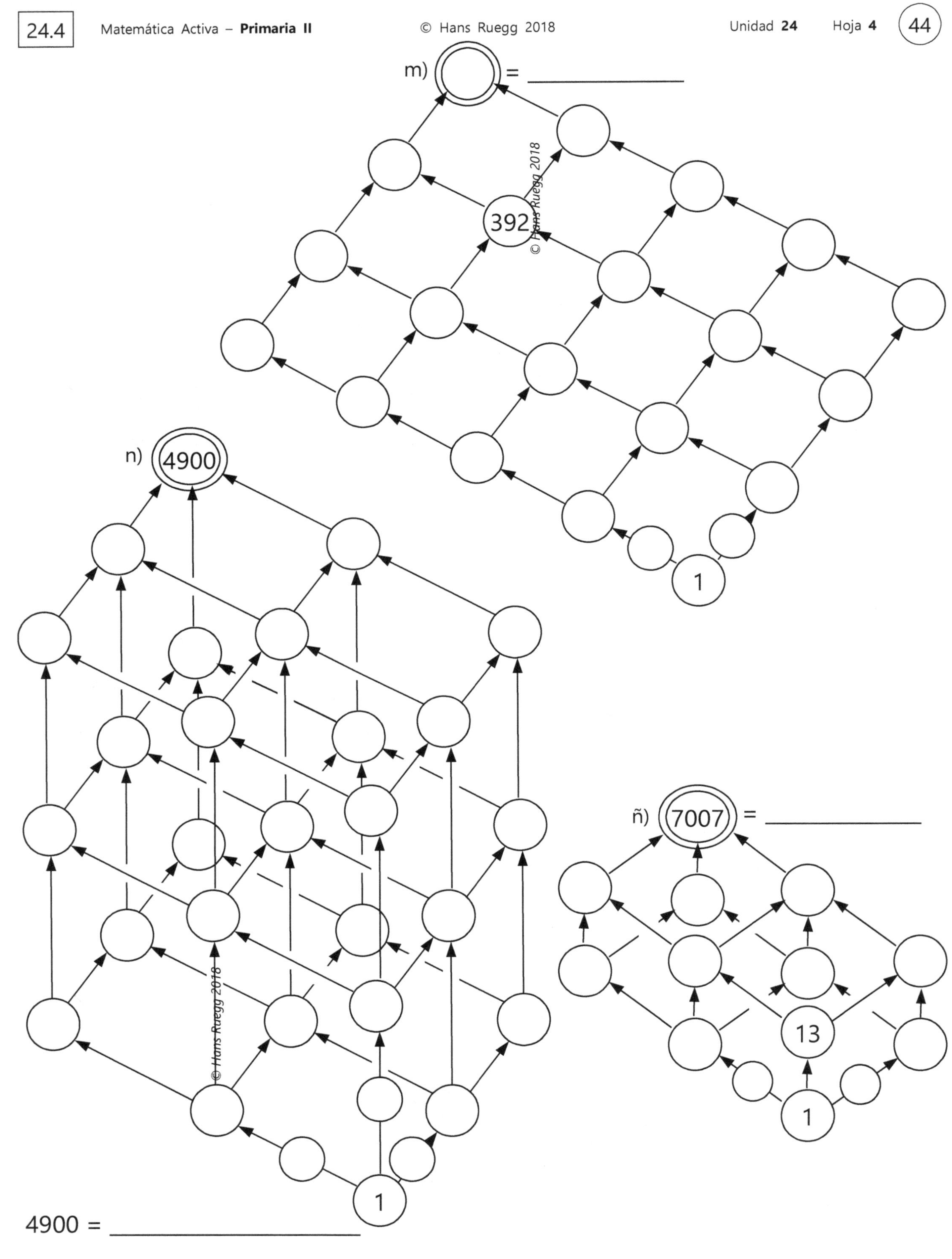
m) = ________
392
© Hans Ruegg 2018
1
n) 4900
© Hans Ruegg 2018
1
ñ) 7007 = ________
13
1
4900 = ________

Camino de aprendizaje para: ____________________

(Nombre)

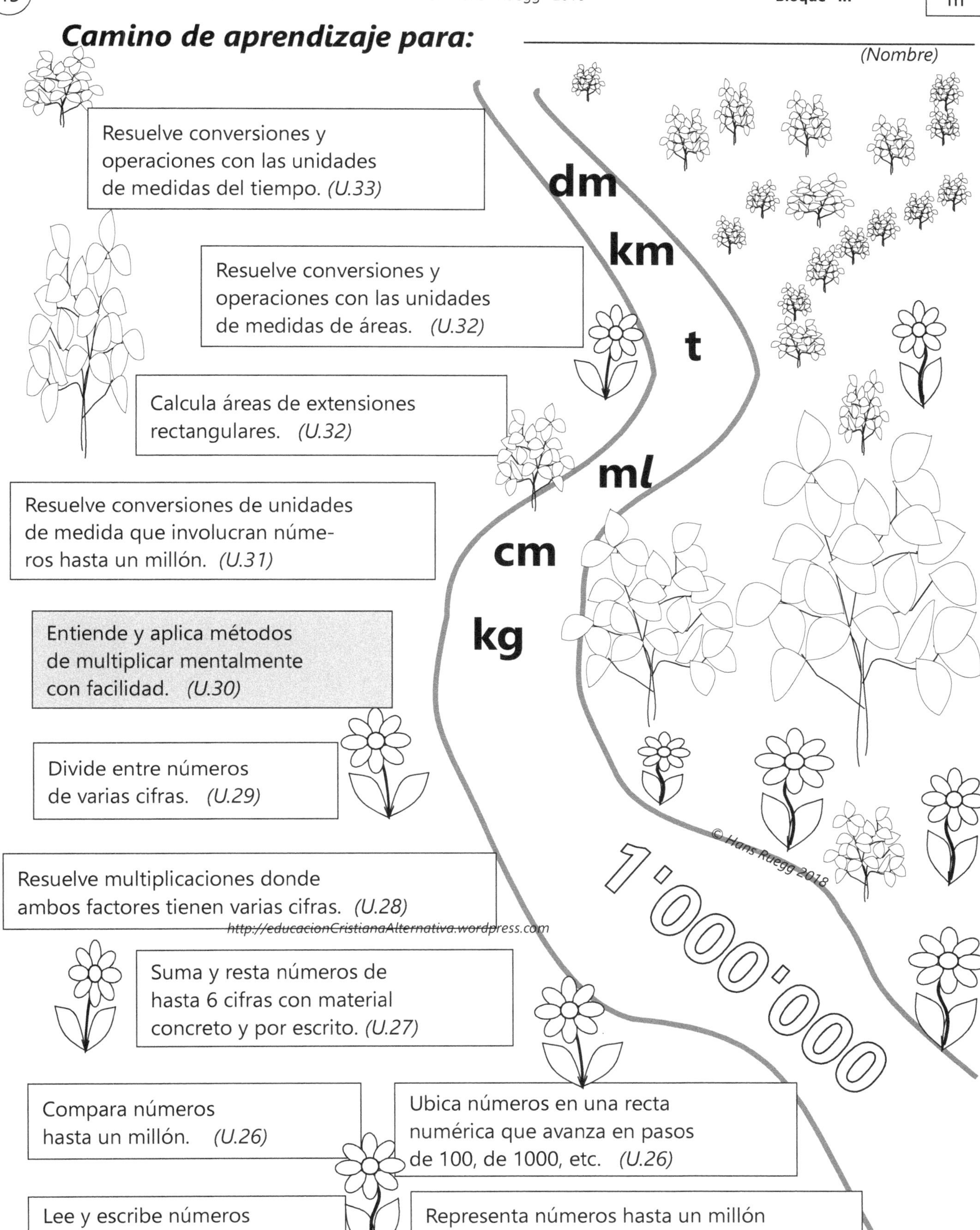

Representa con material y escribe con cifras:

Trescientos ochenta y ocho mil trescientos treinta y ocho: ____________________

Ciento once mil doscientos veintidós: ____________________

Quinientos mil setecientos: ____________________

Veinte mil doscientos dos: ____________________

Cuatrocientos cinco mil sesenta y siete: ____________________

Representa con material y escribe con letras:

987'543: ____________________

230'408: ____________________

58'006: ____________________

800'780: ____________________

413'200: ____________________

¿Cuál número viene antes?
¿Cuál viene después?

Antecesor	*Número*	*Sucesor*
	470'219	
	235'901	
	999'999	
	699'700	
	509'999	
831'998		
		400'001

Cuenta por millares, avanzando y retrocediendo.

386'000	504'178	102'045
387'000	503'178	
		96'045

Cuenta por decenas de millares, avanzando y retrocediendo.

750'000		
740'000		339'099
		309'099
	425'689	
	435'689	

Escribe los signos correctos: <, =, >

478'942 ___ 478'943	697'796 ___ 697'697
200'606 ___ 206'002	679'769 ___ 679'769
888'800 ___ 99'999	679'976 ___ 697'796
568'256 ___ 569'112	509'000 ___ 600'030
433'344 ___ 443'333	700'001 ___ 699'999
270'000 ___ 269'899	799'999 ___ 600'001

En las siguientes rectas numéricas, señala con una flecha dónde se encuentra el número indicado.

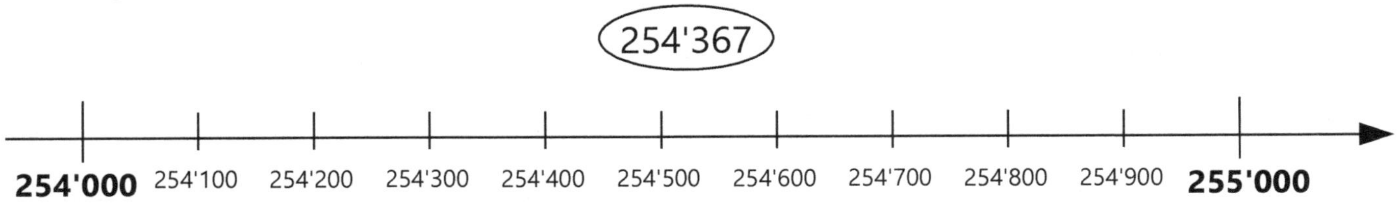

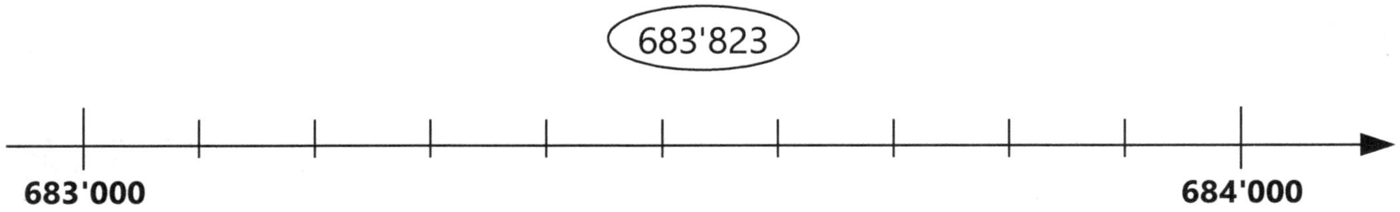

254'367
254'000
254'100
254'200
254'300
254'400
254'500
254'600
254'700
254'800
254'900
255'000

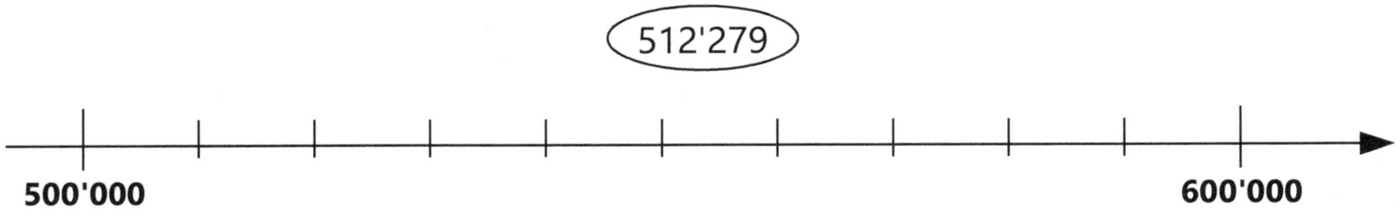

512'279
500'000
600'000

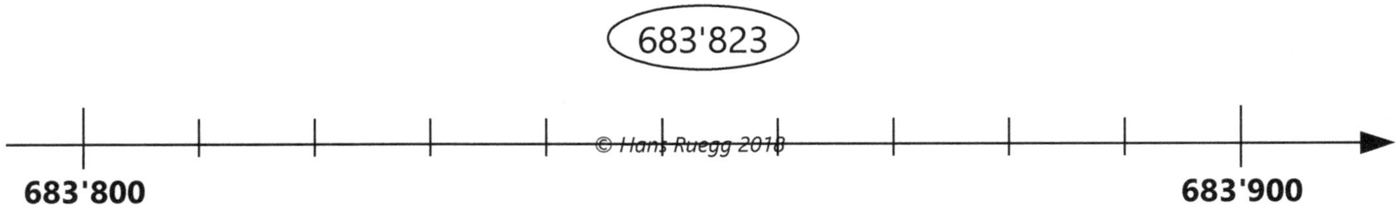

683'823
© Hans Ruegg 2018
683'800
683'900

683'823
683'000
684'000

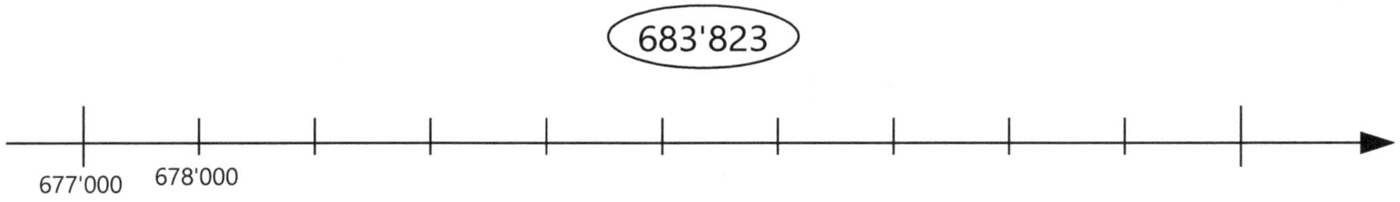

683'823
677'000
678'000

En las siguientes rectas numéricas, escribe los números adonde señalan las flechas: (Estima y aproxima.)

140'000
150'000

900'000
1'000'000

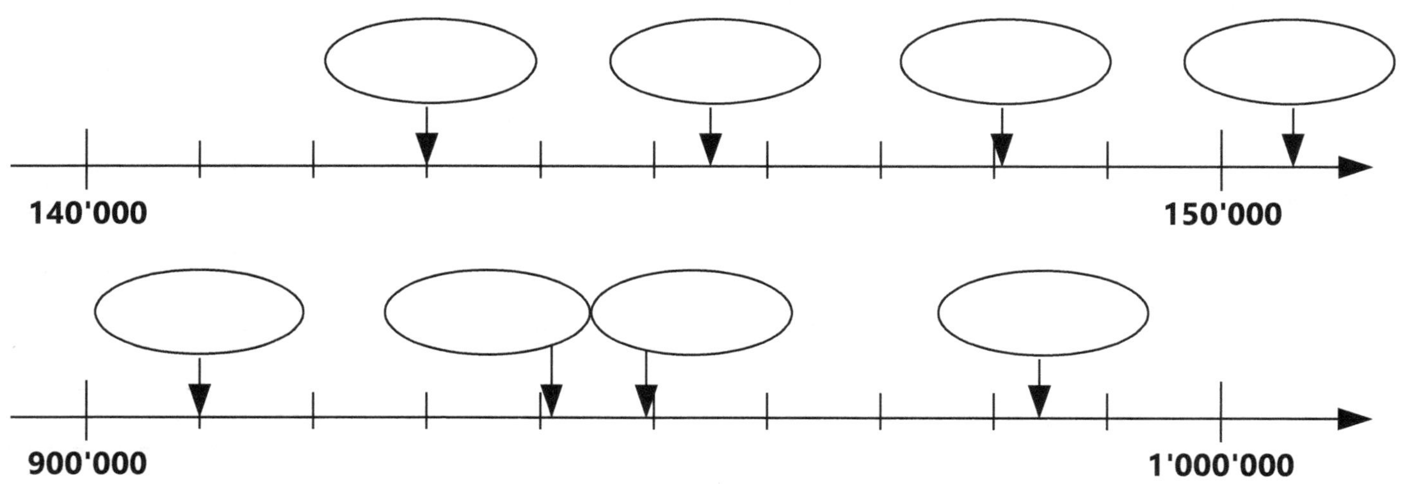

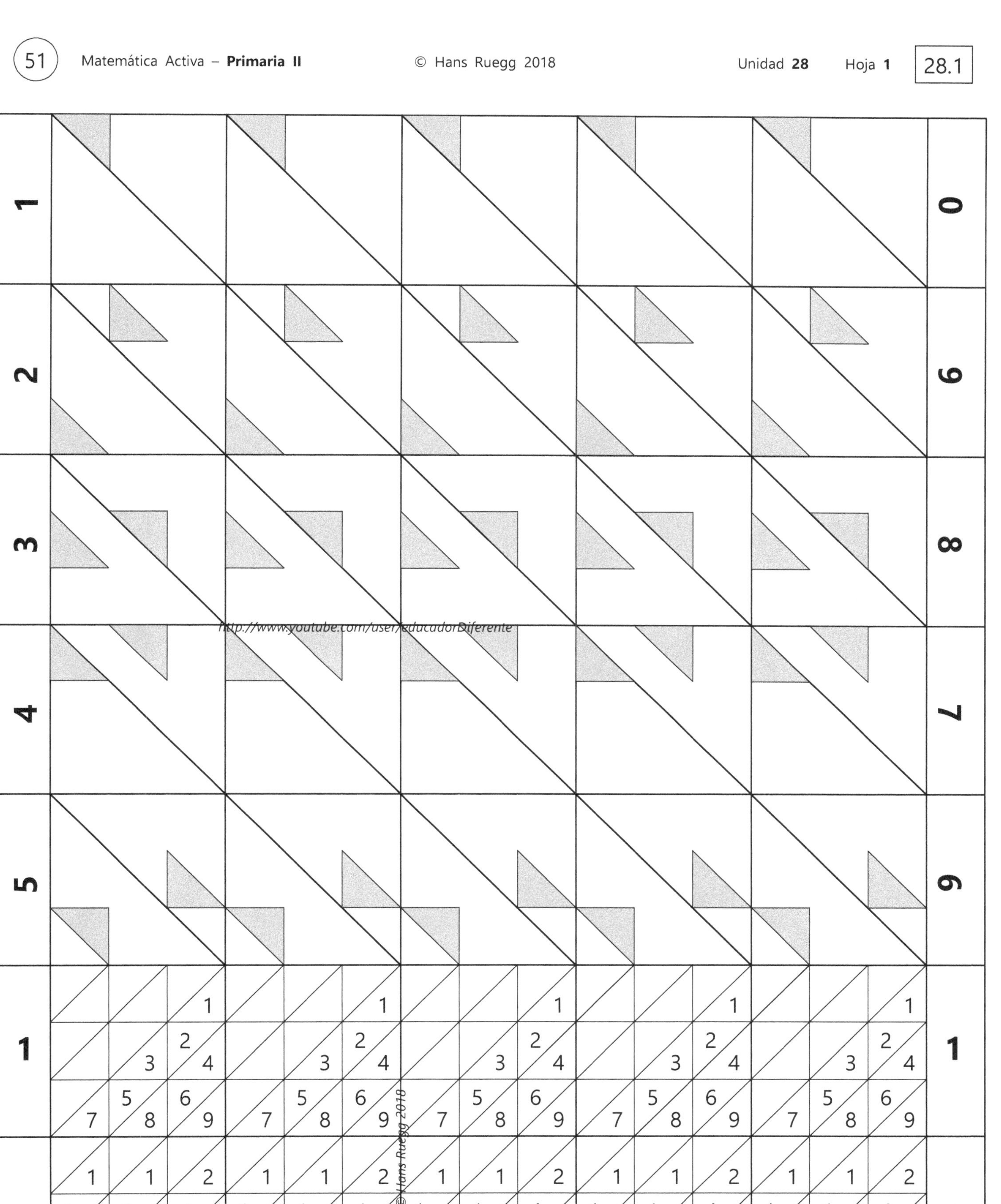
1
2
3
4
5
0
6
8
7
9
1
2
1
2
1 1 1 1 1
2 3 4 2 3 4 2 3 4 2 3 4 2 3 4
5 6 7 8 9 5 6 7 8 9 5 6 7 8 9 5 6 7 8 9 5 6 7 8 9
1 1 2 1 1 2 1 1 2 1 1 2 1 1 2
1 1 1 6 4 8 1 1 1 6 4 8 1 1 1 6 4 8 1 1 1 6 4 8 1 1 1 6 4 8
4 6 2 8 4 6 2 8 4 6 2 8 4 6 2 8 4 6 2 8

	/1	/1	1/3	/1	/1	1/3	/1	/1	1/3	/1	/1	1/3	/1	/1	1/3	
3	2/2	2/9	6/2	2/2	2/9	6/2	2/2	2/9	6/2	2/2	2/9	6/2	2/2	2/9	6/2	**3**
	/1	5/4	8/7	/1	5/4	8/7	/1	5/4	8/7	/1	5/4	8/7	/1	5/4	8/7	
	/2	1/2	1/4	/2	1/2	1/4	/2	1/2	1/4	/2	1/2	1/4	/2	1/2	1/4	
4	2/3	3/2	8/6	2/3	3/2	8/6	2/3	3/2	8/6	2/3	3/2	8/6	2/3	3/2	8/6	**4**
	/8	/2	4/6	/8	/2	4/6	/8	/2	4/6	/8	/2	4/6	/8	/2	4/6	
	1/2	1/3	2/5	1/2	1/3	2/5	1/2	1/3	2/5	1/2	1/3	2/5	1/2	1/3	2/5	
5	3/4	4/5		3/4	4/5		3/4	4/5		3/4	4/5		3/4	4/5		**5**
	/5	5/	/5	/5	5/	/5	/5	5/	/5	/5	5/	/5	/5	5/	/5	
	1/3	1/3	2/6	1/3	1/3	2/6	1/3	1/3	2/6	1/3	1/3	2/6	1/3	1/3	2/6	
6	4/5	4/8	2/4	4/5	4/8	2/4	4/5	4/8	2/4	4/5	4/8	2/4	4/5	4/8	2/4	**6**
	/2	/8	6/4	/2	/8	6/4	/2	/8	6/4	/2	/8	6/4	/2	/8	6/4	
	1/3	2/4	2/7	1/3	2/4	2/7	1/3	2/4	2/7	1/3	2/4	2/7	1/3	2/4	2/7	
7	4/6	5/1	4/8	4/6	5/1	4/8	4/6	5/1	4/8	4/6	5/1	4/8	4/6	5/1	4/8	**7**
	/9	5/6	2/3	/9	5/6	2/3	/9	5/6	2/3	/9	5/6	2/3	/9	5/6	2/3	
	1/4	2/4	3/8	1/4	2/4	3/8	1/4	2/4	3/8	1/4	2/4	3/8	1/4	2/4	3/8	
8	5/7	6/4	6/2	5/7	6/4	6/2	5/7	6/4	6/2	5/7	6/4	6/2	5/7	6/4	6/2	**8**
	/6	/4	8/2	/6	/4	8/2	/6	/4	8/2	/6	/4	8/2	/6	/4	8/2	
	1/4	2/5	3/9	1/4	2/5	3/9	1/4	2/5	3/9	1/4	2/5	3/9	1/4	2/5	3/9	
9	6/8	7/7	8/6	6/8	7/7	8/6	6/8	7/7	8/6	6/8	7/7	8/6	6/8	7/7	8/6	**9**
	/3	5/2	4/1	/3	5/2	4/1	/3	5/2	4/1	/3	5/2	4/1	/3	5/2	4/1	

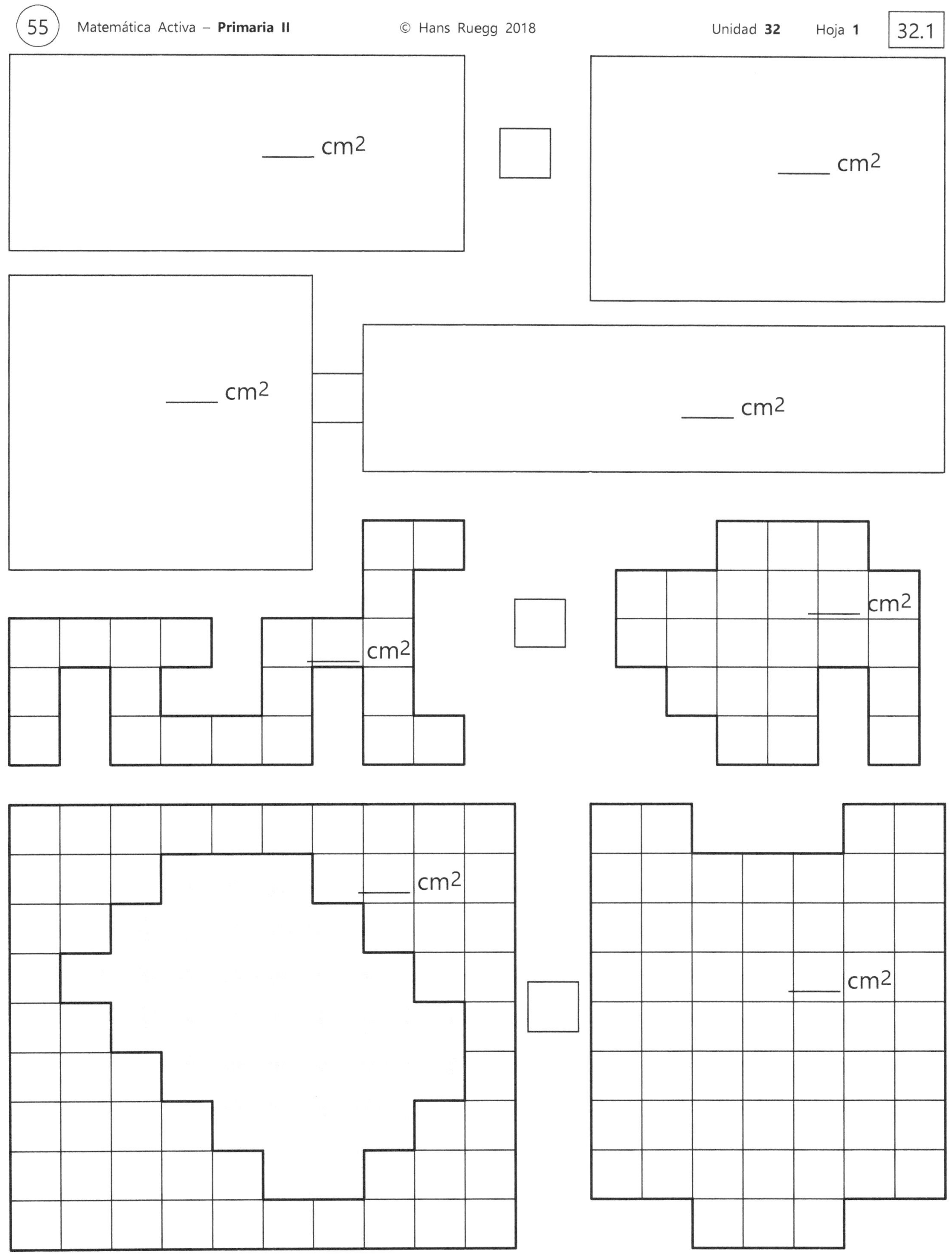
____ cm2
____ cm2
____ cm2
____ cm2
____ cm2
____ cm2
____ cm2
____ cm2

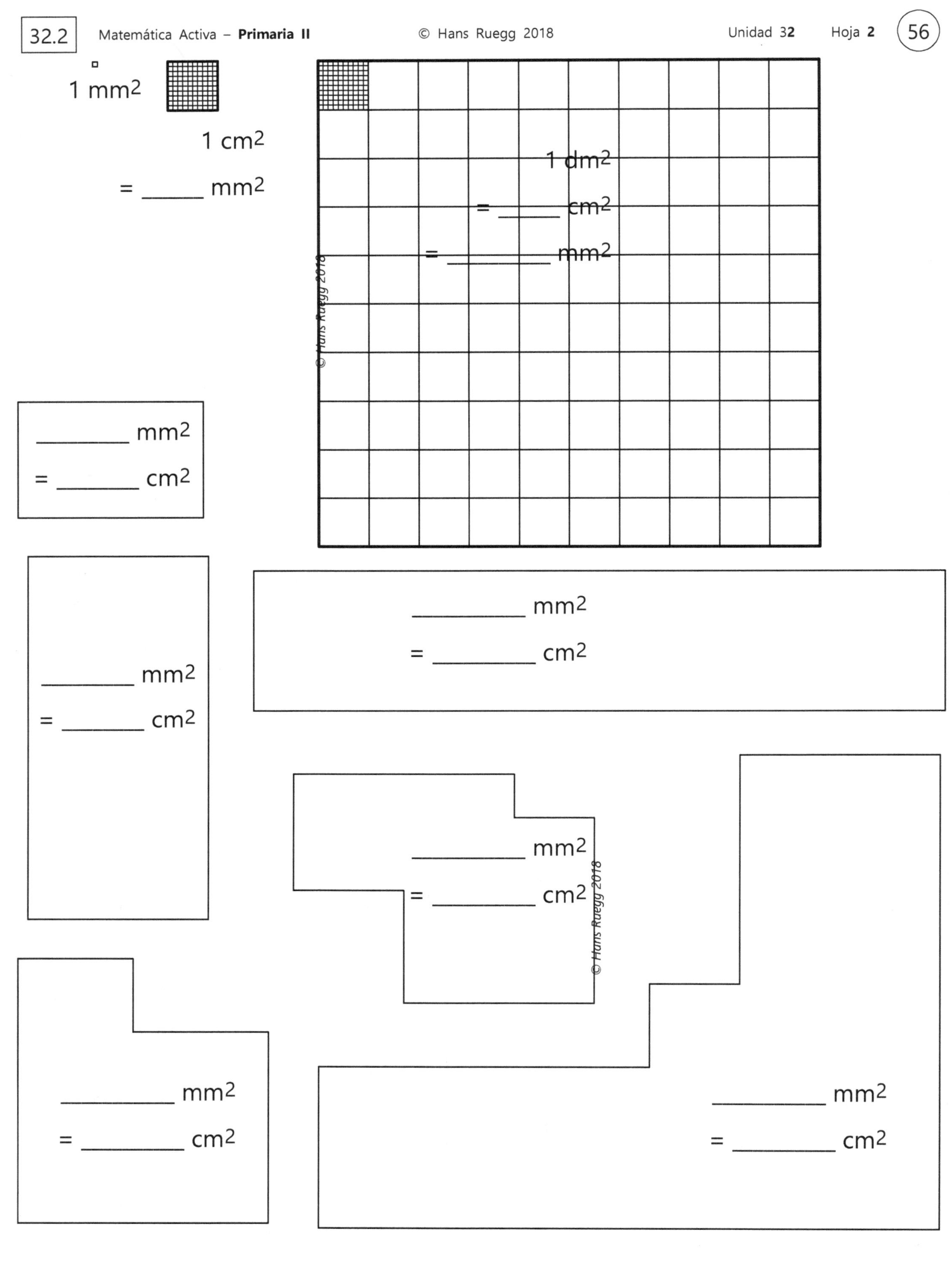

1 mm²
1 cm²
= ______ mm²
1 dm²
= ______ cm²
= __________ mm²
© Hans Ruegg 2018
_________ mm²
= ________ cm²
_________ mm²
= ________ cm²
__________ mm²
= _________ cm²
__________ mm²
= _________ cm²
© Hans Ruegg 2018
__________ mm²
= _________ cm²
__________ mm²
= _________ cm²

Camino de aprendizaje para: ______________________________

(Nombre)

Calcula proporciones entre frecuencias de notas musicales. *(U.44)*

Expresa la duración de notas musicales mediante fracciones. *(U.44)*

Resuelve proporciones que involucran fracciones. *(U.43)*

Entiende el círculo de las quintas. *(U.44)*

Resuelve problemas del tipo "¿Qué fracción de … es …?". *(U.42)*

Divide fracciones entre fracciones. *(U.42)*

Multiplica fracciones con fracciones. *(U.41)*

Entiende y aplica el concepto del valor recíproco. *(U.42)*

Suma y resta fracciones heterogéneas. *(U.40)*

Compara fracciones heterogéneas. *(U.40)*

Entiende el concepto del denominador común. *(U.40)*

Amplifica y simplifica fracciones. *(U.39)*

$9\frac{99}{100}$

Divide fracciones entre enteros. *(U.38)*

Multiplica fracciones por enteros. *(U.38)*

Multiplica números mixtos por enteros. *(U.38)*

Entiende el concepto de fracciones equivalentes. *(U.39)*

Escribe divisiones inexactas como fracción (impropia), y como número mixto. *(U.37)*

$\frac{11}{19}$

Entiende el significado matemático de "una fracción de …" *(U.38)*

Convierte números mixtos en fracciones impropias, y vice versa. *(U.36)*

Suma y resta números mixtos con fracciones homogéneas. *(U.36)*

$\frac{3}{5}$

Entiende el significado de las fracciones como divisiones. *(U.37)*

Representa fracciones en la recta numérica. *(U.35)*

$\frac{1}{6}$

Compara fracciones con numerador 1. *(U.34)*

Suma y resta fracciones homogéneas. *(U.35)*

Representa fracciones con material concreto y con dibujos. *(U.34)*

Lee y escribe fracciones. *(U.34)*

Escribe las áreas sombreadas como fracción de la figura entera.

Ejemplo: 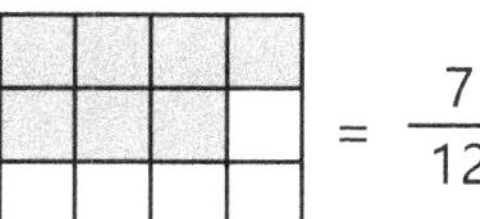 $= \frac{7}{12}$

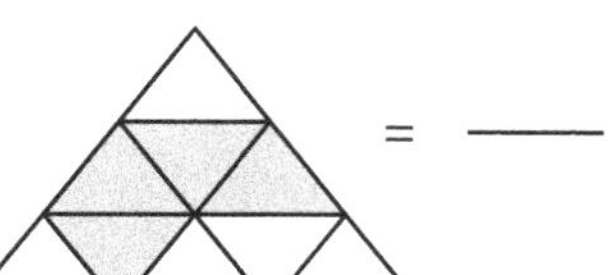 = ____

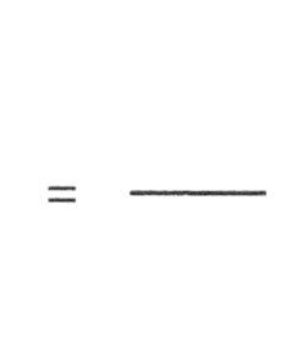 = ____

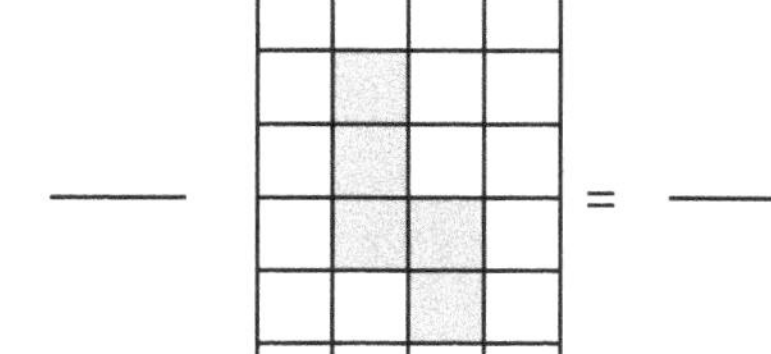 = ____

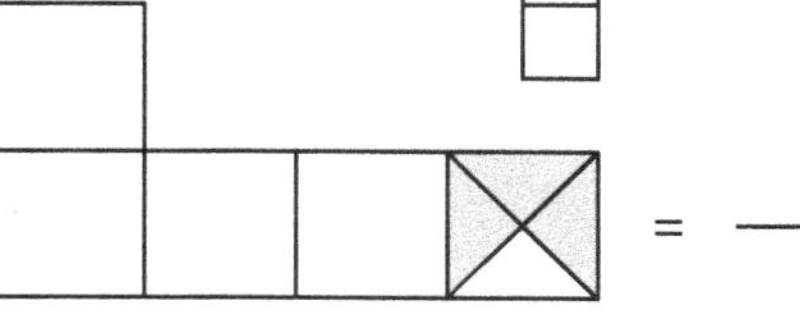 = ____

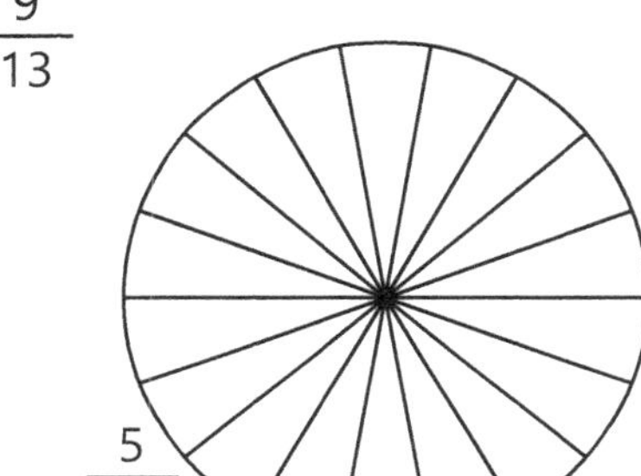 = ____

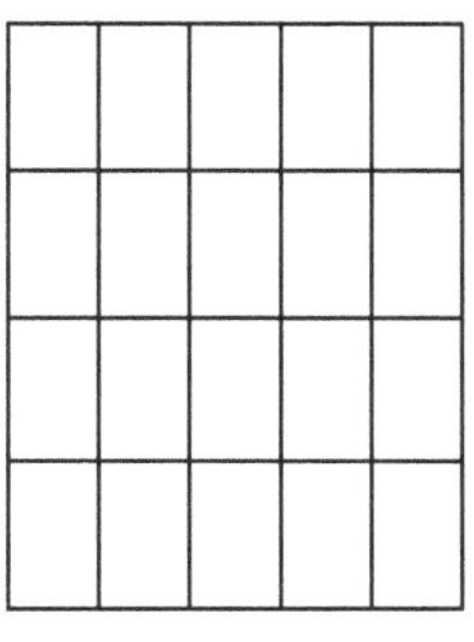 = ____

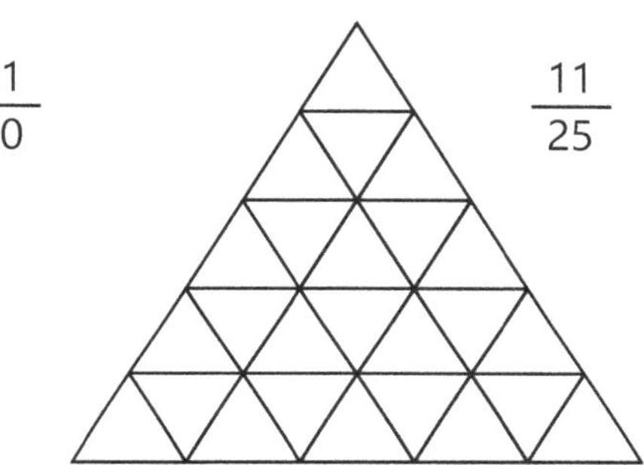 = ____

Pinta las áreas que corresponden a las fracciones indicadas.

$\frac{9}{13}$

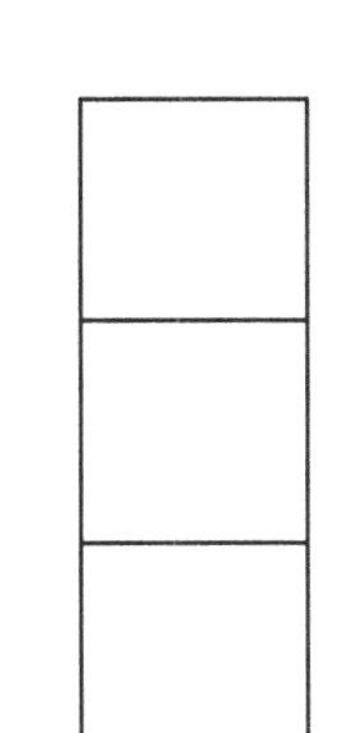

$\frac{5}{18}$

$\frac{11}{20}$

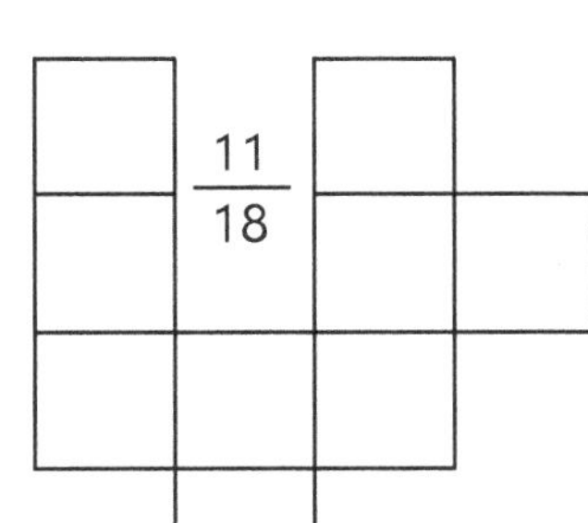

$\frac{11}{25}$

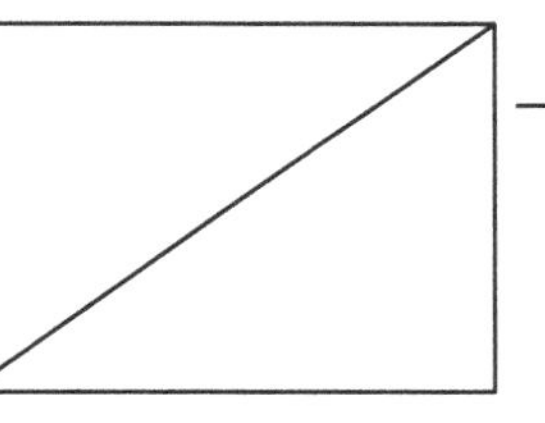

$\frac{11}{18}$

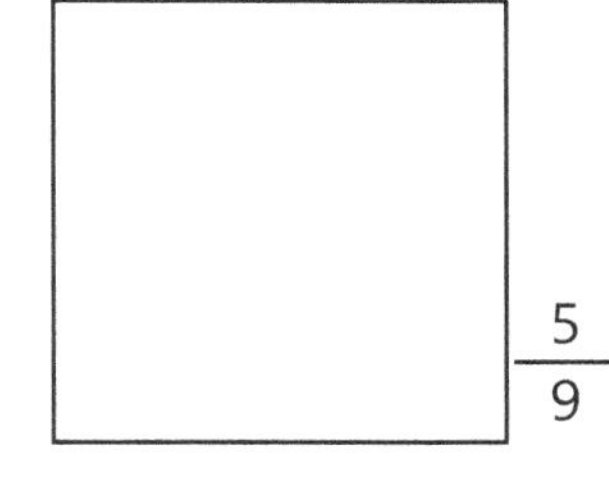

$\frac{5}{8}$

$\frac{5}{9}$

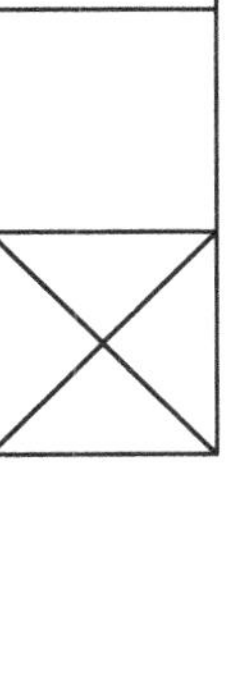

$\frac{7}{20}$

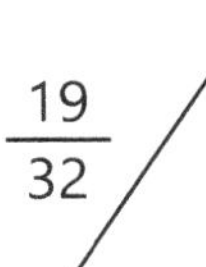

$\frac{19}{32}$

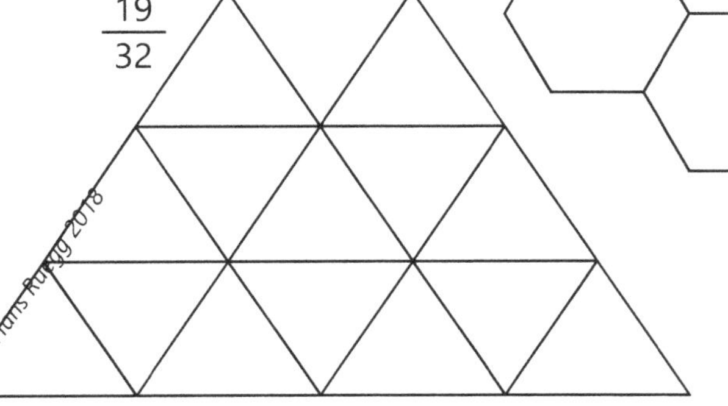

* $\frac{8}{21}$

Tarjetas con números mixtos

para convertir a fracciones impropias con el material correspondiente, o mentalmente.

$1\frac{1}{3}$	$2\frac{1}{4}$	$2\frac{3}{5}$	$1\frac{5}{7}$
$3\frac{4}{5}$	$6\frac{1}{2}$	$6\frac{3}{4}$	$5\frac{5}{6}$
$5\frac{5}{7}$	$4\frac{2}{7}$	$3\frac{1}{6}$	$\frac{6}{7}$
$4\ (= \frac{\text{¿?}}{4})$	$1\ (= \frac{\text{¿?}}{6})$	$5\ (= \frac{\text{¿?}}{5})$	$3\ (= \frac{\text{¿?}}{7})$
$6\frac{7}{12}$	$4\frac{3}{8}$	$5\frac{5}{9}$	$3\frac{6}{11}$
$20\frac{2}{3}$	$30\frac{3}{4}$	$60\frac{4}{7}$	$80\frac{1}{6}$
$5\frac{11}{20}$	$6\frac{23}{30}$	$7\frac{49}{50}$	$\frac{63}{80}$
$13\frac{1}{3}$	$26\frac{3}{5}$	$82\frac{4}{7}$	$64\frac{2}{9}$
$49\frac{1}{2}$	$58\frac{7}{10}$	$5\frac{87}{100}$	$\frac{587}{1000}$
$16\ (= \frac{\text{¿?}}{4})$	$22\ (= \frac{\text{¿?}}{3})$	$45\ (= \frac{\text{¿?}}{2})$	$21\ (= \frac{\text{¿?}}{6})$

Tarjetas con fracciones impropias

Plastificar la hoja por ambos lados y cortar por las líneas punteadas.

$\frac{12}{7}$	$\frac{13}{5}$	$\frac{9}{4}$	$\frac{4}{3}$
$\frac{35}{6}$	$\frac{27}{4}$	$\frac{13}{2}$	$\frac{19}{5}$
$\frac{6}{7}$	$\frac{19}{6}$	$\frac{30}{7}$	$\frac{40}{7}$
$\frac{21}{7}$	$\frac{25}{5}$	$\frac{6}{6}$	$\frac{16}{4}$
$\frac{39}{11}$	$\frac{50}{9}$	$\frac{35}{8}$	$\frac{79}{12}$
$\frac{481}{6}$	$\frac{424}{7}$	$\frac{123}{4}$	$\frac{62}{3}$
$\frac{63}{80}$	$\frac{399}{50}$	$\frac{203}{30}$	$\frac{111}{20}$
$\frac{578}{9}$	$\frac{578}{7}$	$\frac{133}{5}$	$\frac{40}{3}$
$\frac{587}{1000}$	$\frac{587}{100}$	$\frac{587}{10}$	$\frac{99}{2}$
$\frac{126}{6}$	$\frac{90}{2}$	$\frac{66}{3}$	$\frac{64}{4}$

Mendelssohn, Marcha Nupcial

Osseh Shalom (Canción hebrea).

Bach, Minué

Enescu, Rapsodia Rumana

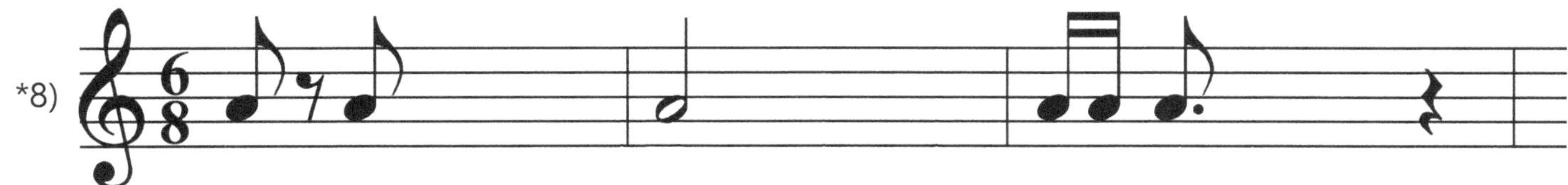

Camino de aprendizaje para: ____________________

(Nombre)

Calcula con unidades de medida y números decimales en el contexto de proyectos prácticos. *(U.53)*

Resuelve problemas del tipo: "¿Cuánto por ciento de ... es ... ?". *(U.52)*

Calcula el total a base de un porcentaje. *(U.52)*

Convierte entre porcentajes y fracciones. *(U.52)*

%

Entiende el concepto de "por ciento". *(U.52)*

Convierte entre porcentajes y números decimales. *(U.52)*

Calcula porcentajes de un total. *(U.52)*

Divide entre números decimales. *(U.51)*

Convierte fracciones en números decimales. *(U.50)*

Divide números decimales entre enteros. *(U.50)*

Multiplica decimales por decimales. *(U.49)*

Multiplica números decimales por enteros. *(U.49)*

Suma y resta números decimales, con material concreto y por escrito. *(U.48)*

Compara números decimales. *(U.47)*

Ubica números decimales en la recta numérica. *(U.47)*

Escribe y convierte medidas con unidades mixtas en forma de números decimales. *(U.47)*

0.001 0.3684 0.000001

Aplica métodos para multiplicar y dividir fácilmente por 10, por 100, por 1000, etc, inclusive con números decimales. *(U.46)*

Entiende el principio del valor posicional respecto a los números decimales. *(U.46)*

0.01

Lee y escribe números decimales. *(U.46)*

Escribe medidas con unidades mixtas en forma de fracciones. *(U.45)*

0.1

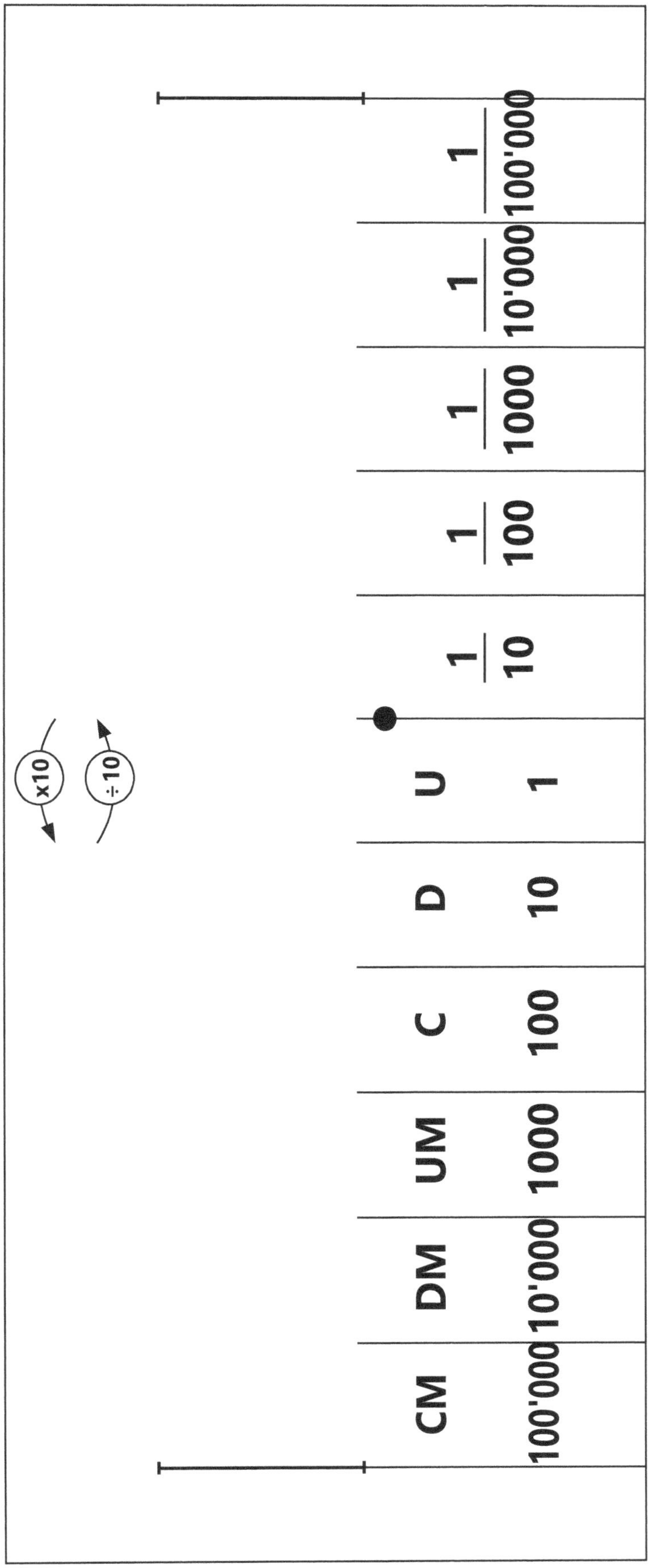

CM	DM	UM	C	D	U					
100'000	10'000	1000	100	10	1	$\frac{1}{10}$	$\frac{1}{100}$	$\frac{1}{1000}$	$\frac{1}{10'000}$	$\frac{1}{100'000}$

x10 ÷10

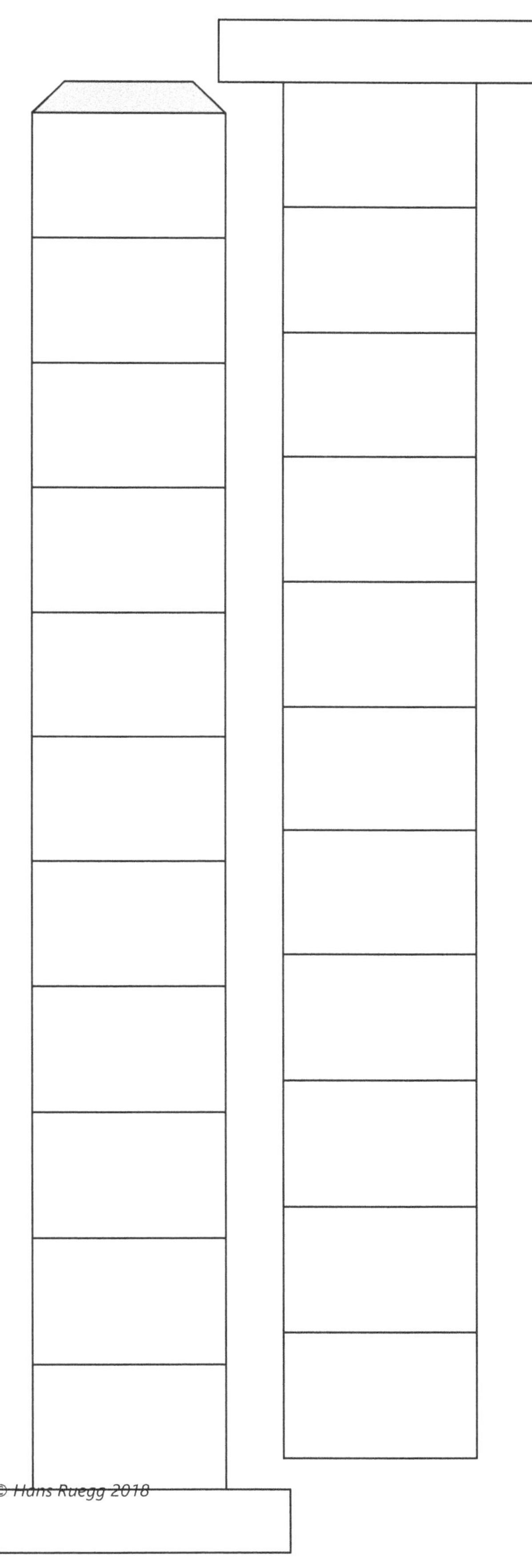

En las siguientes rectas numéricas, señala con una flecha dónde se encuentra el número indicado.

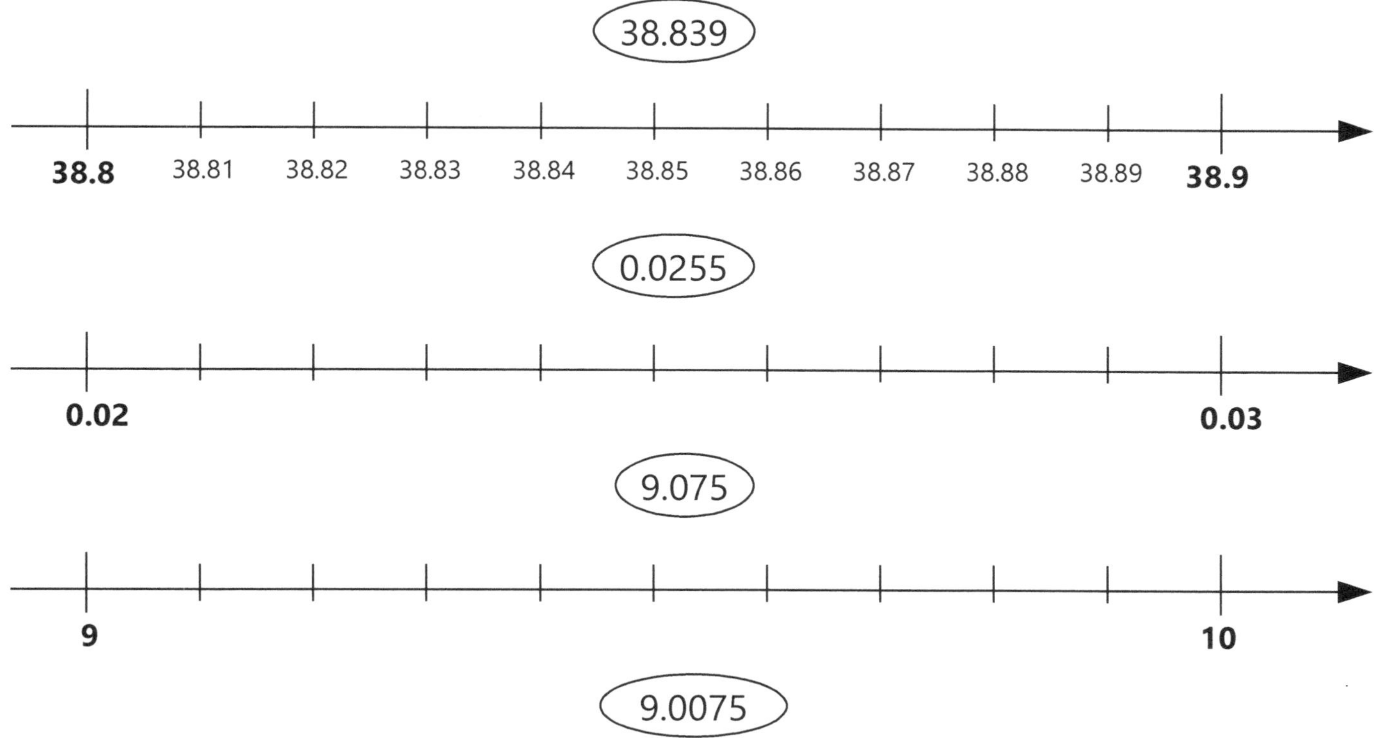

En las siguientes rectas numéricas, escribe los números adonde señalan las flechas: (Estima y aproxima.)

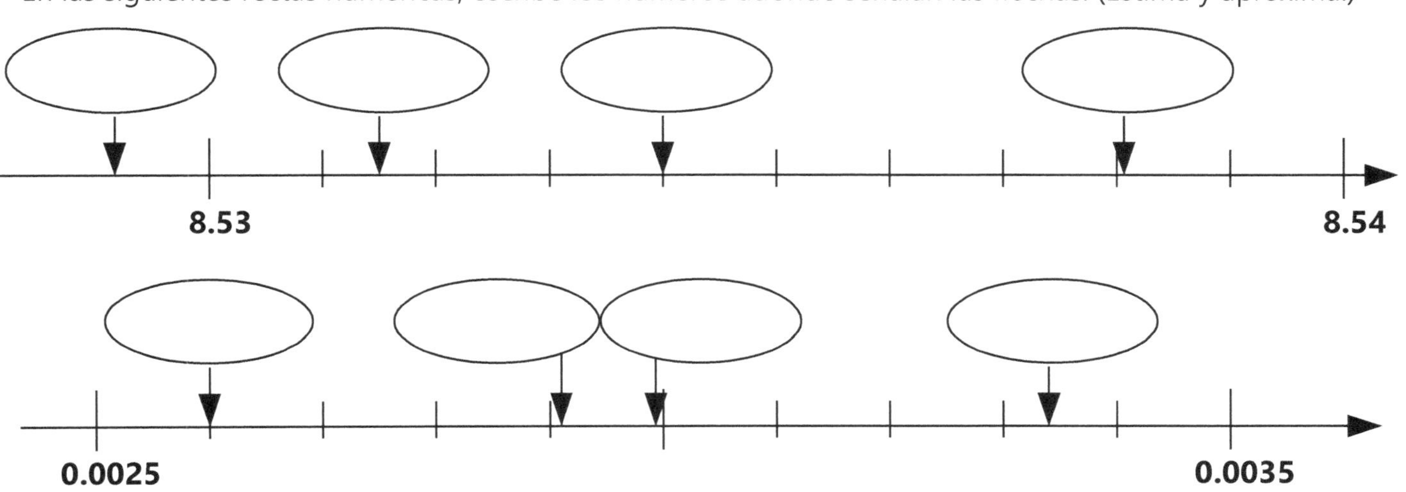

Escribe las operaciones correctamente en el tablero posicional. Resuelve por escrito. Representa con material concreto si deseas.

***Nota:** Las abreviaciones m, cm, etc no tienen que ver con "metros" etc. Significan las fracciones del tablero: "milésimos", "diezmilésimos", etc.*

6.88 + 7.087

D	U .	d $\frac{1}{10}$	c $\frac{1}{100}$	m $\frac{1}{1000}$	dm $\frac{1}{10'000}$	cm $\frac{1}{100'000}$	mll $\frac{1}{1'000'000}$

10.4 + 0.9876

D	U .	d $\frac{1}{10}$	c $\frac{1}{100}$	m $\frac{1}{1000}$	dm $\frac{1}{10'000}$	cm $\frac{1}{100'000}$	mll $\frac{1}{1'000'000}$

0.05321 + 1.9468 + 0.000099

D	U .	d $\frac{1}{10}$	c $\frac{1}{100}$	m $\frac{1}{1000}$	dm $\frac{1}{10'000}$	cm $\frac{1}{100'000}$	mll $\frac{1}{1'000'000}$

89.000009 + 1.999 + 0.00123

D	U .	d $\frac{1}{10}$	c $\frac{1}{100}$	m $\frac{1}{1000}$	dm $\frac{1}{10'000}$	cm $\frac{1}{100'000}$	mll $\frac{1}{1'000'000}$

0.0356 + 0.000785 + 3.95002 + 15

D	U .	d $\frac{1}{10}$	c $\frac{1}{100}$	m $\frac{1}{1000}$	dm $\frac{1}{10'000}$	cm $\frac{1}{100'000}$	mll $\frac{1}{1'000'000}$

92.5 + 0.00603 + 7.493962 + 0.000008

D	U .	d $\frac{1}{10}$	c $\frac{1}{100}$	m $\frac{1}{1000}$	dm $\frac{1}{10'000}$	cm $\frac{1}{100'000}$	mll $\frac{1}{1'000'000}$

Camino de aprendizaje para: ____________________

(Nombre)

Interpreta y dibuja dibujos de cuerpos tridimensionales. *(U.71)*

Calcula volúmenes de prismas rectangulares. *(U.71)*

Identifica prismas y pirámides. *(U.72)*

Calcula coordenadas de figuras ampliadas. *(U.70)*

Construye figuras ampliadas. *(U.70)*

Calcula coordenadas de figuras trasladadas, reflejadas horizontal y verticalmente, y rotadas por 90°, 180° y 270°. *(U.69)*

Calcula coordenadas de figuras reflejadas en un eje inclinado en 45°. *(U.69)*

Se orienta con la ayuda de una brújula. *(U.68)*

Construye figuras trasladadas y rotadas. *(U.69)*

Entiende el concepto de la semejanza geométrica. *(U.70)*

Dibuja un plano a escala. *(U.67)*

Se orienta con un mapa en el barrio y en el campo. *(U.67)*

Calcula perímetro y área de polígonos con ángulos rectos. *(U.65)*

Ubica y construye puntos según sus coordenadas cartesianas. *(U.66)*

Entiende los conceptos de "perímetro" y "área". *(U.65)*

Construye la mediatriz y el punto medio de un segmento. *(U.62)*

Construye un polígono congruente a otro. *(U.59, 63)*

Conoce los poliedros regulares. *(U.63, 72)*

Construye figuras simétricas. *(U.60, 69)*

Identifica ejes y centros de simetría. *(U.60)*

Entiende los conceptos de simetría axial y central. *(U.60)*

Copia ángulos con el compás. *(U.59)*

Reconoce y construye polígonos regulares. *(U.59)*

Entiende el concepto de "polígono regular". *(U.59, 64)*

Construye un triángulo congruente a otro. *(U.58, 59)*

Mide y construye ángulos con el transportador. *(U.59)*

Entiende el concepto de la congruencia. *(U.58, 59)*

Copia distancias con el compás. *(U.57)*

Construye rombos y paralelogramos con la ayuda del compás. *(U.57)*

Construye rectángulos con exactitud. *(U.56)*

Dibuja círculos con el compás. *(U.57)*

Entiende los conceptos de "radio" y "diámetro". *(U.57)*

Mide y construye correctamente distancias entre rectas paralelas, y entre un punto y una recta. *(U.56)*

Entiende los conceptos de "paralelo", "distancia", y "ángulo recto". *(U.56)*

Construye con exactitud rectas, segmentos, paralelas, y ángulos rectos. *(U.56)*

Clasifica cuadriláteros según ángulos rectos, lados paralelos, y lados iguales. *(U.54)*

Identifica y dibuja figuras geométricas básicas. *(U.54)*

Tarjetas con figuras geométricas. *Plastificar por ambos lados y cortar por las líneas punteadas.*

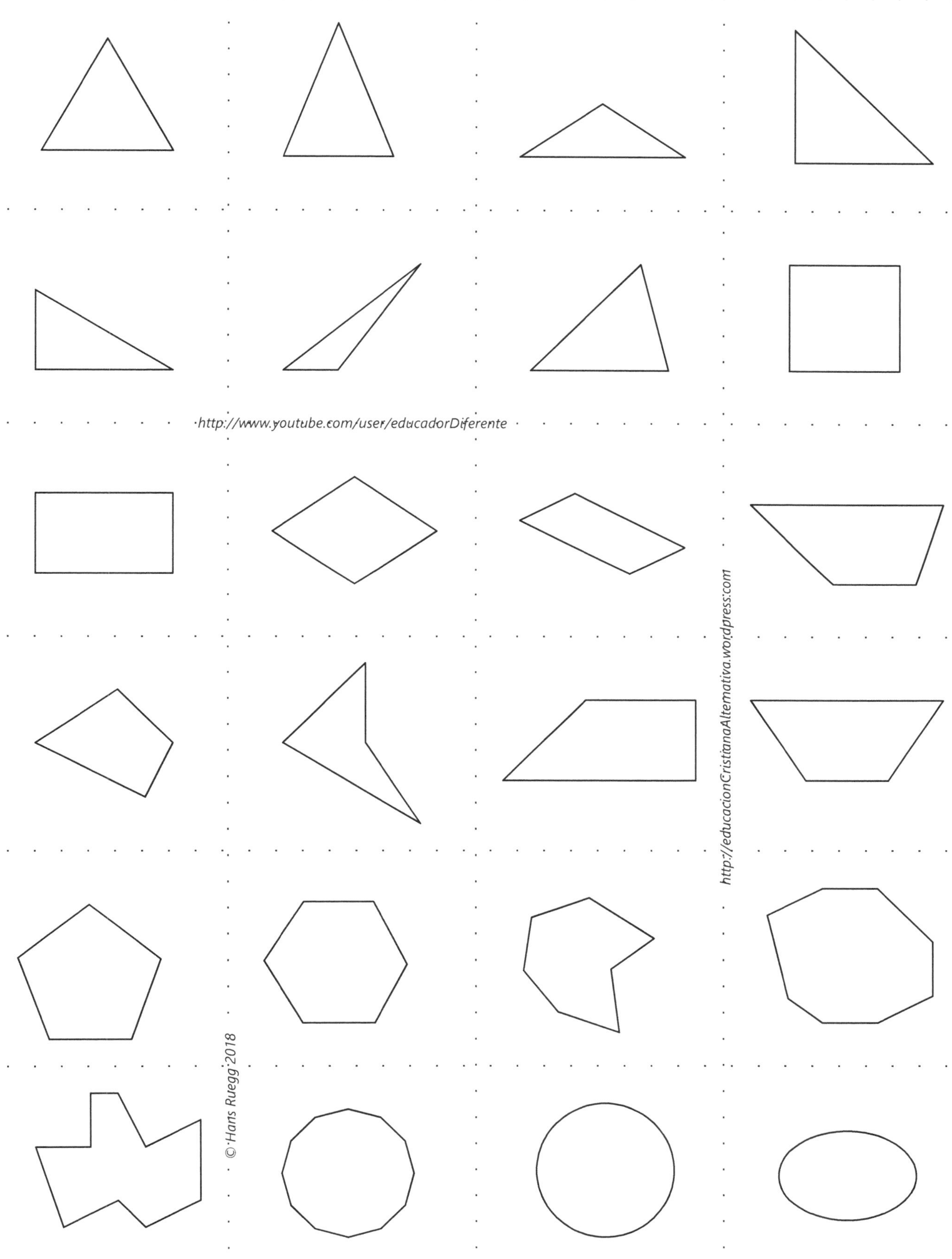

Tarjetas con figuras geométricas. *(Reverso)*

Triángulo rectángulo isósceles	Triángulo obtusángulo isósceles	Triángulo acutángulo isósceles	Triángulo equilátero
Cuadrado	Triángulo acutángulo escaleno	Triángulo obtusángulo escaleno	Triángulo rectángulo
Trapecio	Paralelo-gramo	Rombo	Rectángulo
Trapecio isósceles	Trapecio rectángulo	Cuadrilátero cóncavo (irregular)	Cuadrilátero irregular
Octágono	Heptágono (cóncavo)	Hexágono	Pentágono
Elipse	Círculo	Dodecágono	Decágono (cóncavo)

¡Explicaciones en el libro!

¡Explicaciones en el libro!

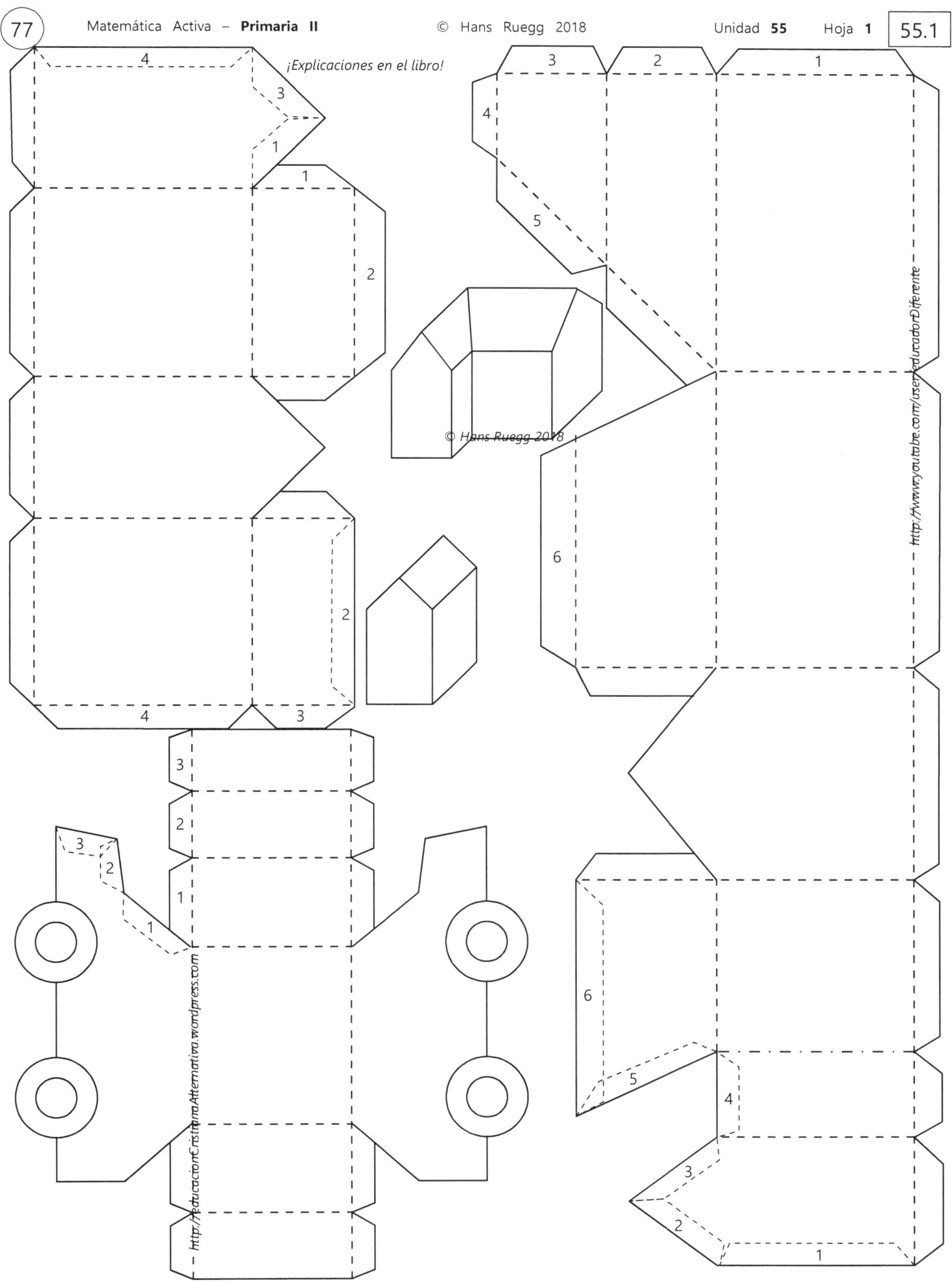

A
B
C
A
B
© Hans Ruegg 2018
1
2
http://educacionCristianaAlternativa.wordpress.com
C
http://www.youtube.com/user/educadorDiferente
C
1
2

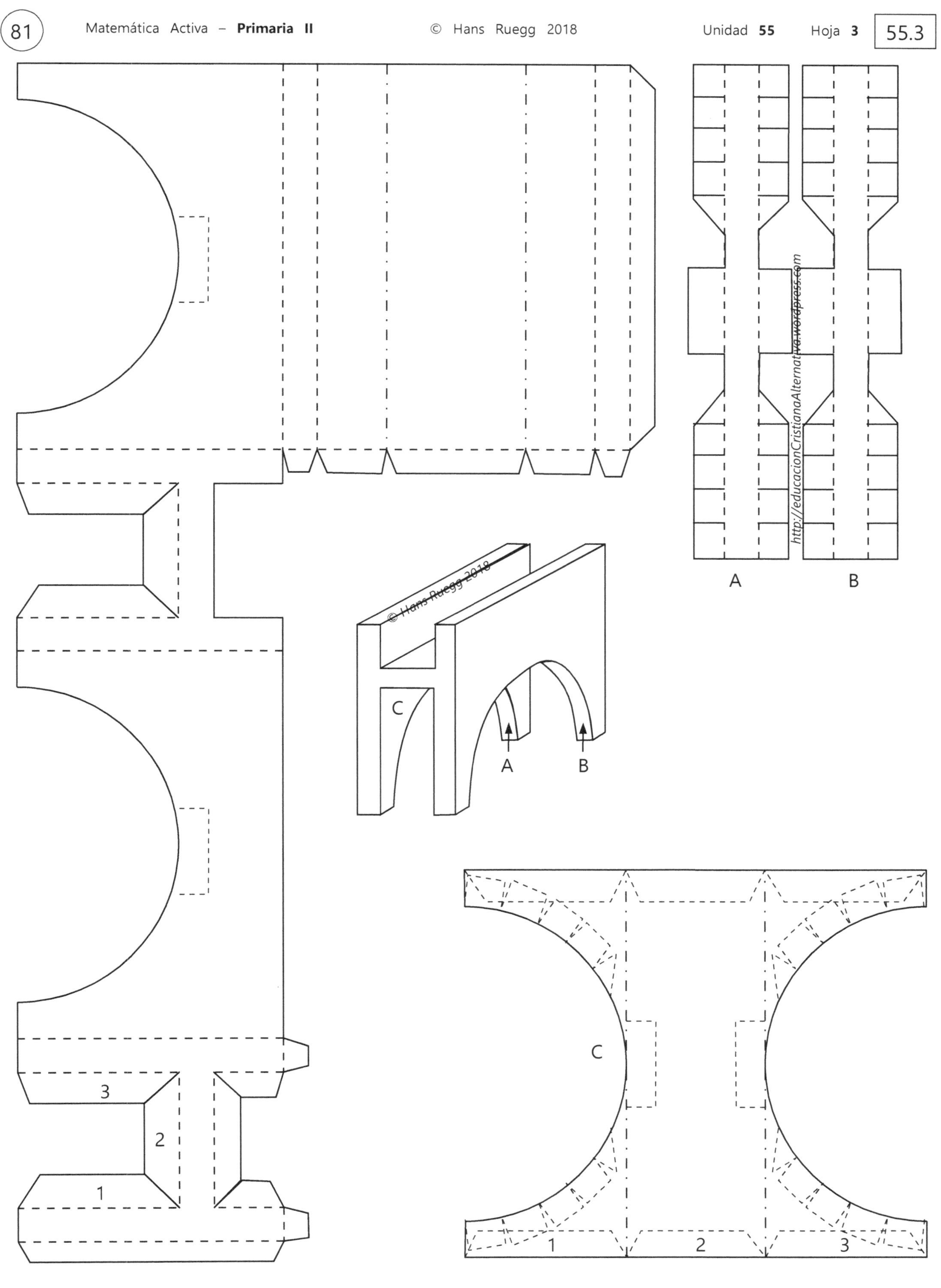

3
2
1
A
B
http://educacionCristianaAlternativa.wordpress.com
© Hans Ruegg 2018
C
A
B
C
1
2
3

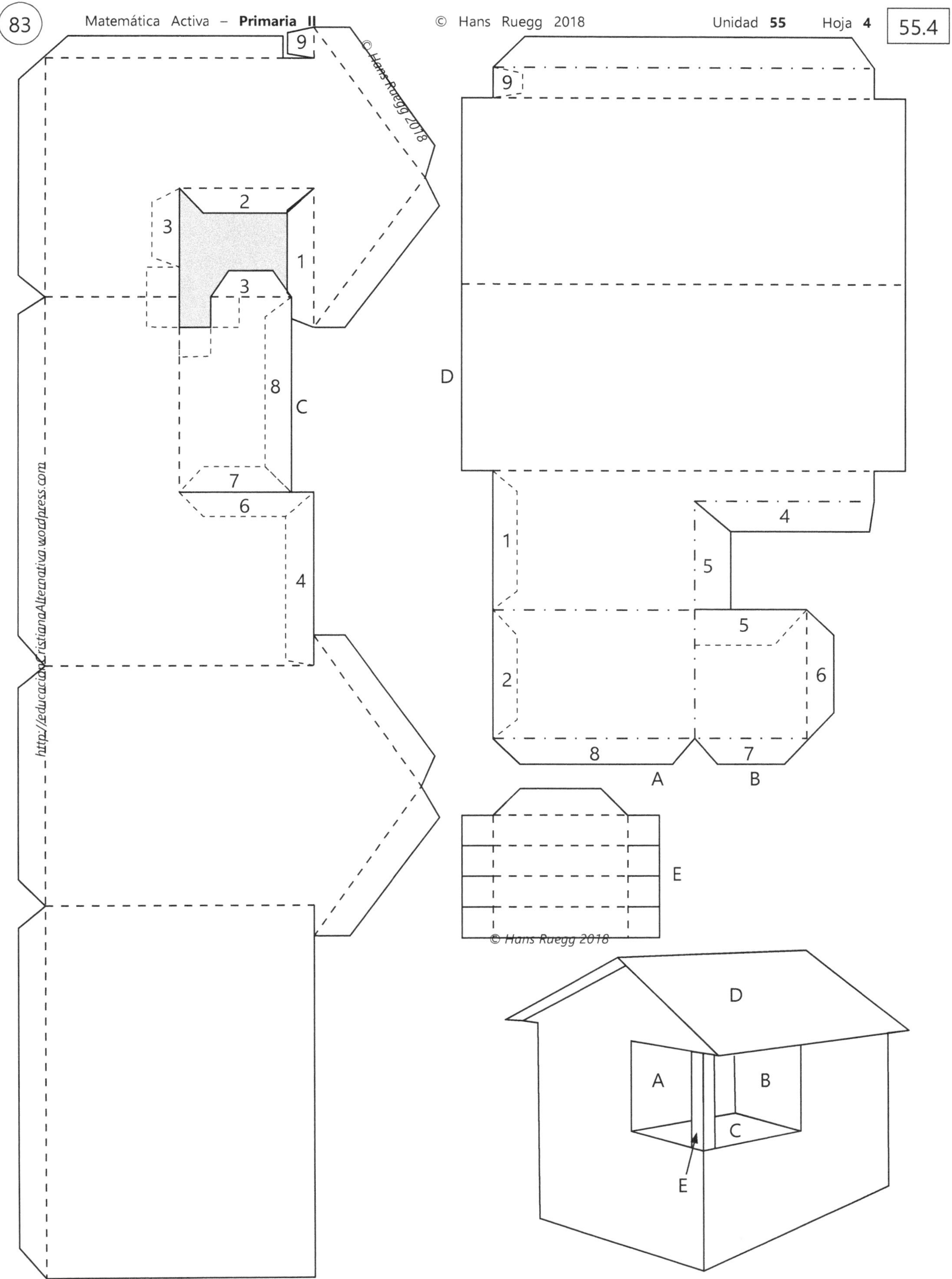

9
© Hans Ruegg 2018
2
3
1
3
8
C
7
6
4
http://educacionCristianaAlternativa.wordpress.com
9
D
1
4
5
5
2
6
8
7
A
B
E
© Hans Ruegg 2018
D
A
B
C
E

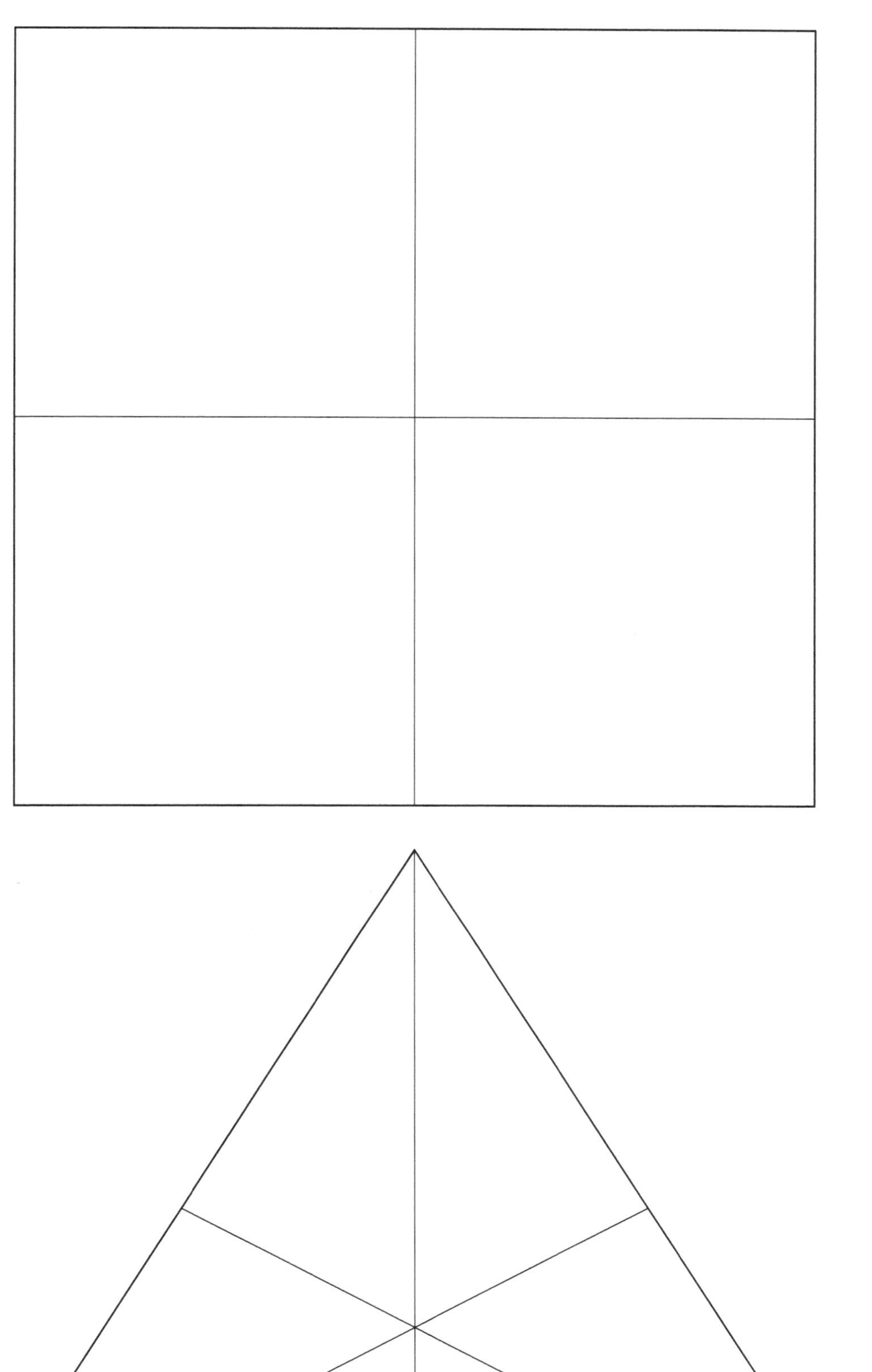

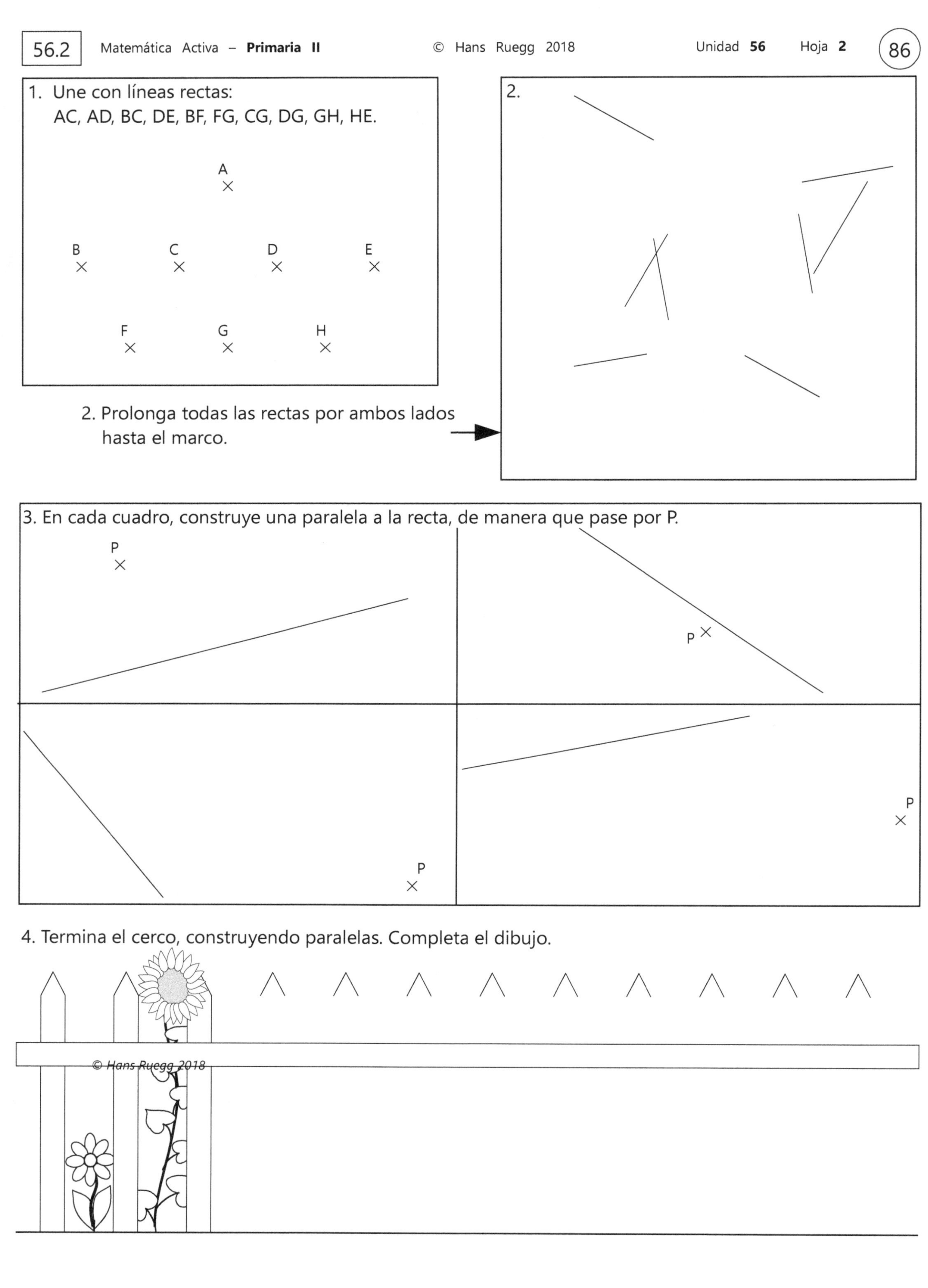

1. Une con líneas rectas:
   AC, AD, BC, DE, BF, FG, CG, DG, GH, HE.

2. Prolonga todas las rectas por ambos lados hasta el marco.

3. En cada cuadro, construye una paralela a la recta, de manera que pase por P.

4. Termina el cerco, construyendo paralelas. Completa el dibujo.

1. En cada cuadro, construye una recta perpendicular a la recta dada, de manera que pase por P.

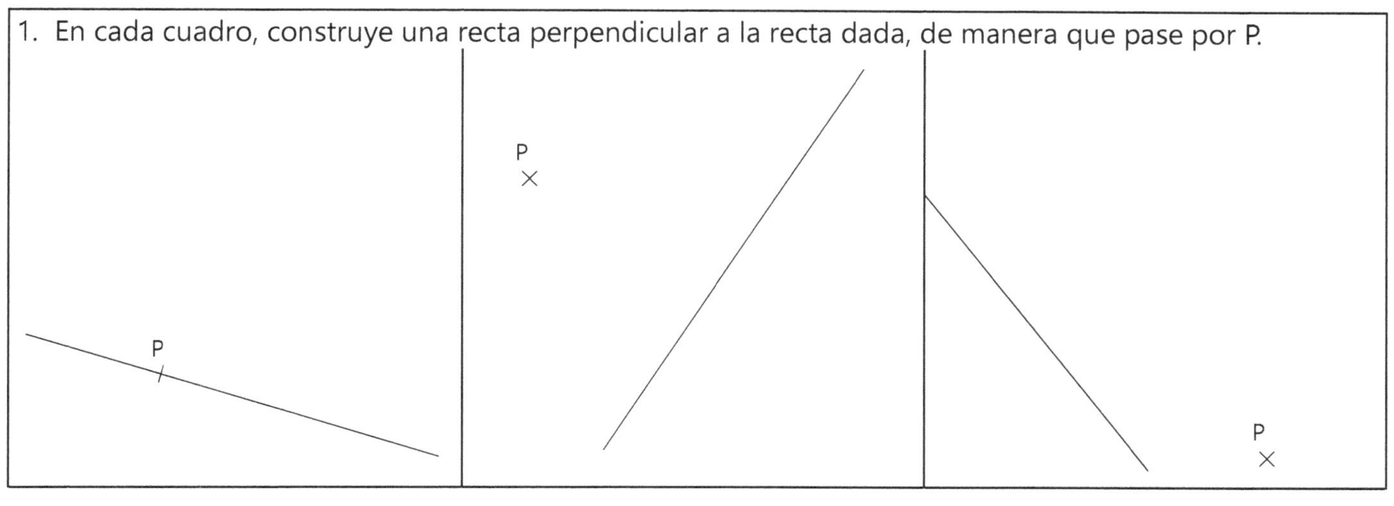

2. Termina el muro, construyendo paralelas y perpendiculares.

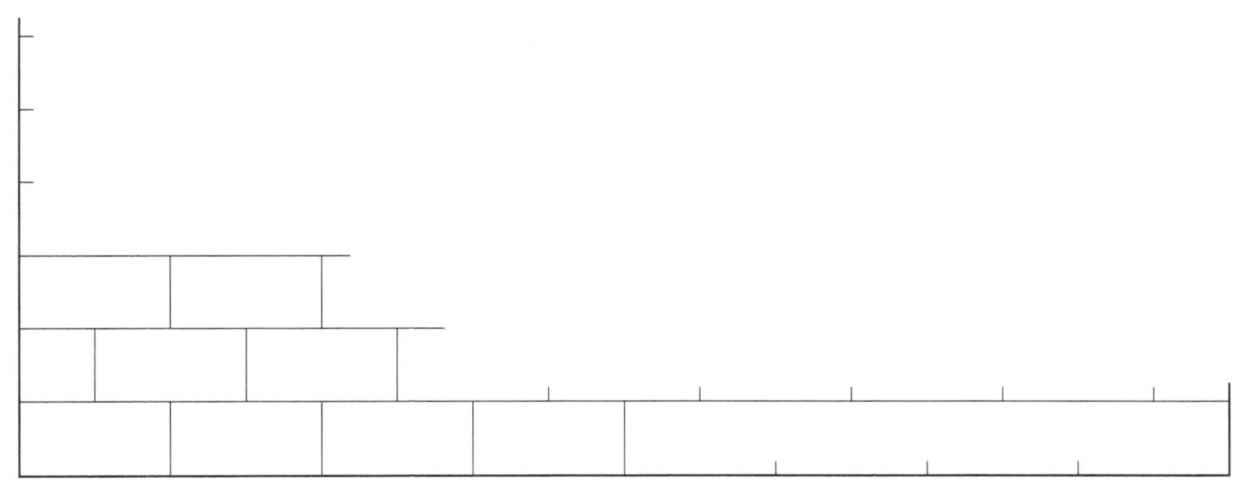

3. En cada cuadro, construye y mide la distancia entre las dos paralelas.

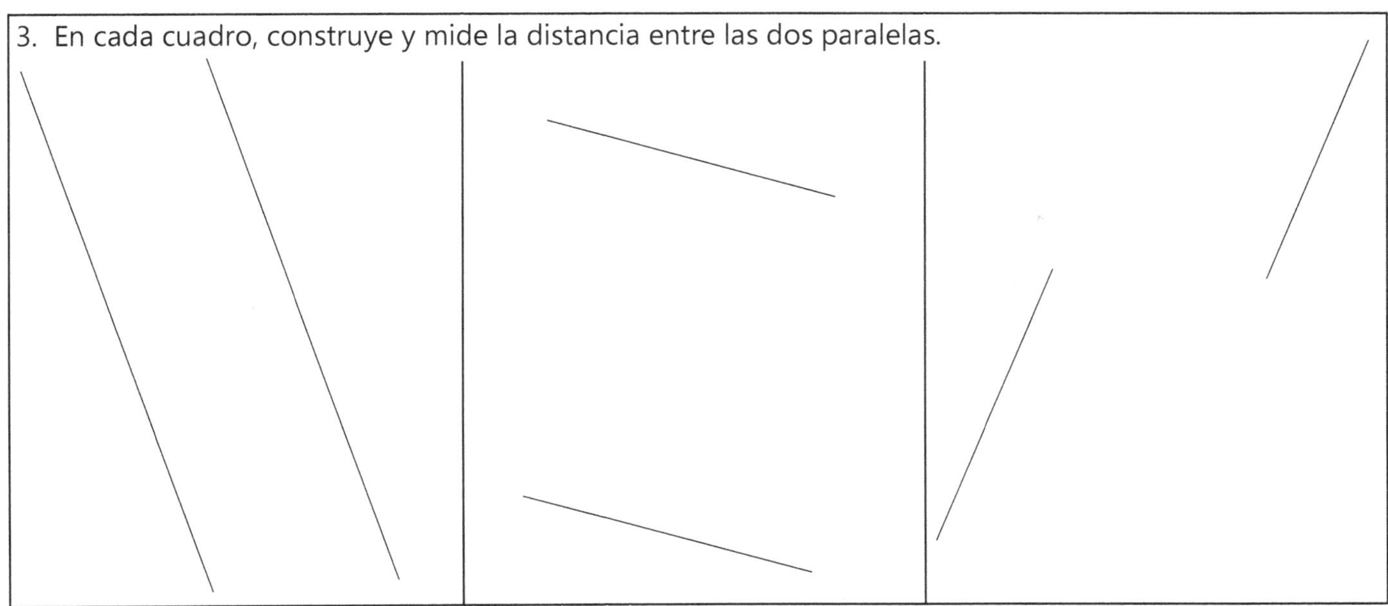

1. En cada cuadro, construye las paralelas a la distancia indicada de la recta.

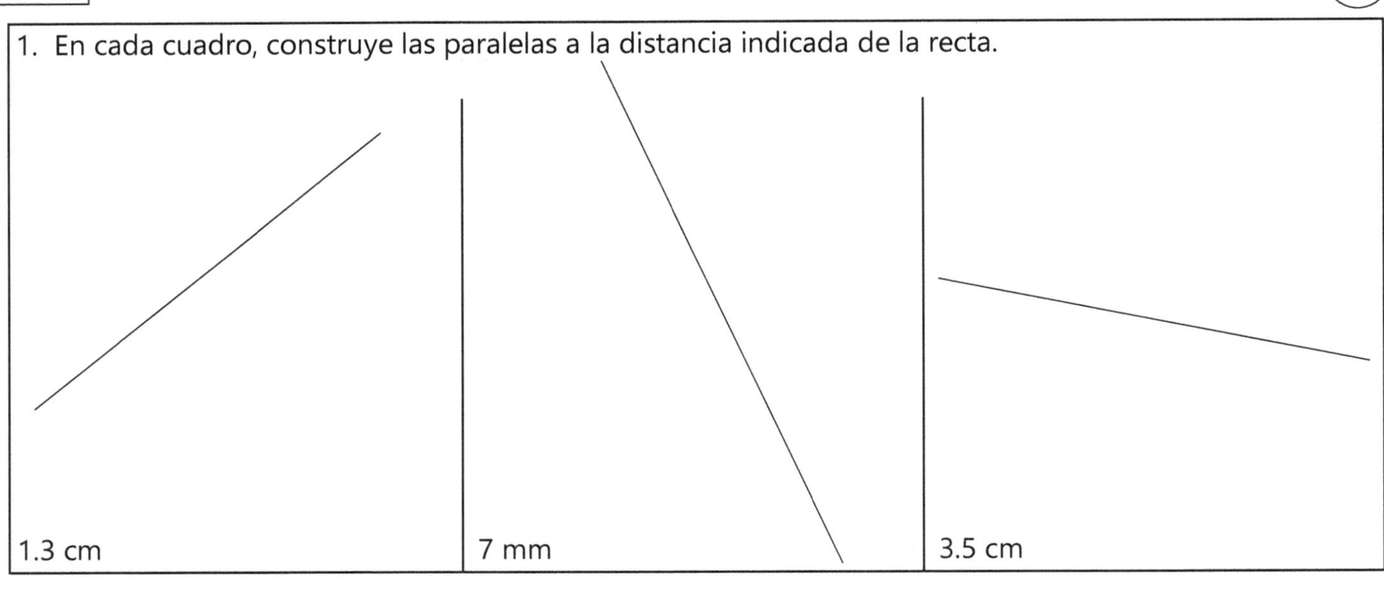

2. En cada cuadro, construye un punto a la distancia indicada de la recta. Mide la distancia desde el punto marcado en la recta.

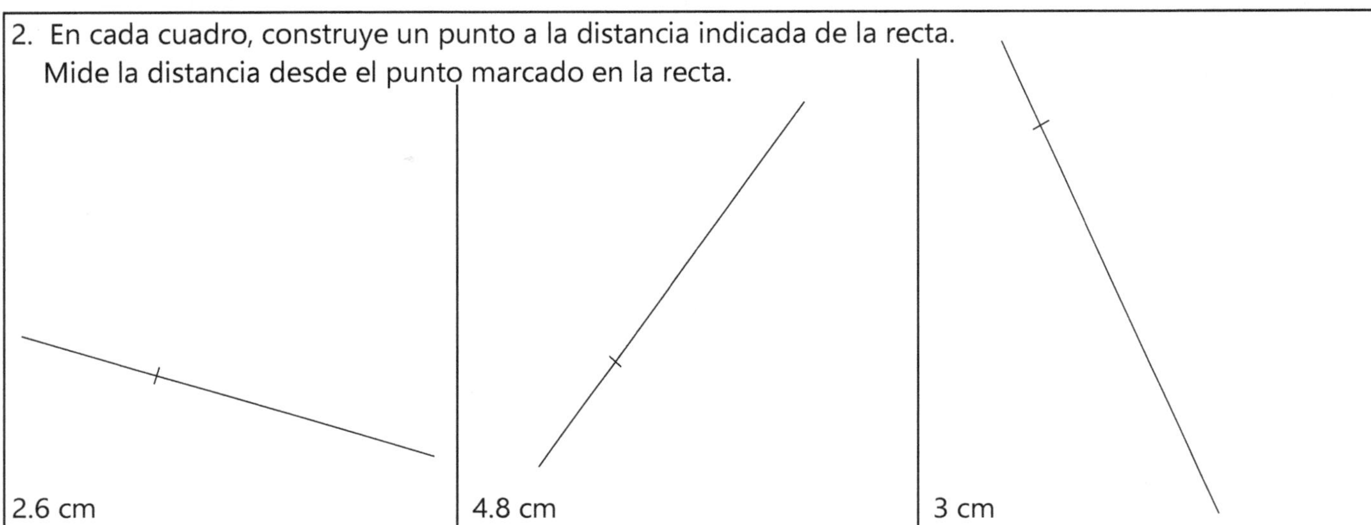

3. Construye y mide la distancia de P a cada una de las rectas.

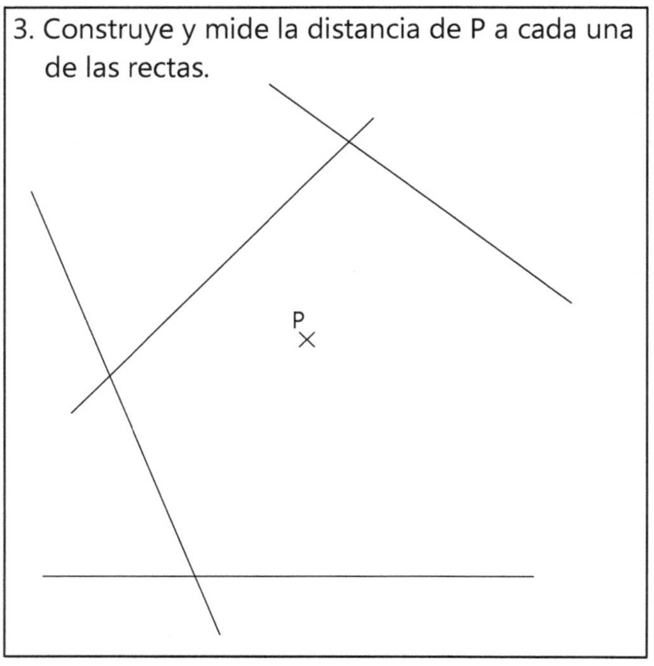

4. Construye rectas a las distancias indicadas desde P. Mide las distancias en la dirección de las flechas.

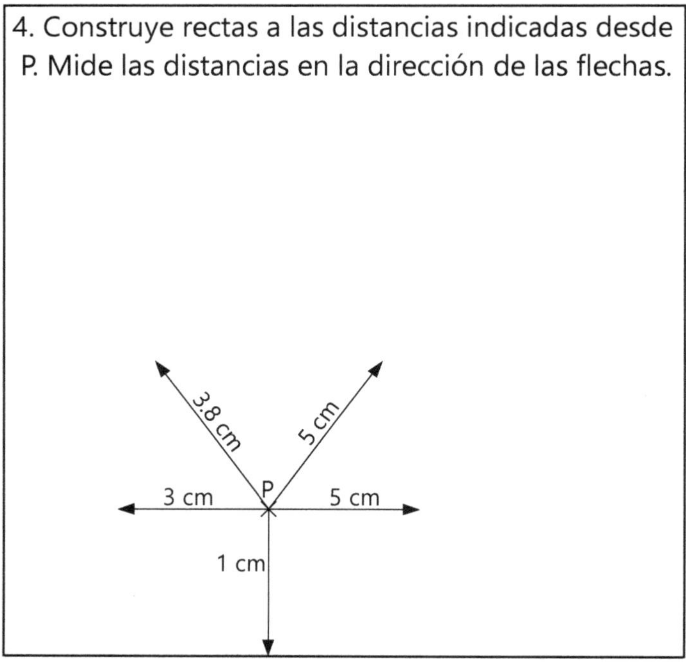

1. Construye 8 puntos diferentes que estén a una distancia de 1.6 cm de la recta dada.
   ¿Qué puedes decir acerca de la ubicación de todos estos puntos?

2. Construye 8 puntos diferentes que estén a una distancia de 3 cm de P. ¿Qué puedes decir acerca de la ubicación de todos estos puntos?

3. Sobre la base AB completa un rectángulo que tenga una altura de 3.7 cm.

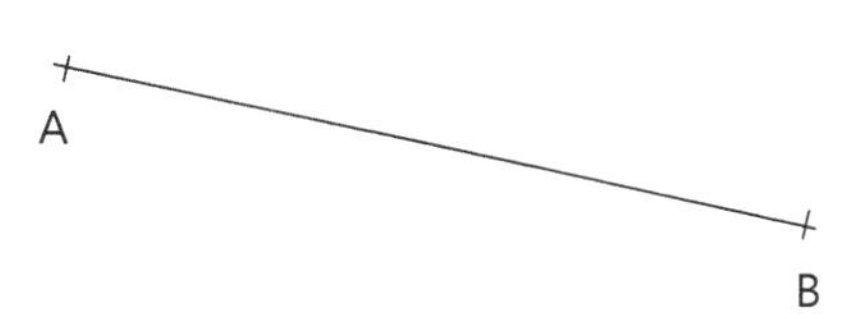

4. Completa un rectángulo, de manera que la recta dada sea su base, y que AC sea su diagonal.

C

A

5. Completa un paralelogramo, usando las rectas dadas, y que sus lados midan 4.4 cm y 3.2 cm, respectivamente.

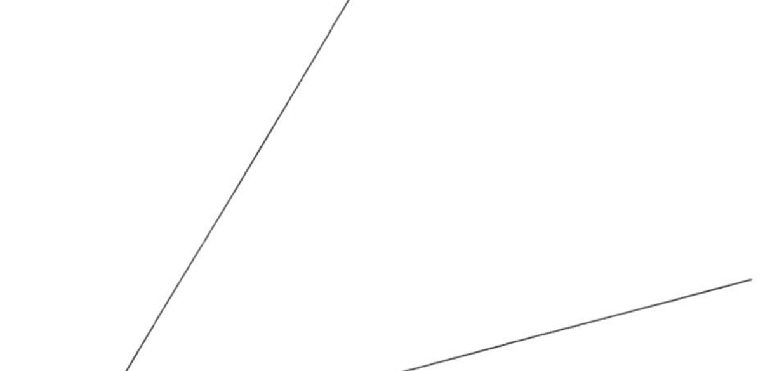

6. Completa un rombo con lados de 4 cm, usando las rectas dadas.

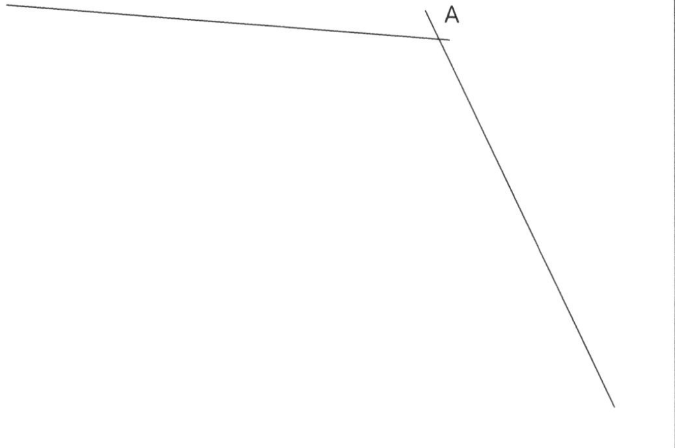

En el cuadro abajo, construye: Un círculo con centro en R que pasa por C;
un arco de círculo con centro en P, que comienza en A y termina en B;
un arco de círculo con centro en Q, que comienza en A y termina en B;
un círculo con centro en S que pasa por D;
un círculo con centro en T que pasa por E;
un círculo con centro en U que pasa por F;
un círculo con centro en V que pasa por G.

1. *(Derecha)* Construye:
Un círculo con centro en A y radio 1.5 cm,
Un círculo con centro en B y radio 1.8 cm,
Un círculo con centro en C y radio 2.3 cm,
Un círculo con centro en D y radio 1.8 cm,
Un círculo con centro en E y radio 1.5 cm.

C ×

B × D ×

A × E ×

2. *(Abajo)* Sin medir con la regla, construye un círculo con centro en P que tenga el mismo radio como el círculo dado.

3. Sin medir con la regla, construye un círculo con centro en P y doble radio del círculo dado.

4. Usando el compás, en cada cuadro marca un segmento comenzando desde C, sobre la recta c, con la misma longitud como el segmento dado AB.

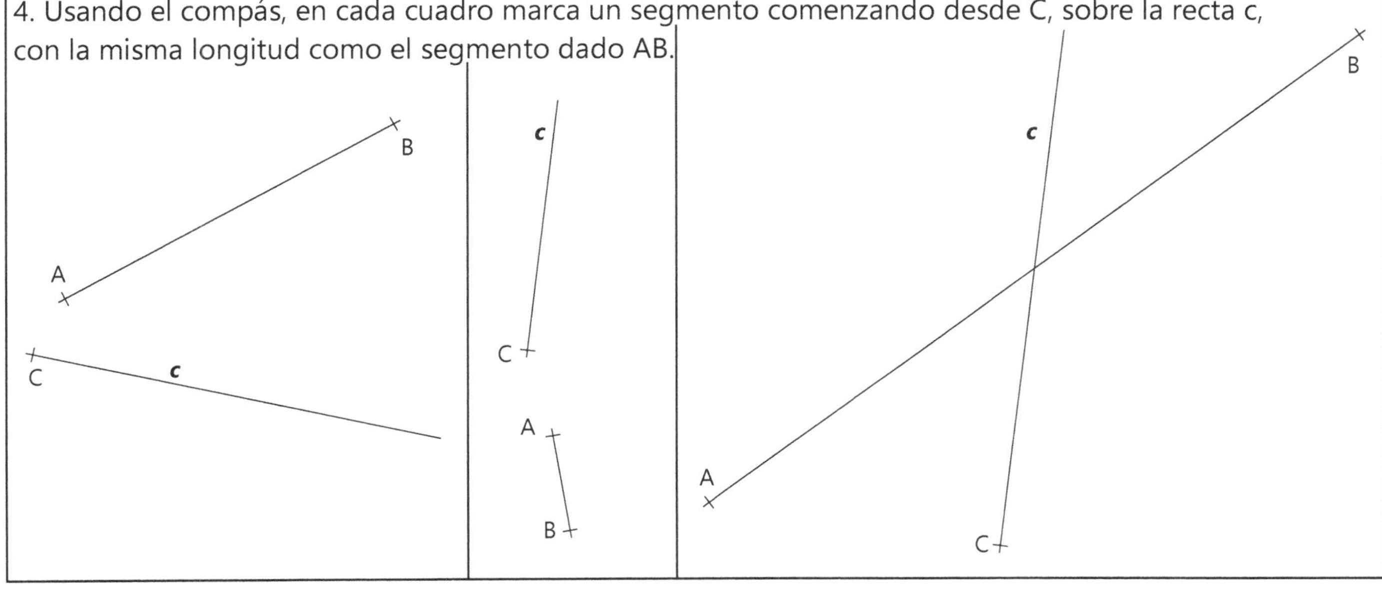

Nota: Todas las construcciones en esta hoja deben efectuarse ***usando el compás.***

1. Completa el rombo:

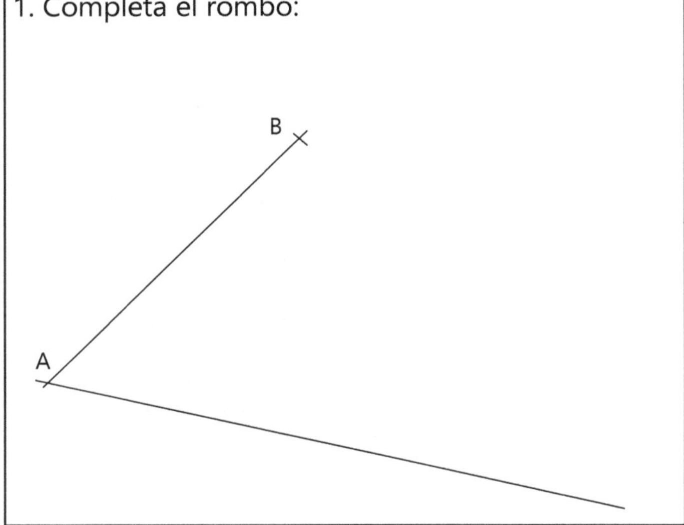

2. Completa el paralelogramo:

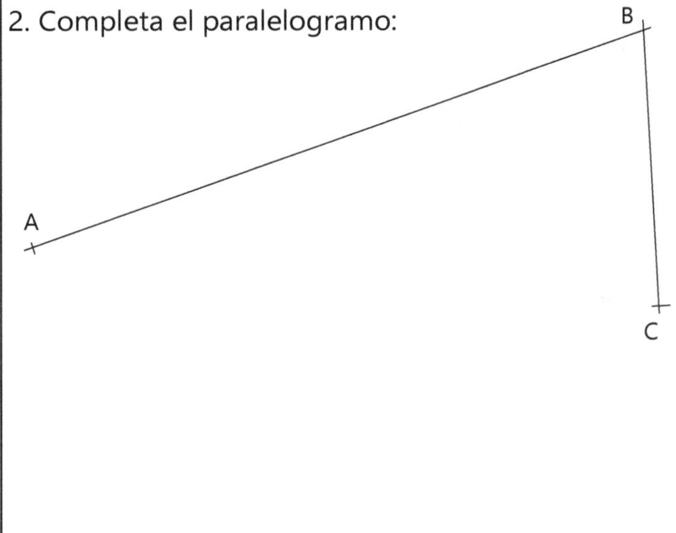

3. Completa un paralelogramo desde los vértices dados:

A
B
C

*4. Completa un rombo, de manera que la recta dada sea su *diagonal*:

A
B

*5. Completa un paralelogramo, de manera que AC sea su diagonal, B un punto de la recta dada, y AB = AC.

C
A

*6. BD es la diagonal de un rombo. Los lados del rombo miden igual al segmento PQ. Construye el rombo.

P
B
D
Q

Mide los siguientes ángulos y anota sus medidas:

Construye ángulos con vértice en A, de las medidas indicadas:

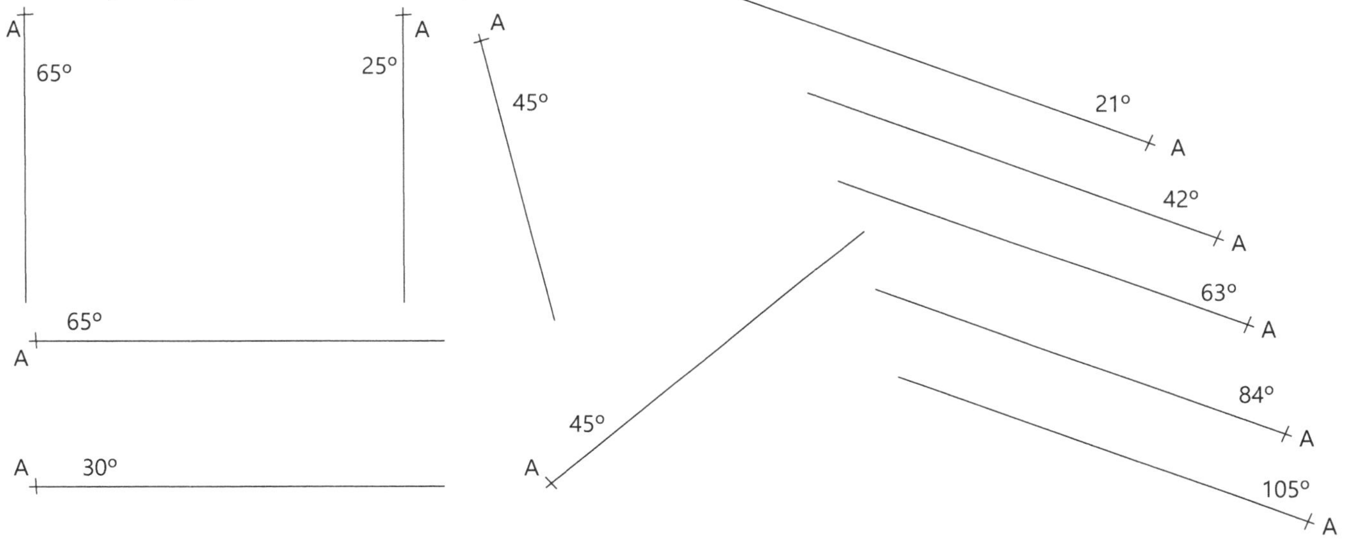

Construye rectas que pasen por B, y que formen ángulos de las medidas indicadas con la recta dada:

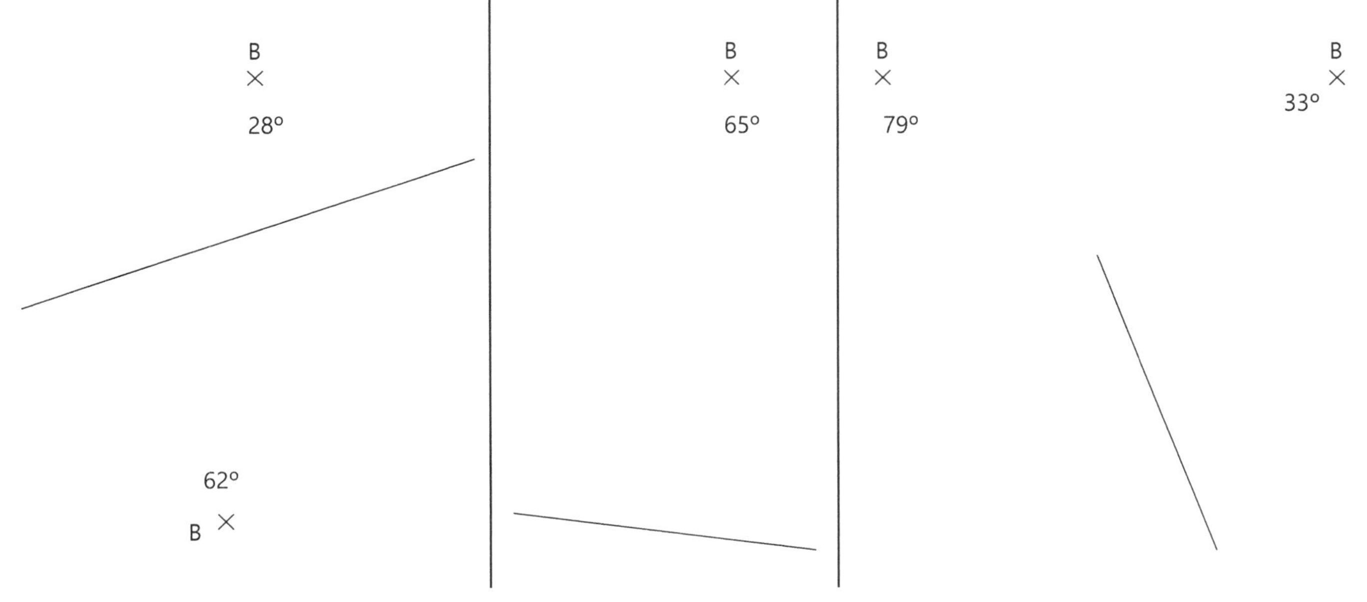

1. Construye un triángulo $A_1B_1C_1$ congruente a ABC, con B_1 en la recta dada:

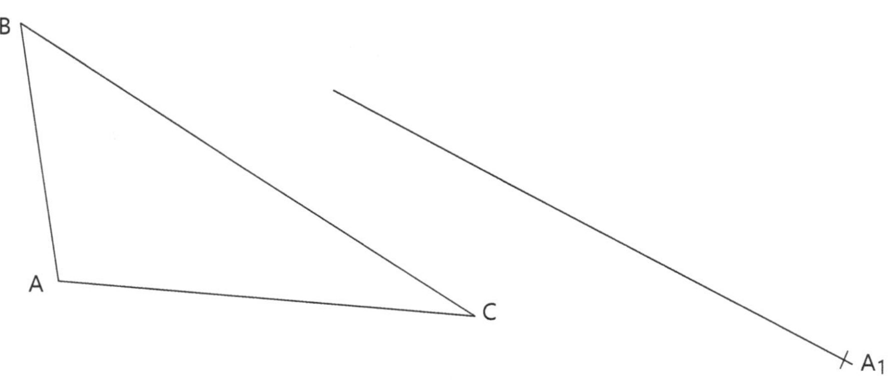

2. Construye un triángulo ABC con AB = 8 cm y BC = 5.6 cm:

3. Construye un triángulo ABC con un ángulo de 45° en B, y un ángulo de 67° en C:

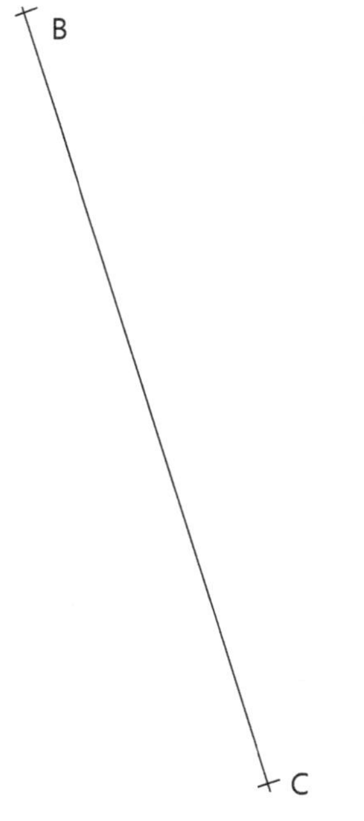

4. Construye un triángulo ABC con AC = 6.3 cm, y un ángulo de 38° en A:

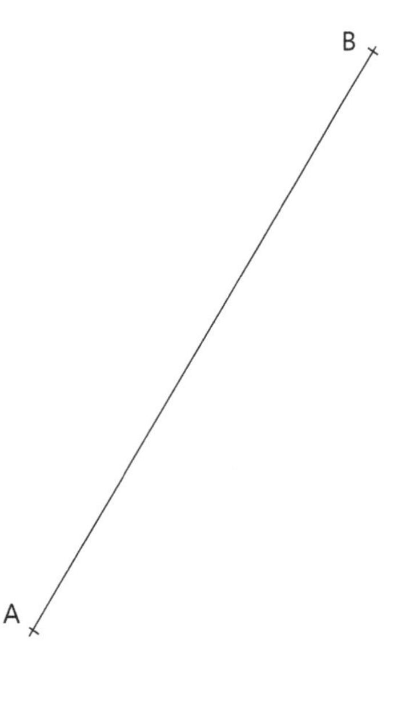

1. Con la ayuda del compás, construye ángulos iguales a A, con vértice en B y usando la recta dada:

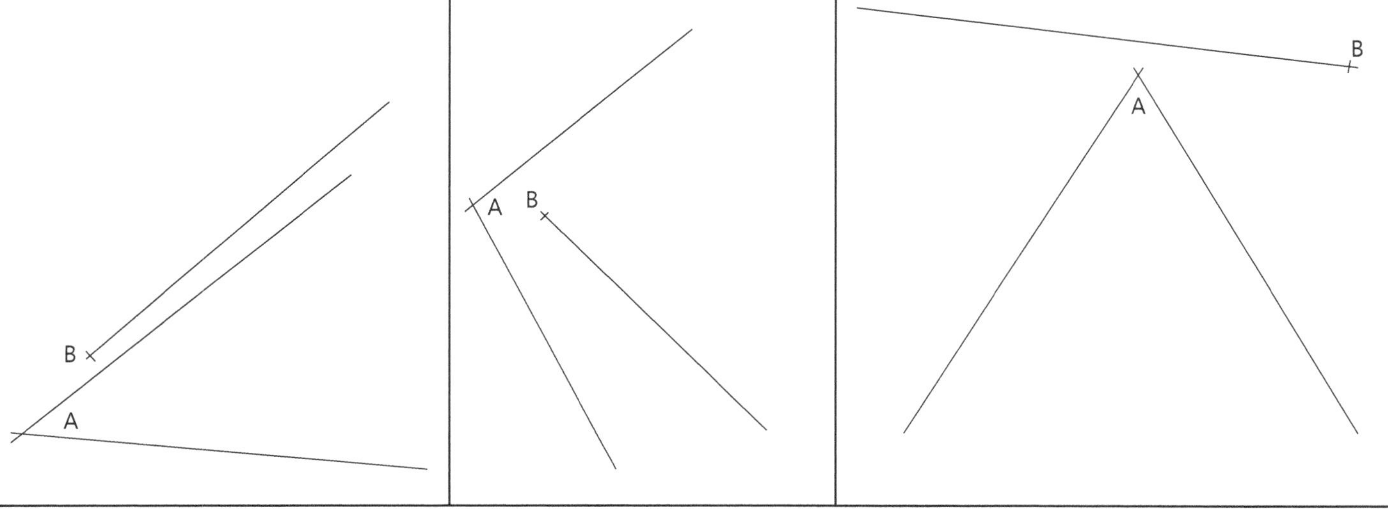

2. Construye un paralelogramo $A_1B_1C_1D_1$ congruente a ABCD, con D_1 en la recta dada:

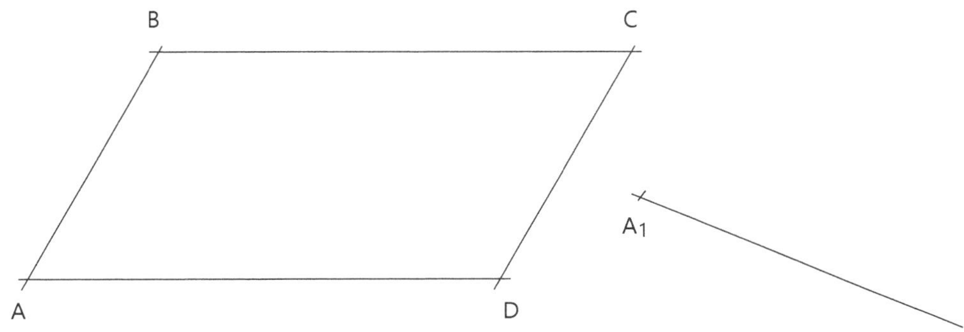

3. Construye un trapecio $A_1B_1C_1D_1$ congruente a ABCD, con C_1 en la recta dada
(o sea, la recta es la diagonal del nuevo trapecio):

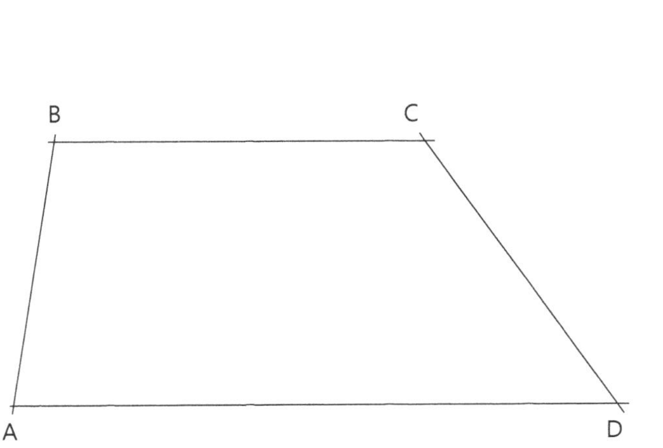

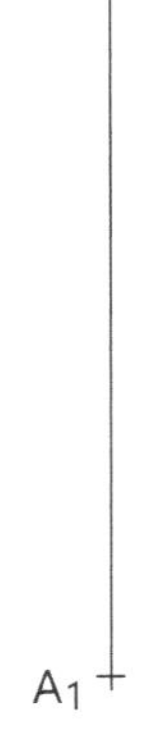

Traza en cada figura los ejes de simetría que encuentras.

Dibuja el reflejo simétrico respecto al eje. Después haz las investigaciones según las preguntas en el libro.

Marca en cada figura el centro de simetría, si es que tiene:

Tablero para "El espejo teletransportador", primera parte (Reverso).

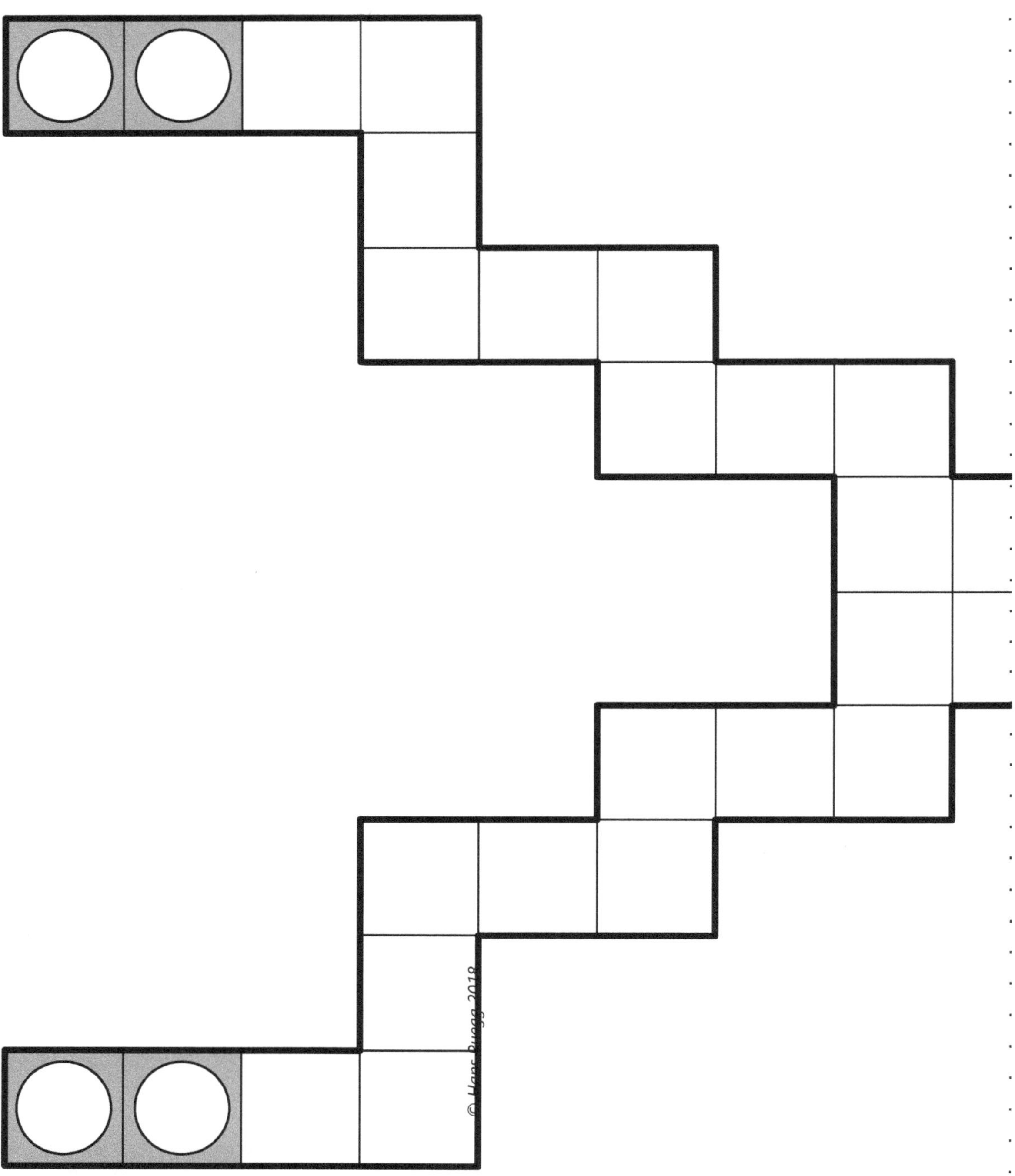
© Hans Ruegg 2018
Pegar aquí la Hoja 60.3

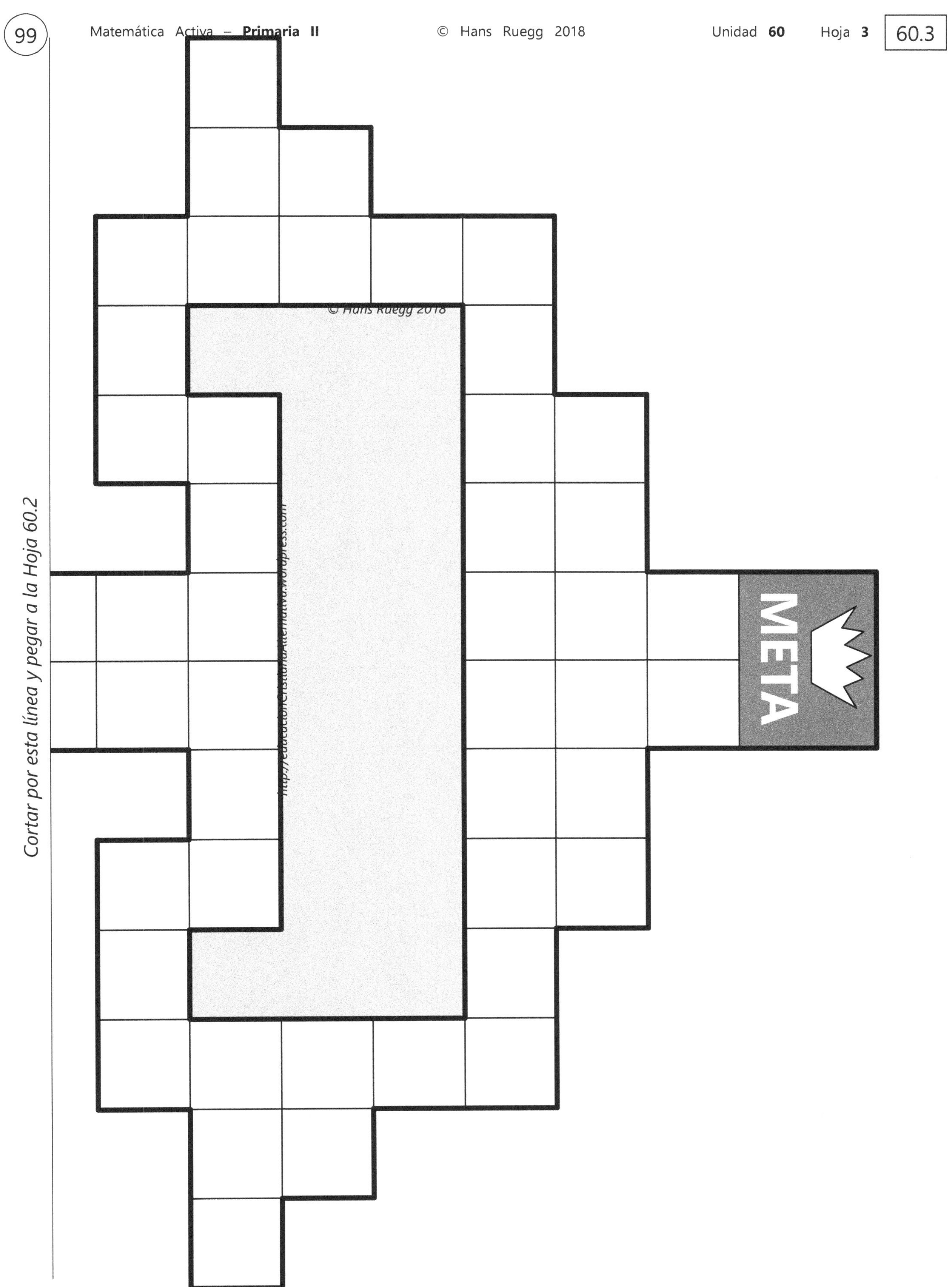
Cortar por esta línea y pegar a la Hoja 60.2
© Hans Ruegg 2018
META

Tablero para "El espejo teletransportador", segunda parte (Reverso).

Moldes de Tangram en dos tamaños

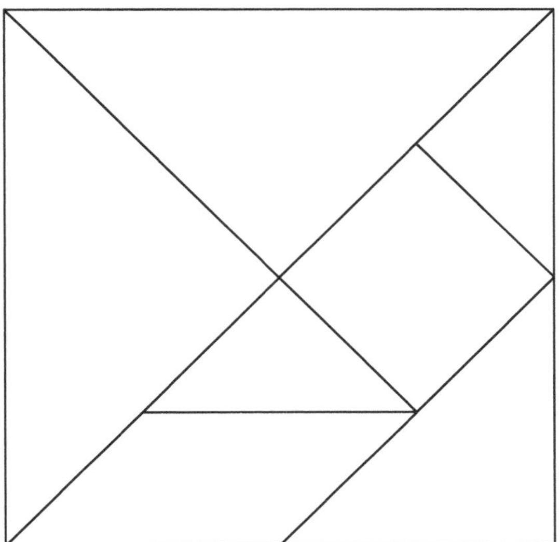

Moldes para el mosaico de polígonos regulares

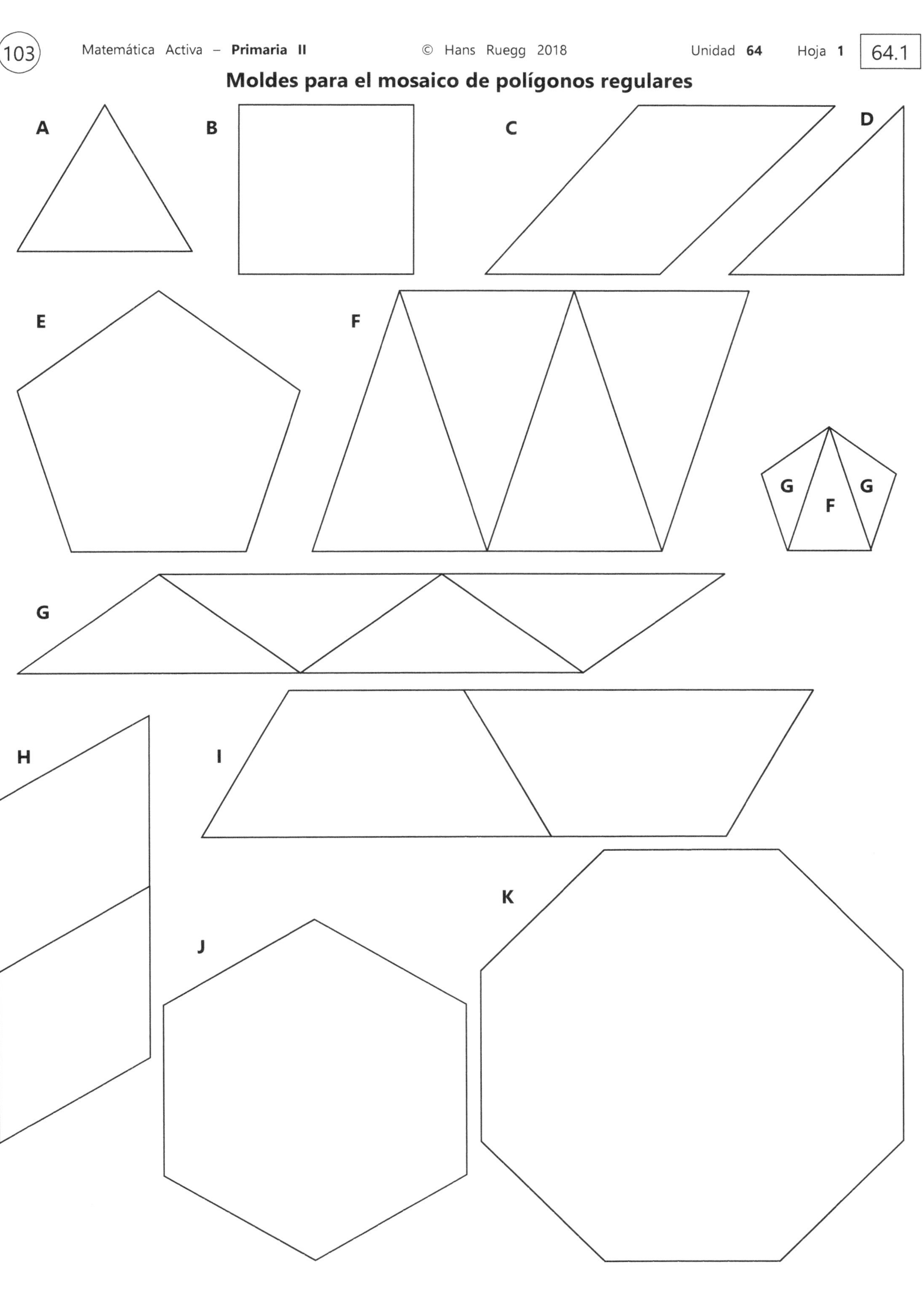

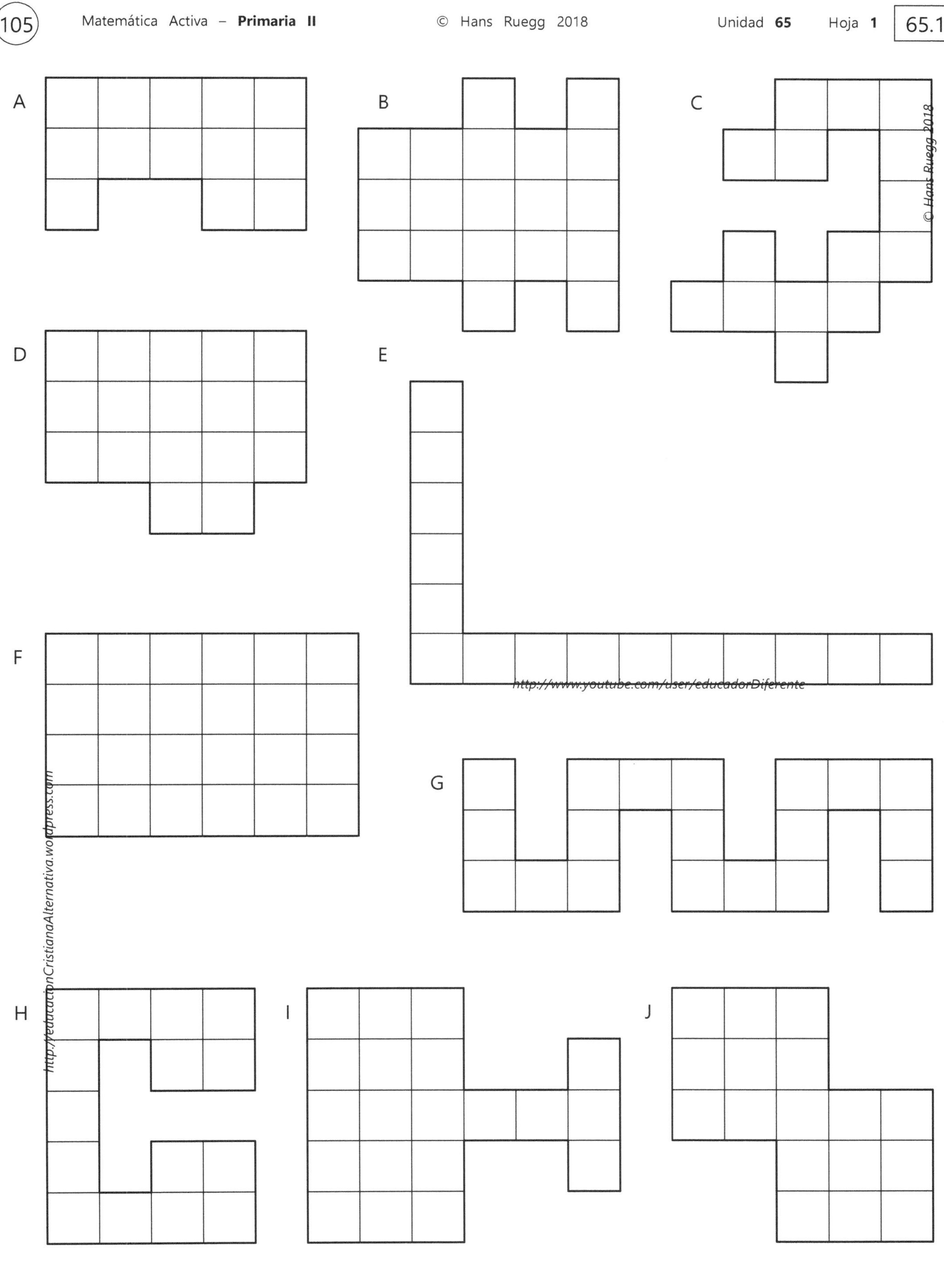
A
B
C
D
E
F
G
H
I
J

¿Dónde se encuentra la mosca?

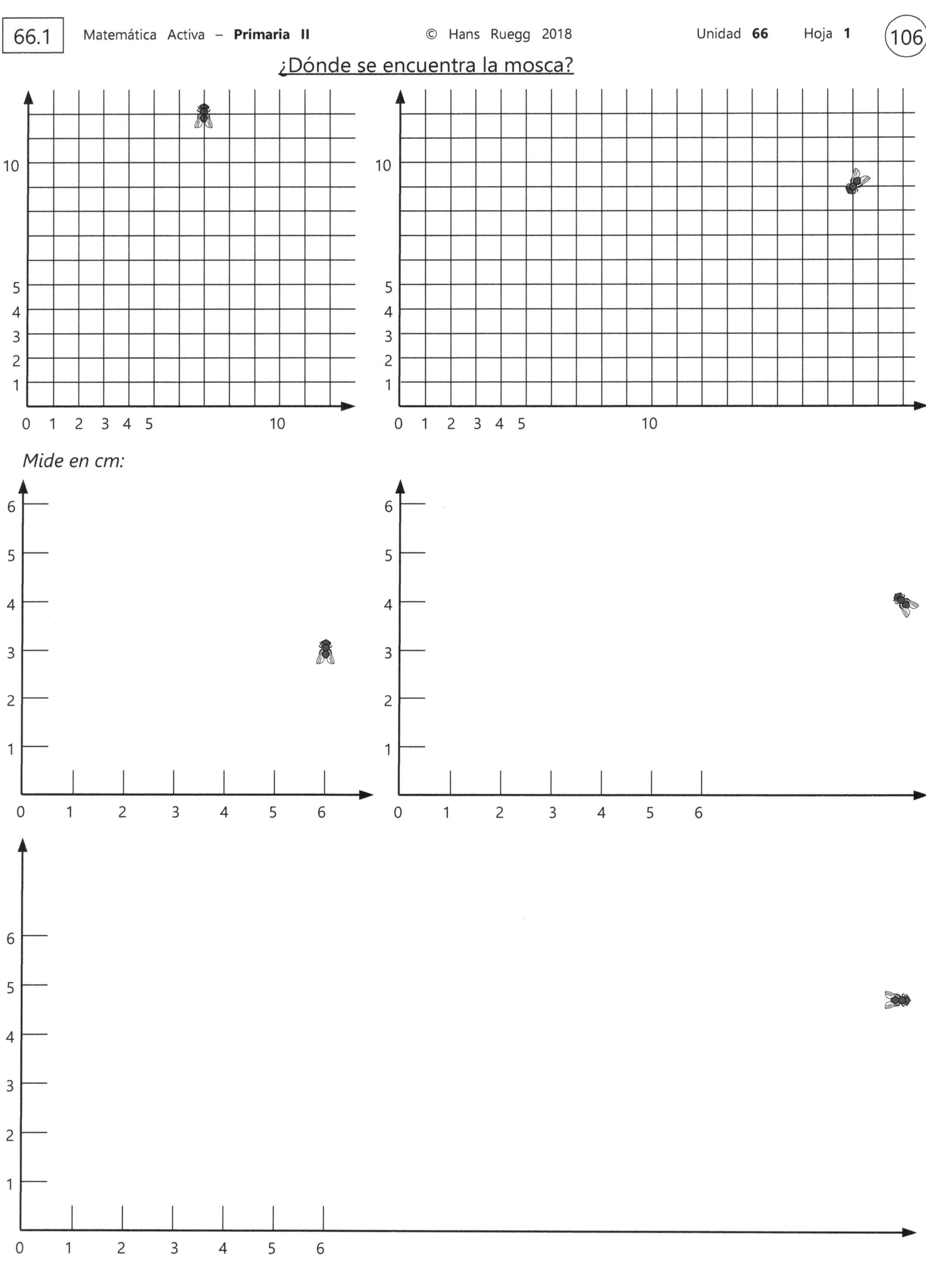

Dibuja la mosca

Dibuja moscas en: (5; 7), (11; 1), (17; 7), (11; 13), (35; 11), (27; 3), (35; 3), (27; 11).

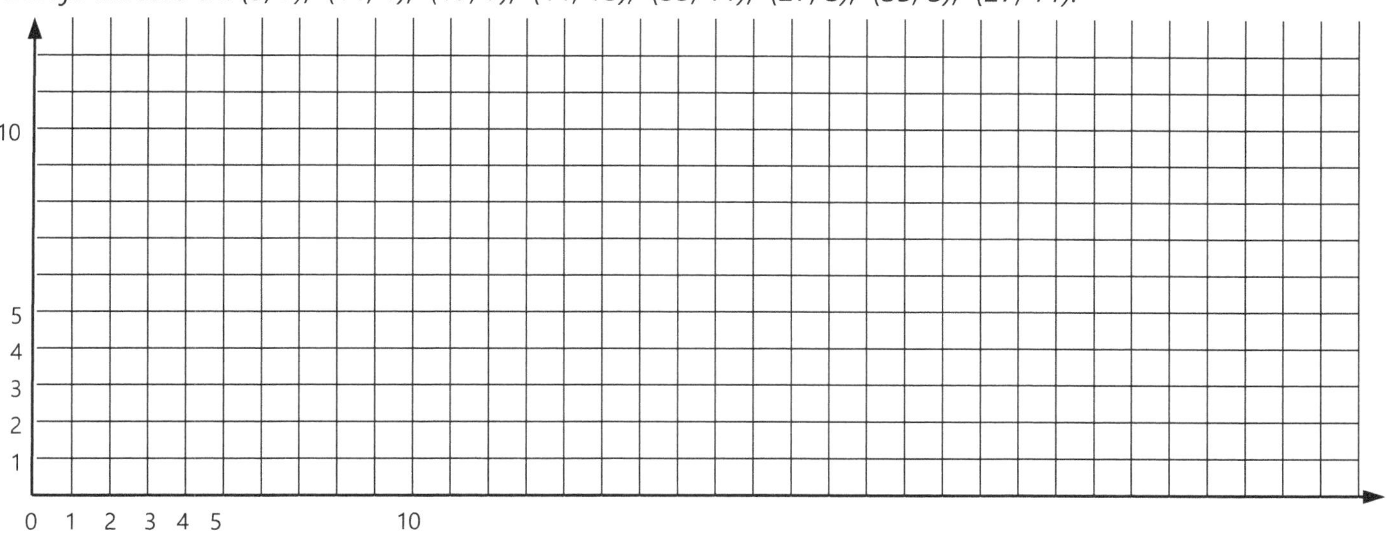

Marca los puntos: A (2; 4), B (5; 9), C (7; 0), D (13; 1), E (13; 6), F (17; 2), G (17; 11), H (20; 10), I (18; 5), J (23; 8), K (27; 2), L (34; 9).

Une con rectas: AH, BD, CE, IL, JK. Anota las coordenadas de las 4 intersecciones que se forman.

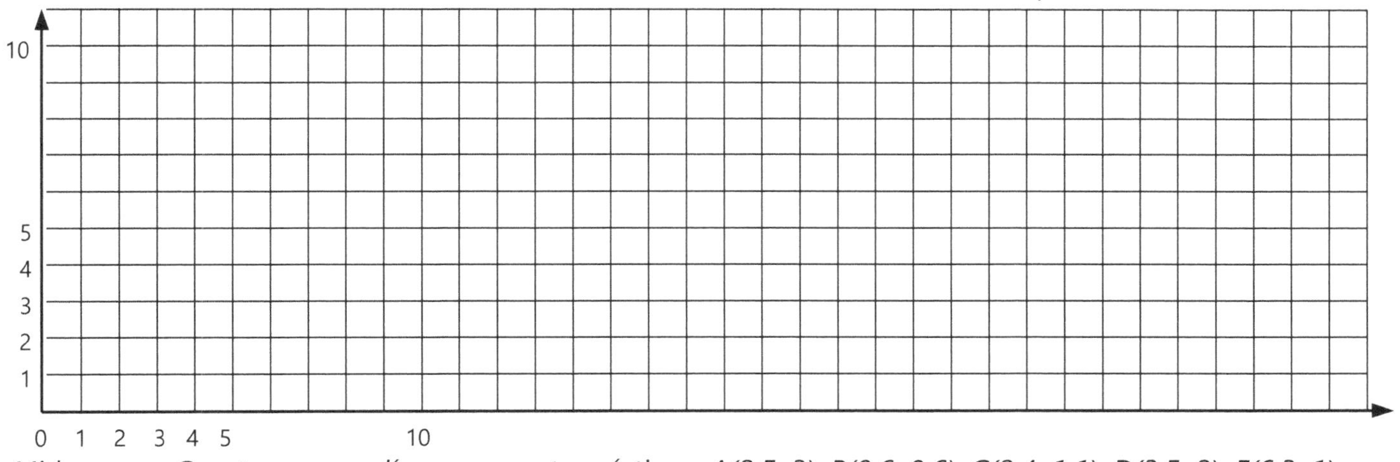

Mide en cm. Construye un polígono con estos vértices: A(2.5; 3), B(0.6; 0.6), C(2.4; 1.1), D(3.5; 2), E(6.3; 1), F(11.6; 1.1), G(15; 2), H(16.8; 2.9), I(15.2; 2.9), J(17.5; 3.5), K(15.8; 4.2), L(11; 5), M(9.8; 6.2), N(8; 7), O(8.4, 5.2), P(5.9; 4.6), Q(3.8; 3.7), R(2; 4), S(0.2; 4.2).

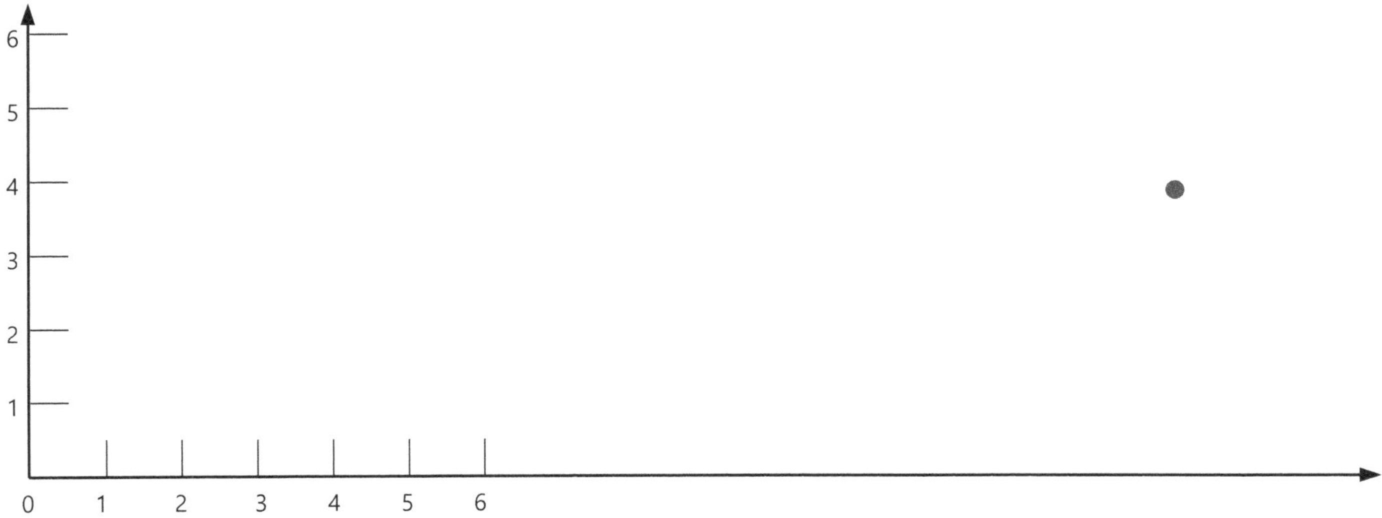

1. Traslada la casita 10 unidades hacia la izquierda y 3 unidades hacia arriba. Antes de dibujar, calcula las coordenadas trasladadas:

A_1 (________) B_1 (________)

C_1 (________) D_1 (________)

E_1 (________) F_1 (________)

G_1 (________) H_1 (________)

Después dibuja y verifica tus cálculos.

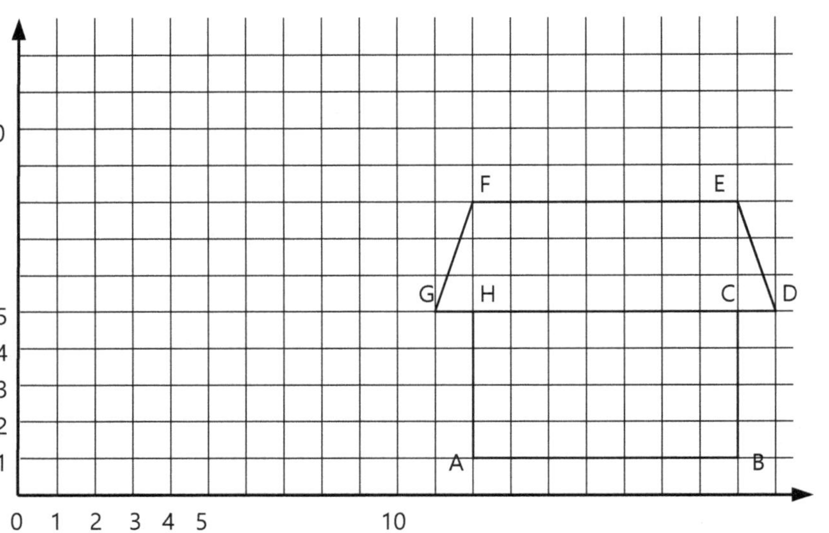

2. Traslada el árbol, de manera que el vértice trasladado A_1 se encuentre en el punto marcado. *(Construye con regla, escuadra y compás.)*

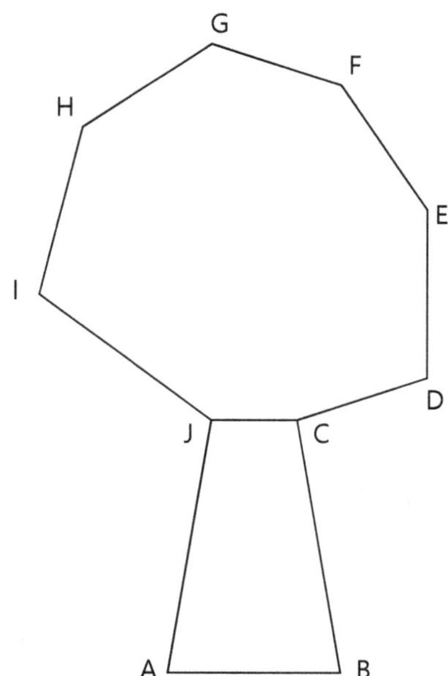

A_1

1. Dibuja la figura reflejada respecto al eje de simetría indicado..
Antes de dibujar, calcula las coordenadas reflejadas:

A_1 (__________) B_1 (__________)
C_1 (__________) D_1 (__________)
E_1 (__________) F_1 (__________)
G_1 (__________) H_1 (__________)
I_1 (__________)

Después dibuja y verifica tus cálculos.

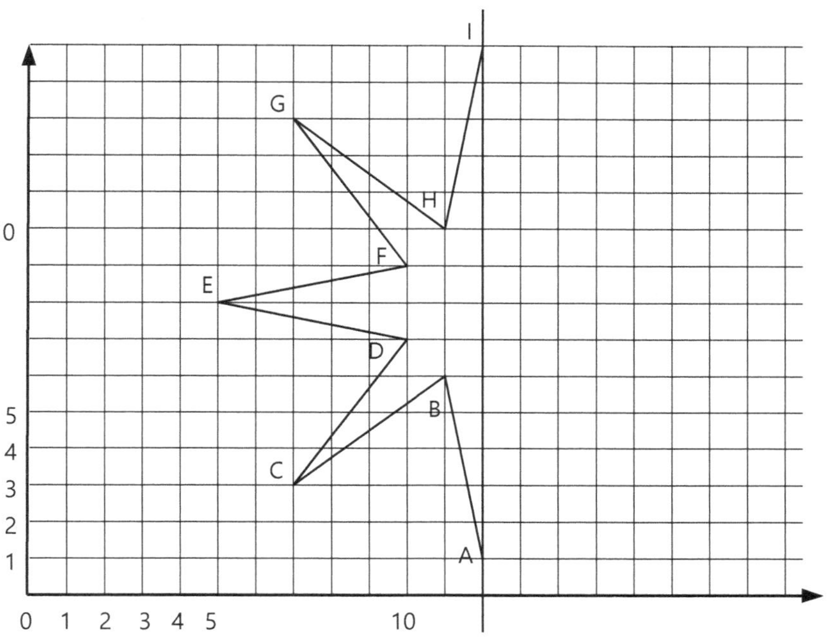

2. Construye los reflejos simétricos de las figuras, respecto al eje indicado.
(Construye con regla, escuadra y compás.)

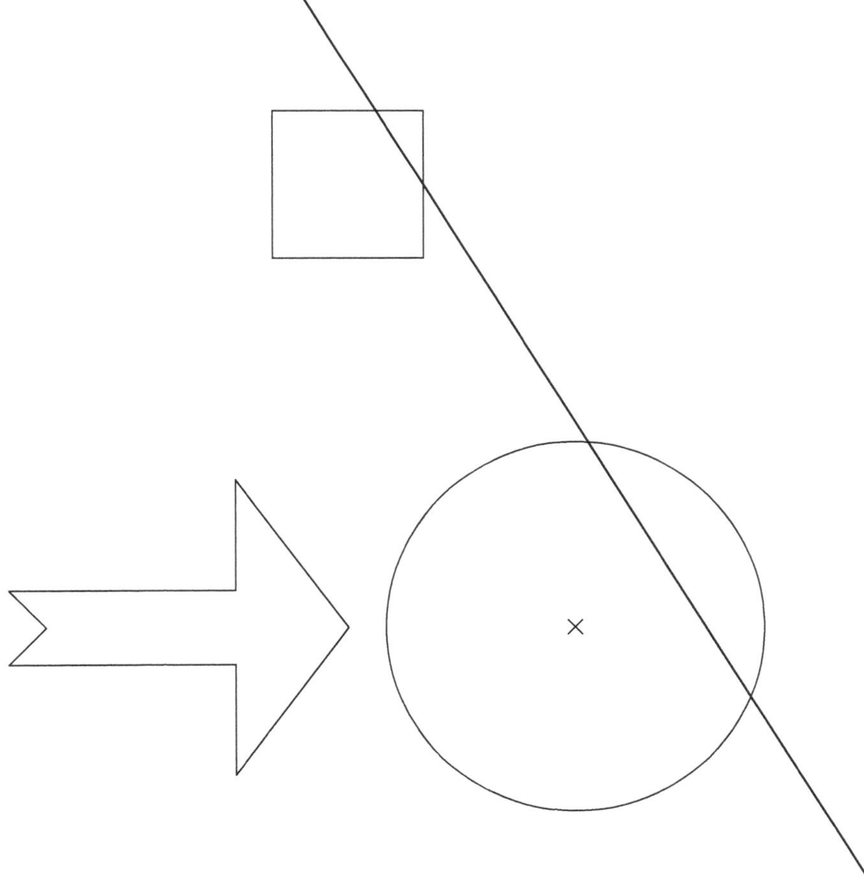

1. Dibuja el triángulo rotado en 90°, en 180° y en 270°, respecto al centro O (13; 7).

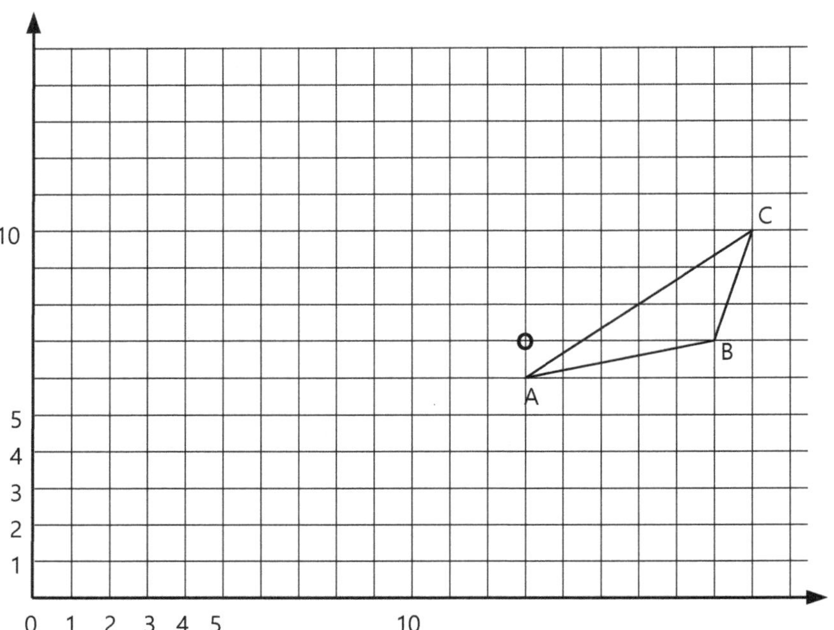

2. ¡El carro describe una curva! Construye el carro rotado en 75° (en sentido contrario a las agujas del reloj), respecto al centro O.

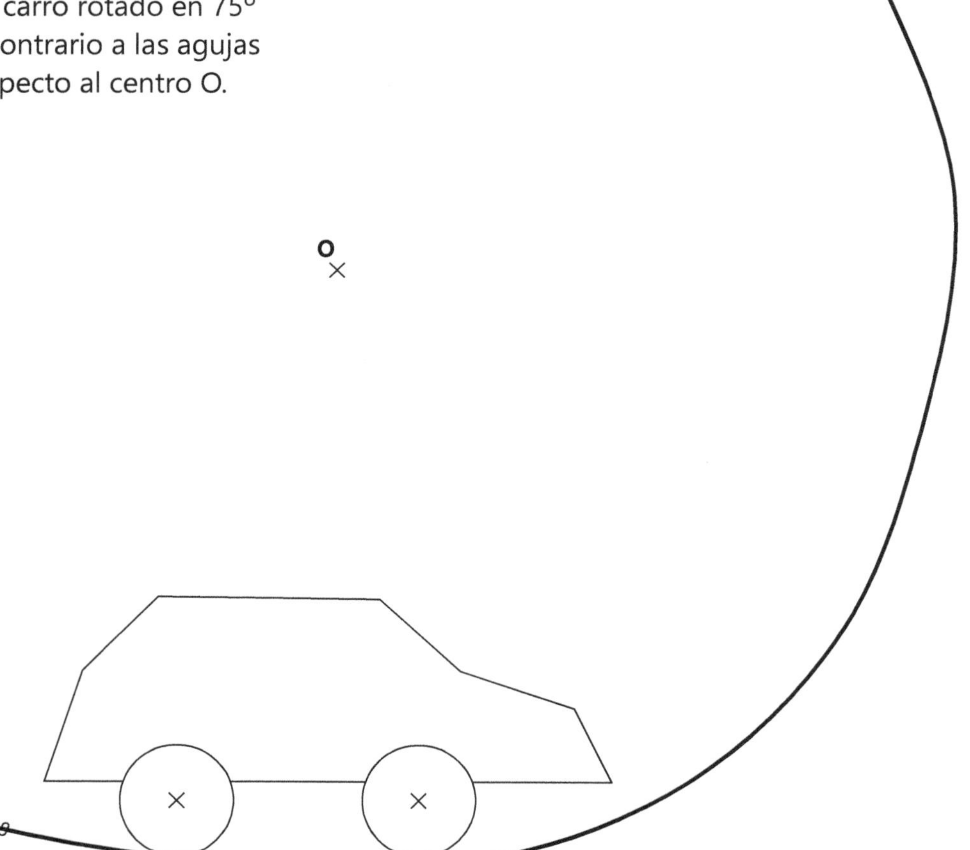

1. Amplía el avión por un factor de 3. Antes de dibujar, calcula las coordenadas de los puntos ampliados:

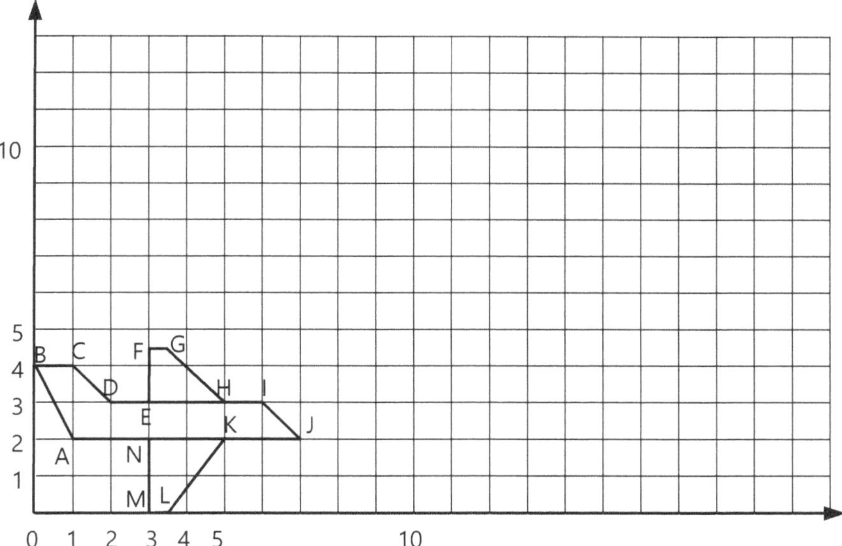

A_1 (________) B_1 (________)
C_1 (________) D_1 (________)
E_1 (________) F_1 (________)
G_1 (________) H_1 (________)
I_1 (________) J_1 (________)
K_1 (________) L_1 (________)
M_1 (________) N_1 (________)

Después dibuja y verifica tus cálculos.

2. *Reduce* la locomotora por un factor de 3. Antes de dibujar, calcula las coordenadas de los puntos reducidos:

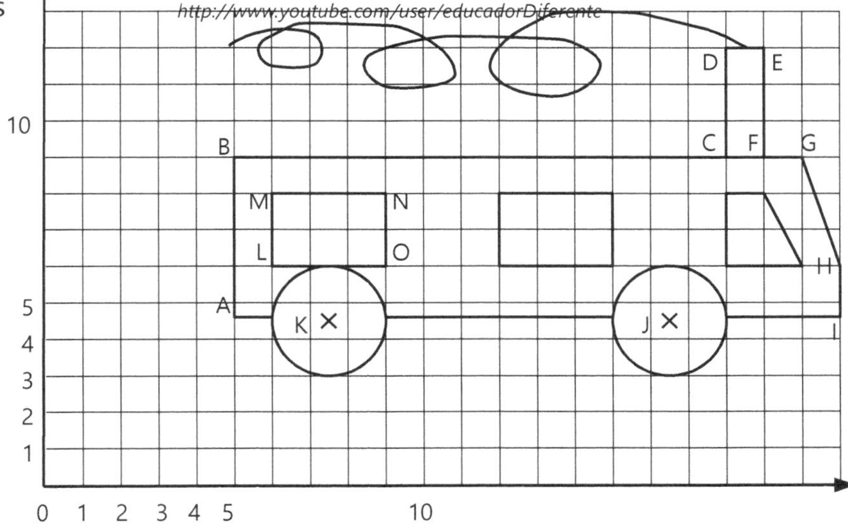

A_1 (________) B_1 (________)
C_1 (________) D_1 (________)
E_1 (________) F_1 (________)
G_1 (________) H_1 (________)
I_1 (________) J_1 (________)
K_1 (________) L_1 (________)
M_1 (________) N_1 (________)
O_1 (________)

Después dibuja y verifica tus cálculos.
(Tendrás que calcular con fracciones, y estimar la ubicación de las coordenadas fraccionarias.)

B

A

B_1

A_1

3. Amplía el edificio, de manera que el lado ampliado A_1B_1 se encuentre en el lugar indicado.

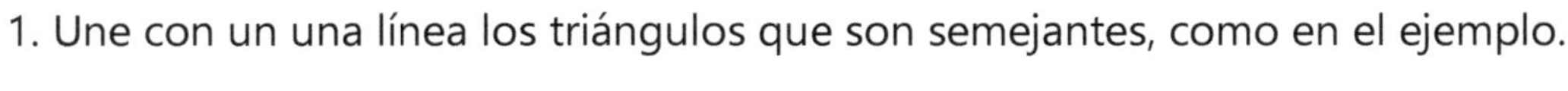

1. Une con un una línea los triángulos que son semejantes, como en el ejemplo.

2. En cada cuadro, construye un triángulo resp. cuadrilátero semejante a ABC, de manera que A_1B_1 sea el lado del nuevo triángulo correspondiente a AB.

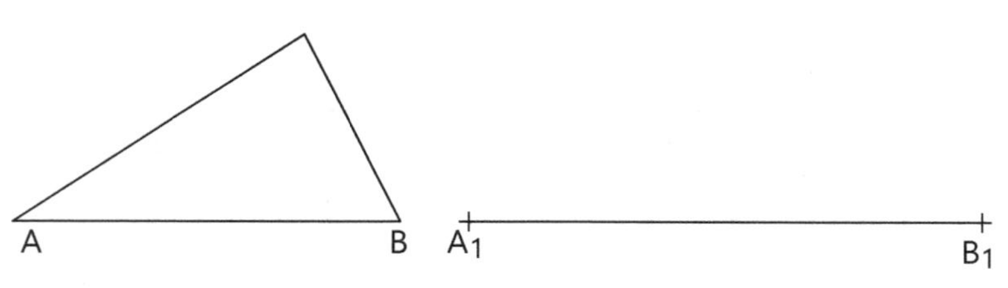

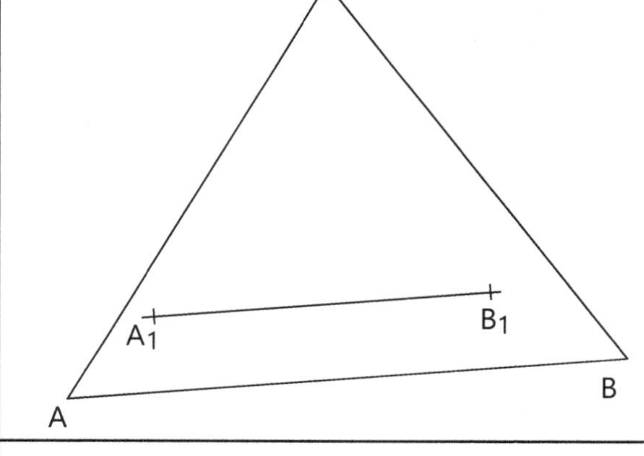

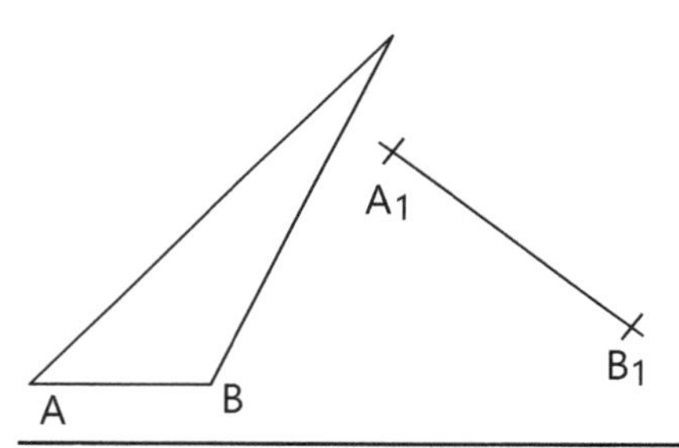

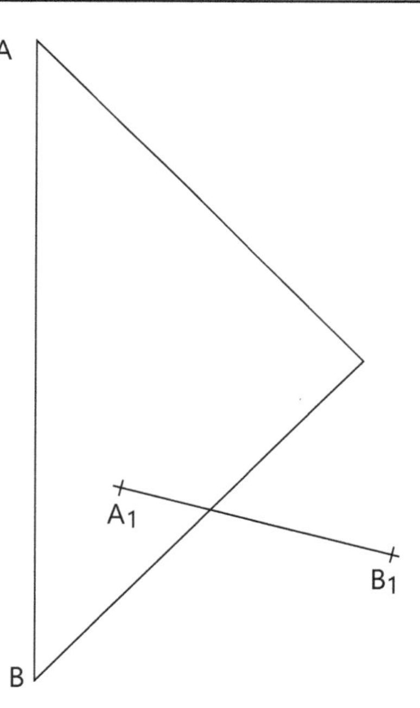

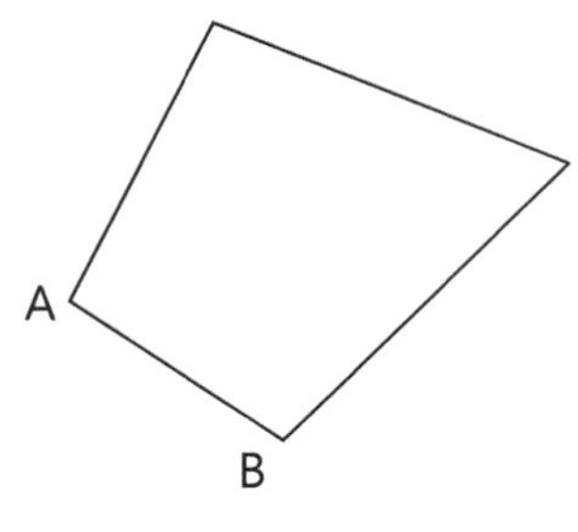

1.

B
1.5
1.6
1.8
2
2.5
3
4
A

2.

1.5
1.6
1.8
2
2.5
3
4
C

3.

4
3
2.5
2
1.8
1.6
1.5
C

4.

B
4
3
2.5
2
1.8
1.6
1.5

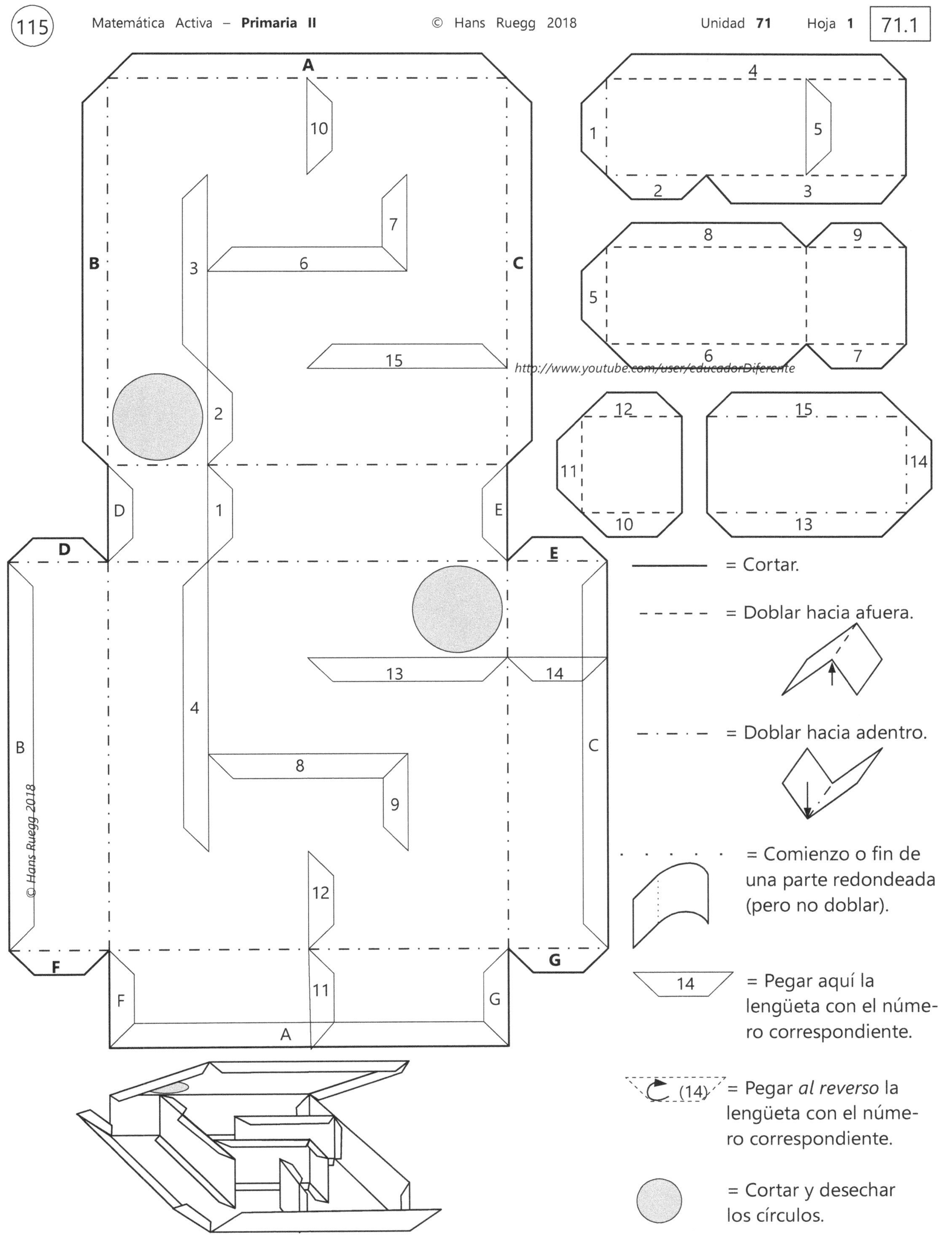

= Cortar.

= Doblar hacia afuera.

= Doblar hacia adentro.

= Comienzo o fin de una parte redondeada (pero no doblar).

14 = Pegar aquí la lengüeta con el número correspondiente.

(14) = Pegar *al reverso* la lengüeta con el número correspondiente.

= Cortar y desechar los círculos.

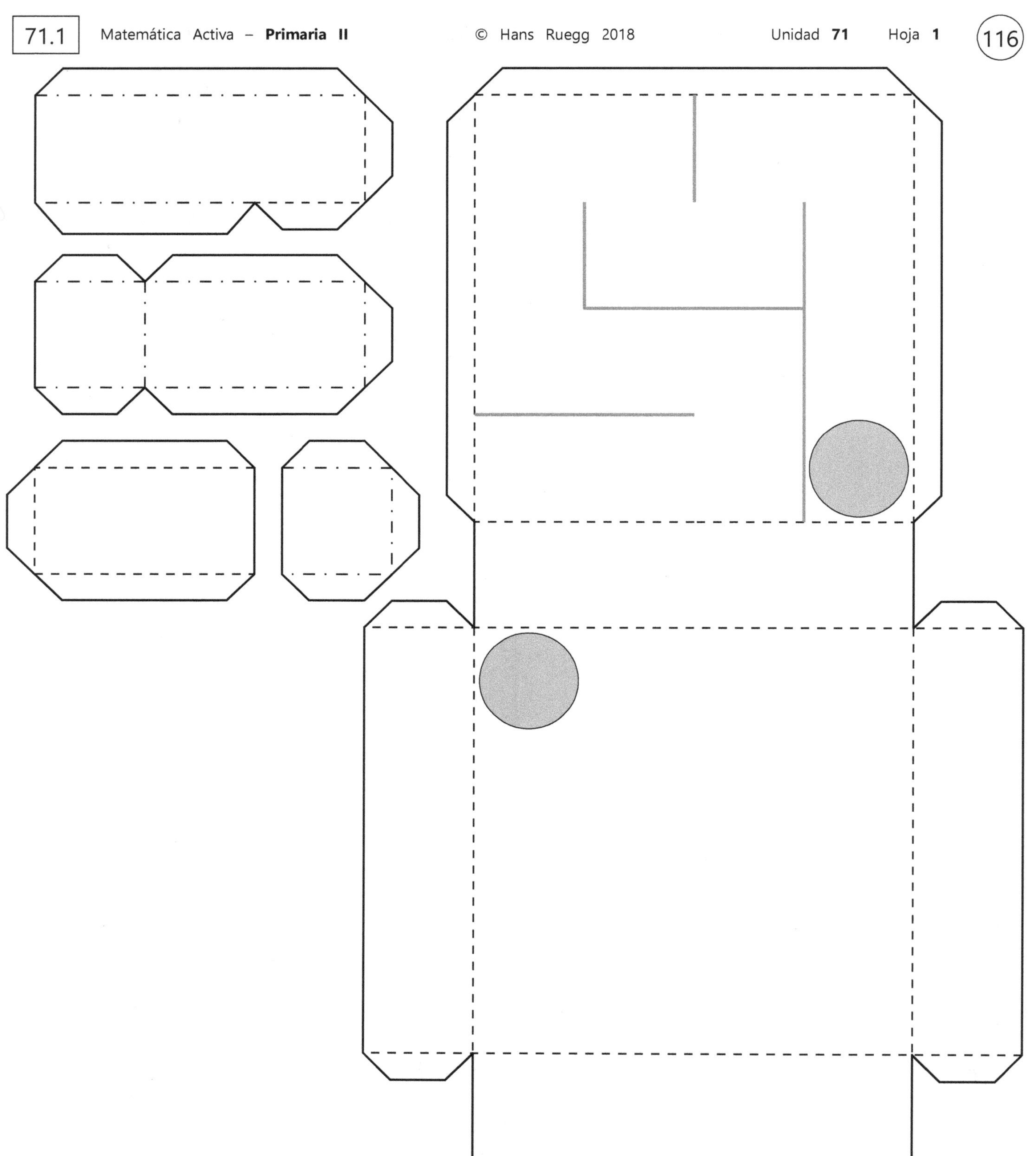

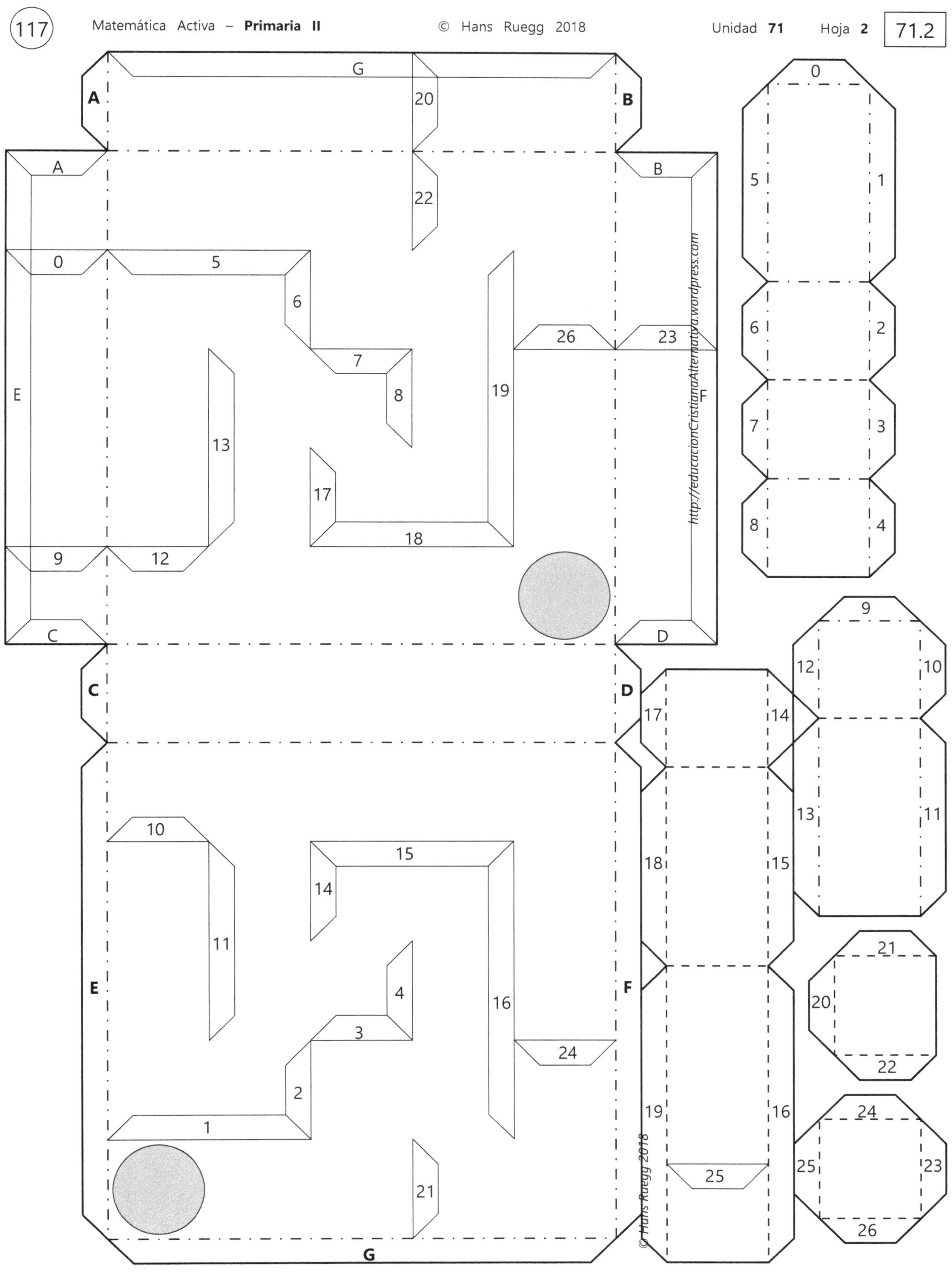
A
B
C
D
E
F
G
0
1
2
3
4
5
6
7
8
9
10
11
12
13
14
15
16
17
18
19
20
21
22
23
24
25
26
http://educacionCristianaAlternativa.wordpress.com
© Hans Ruegg 2018

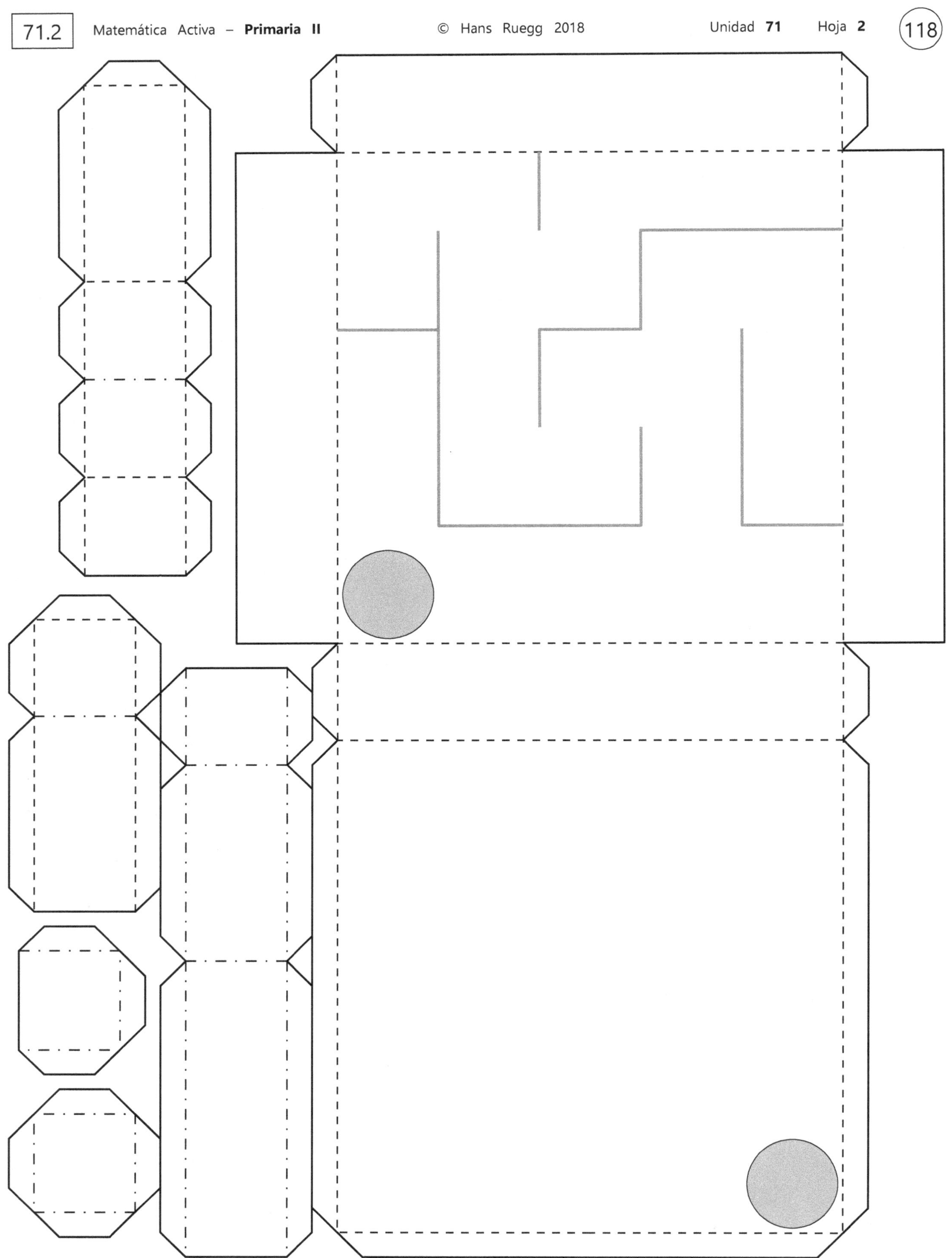

Laberinto 3D para canica
Hoja 1
Cara interior

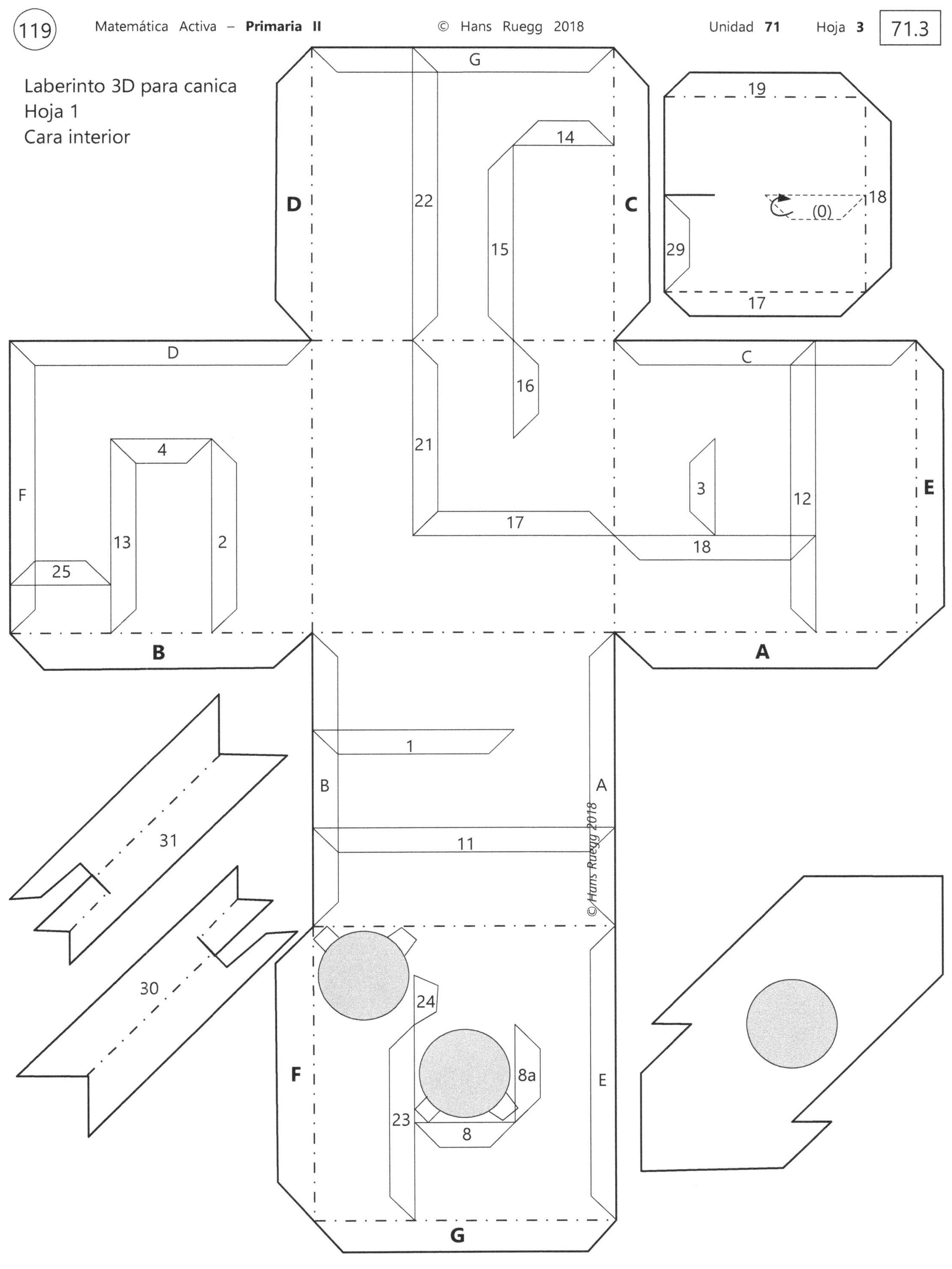

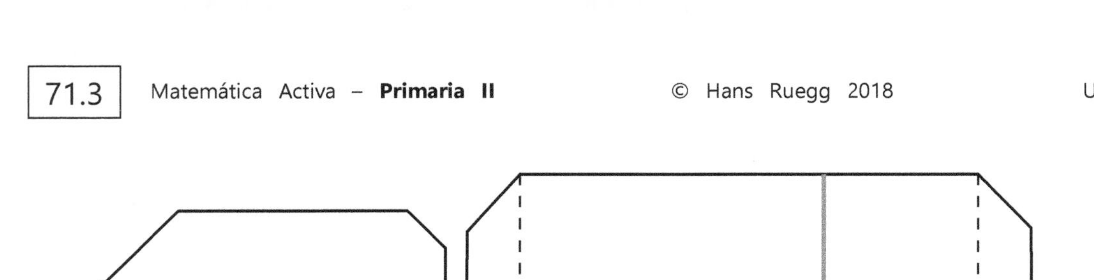

Laberinto 3D para canica
Hoja 1
Cara exterior

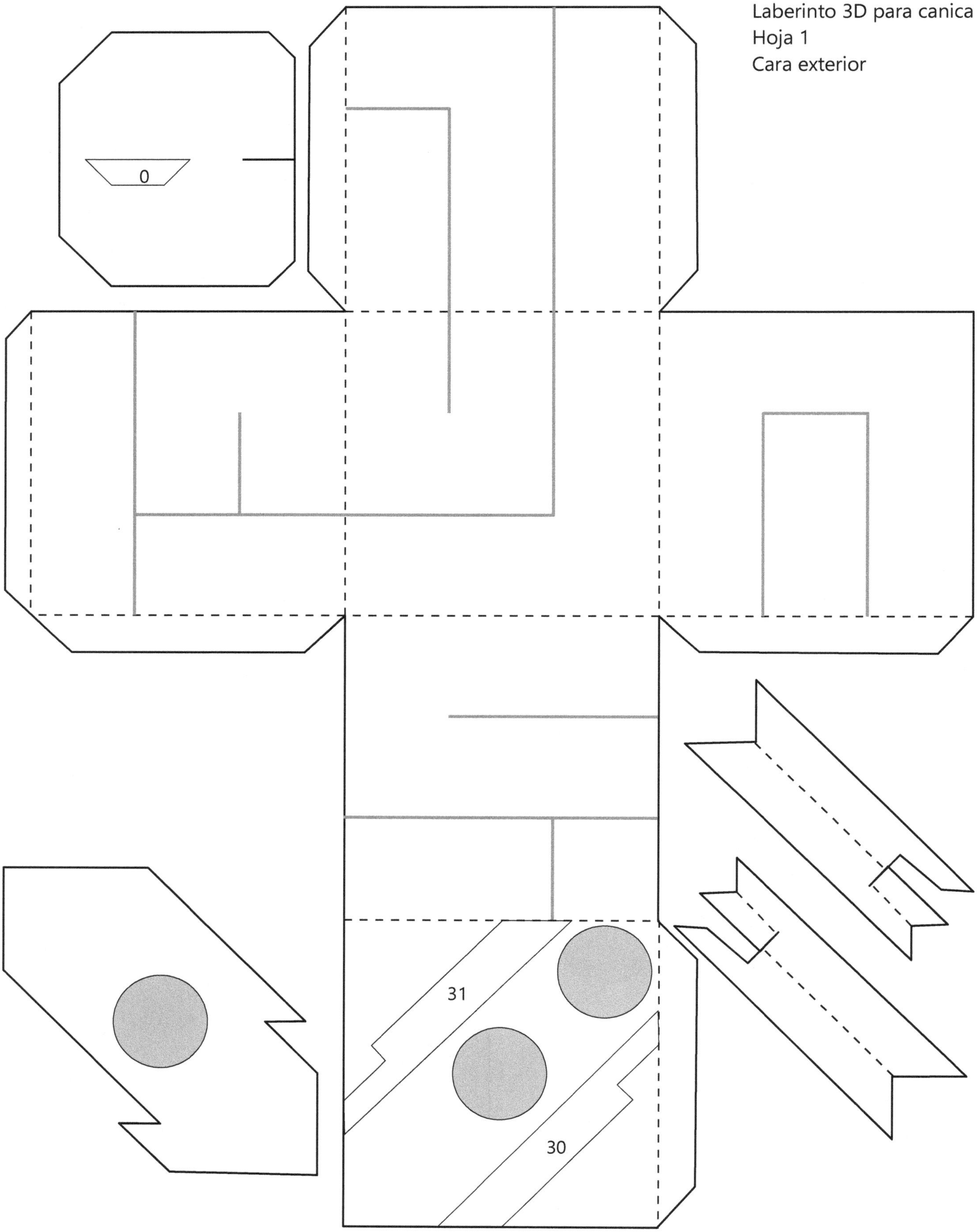

0

31

30

Cómo fabricar el mecanismo de cierre:

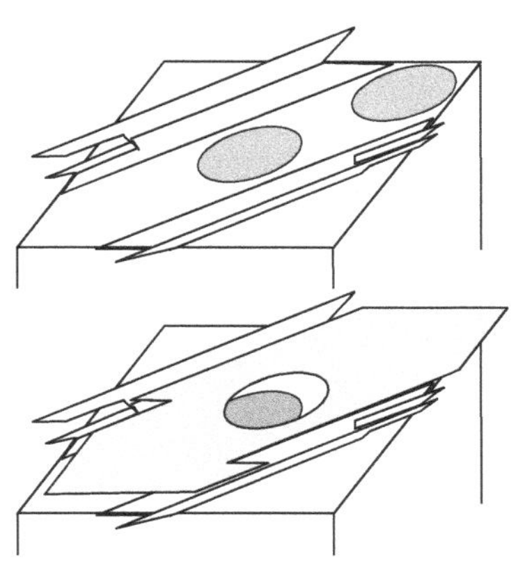

1. Dobla las piezas con las lengüetas no.30 y 31, y pégalas en los lugares indicados de la cara exterior (Reverso de la Hoja 71.3)..

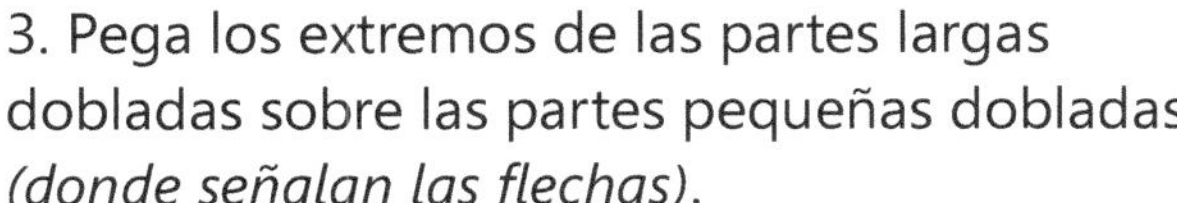

2. Coloca la tapa entre las dos piezas, sin pegar.

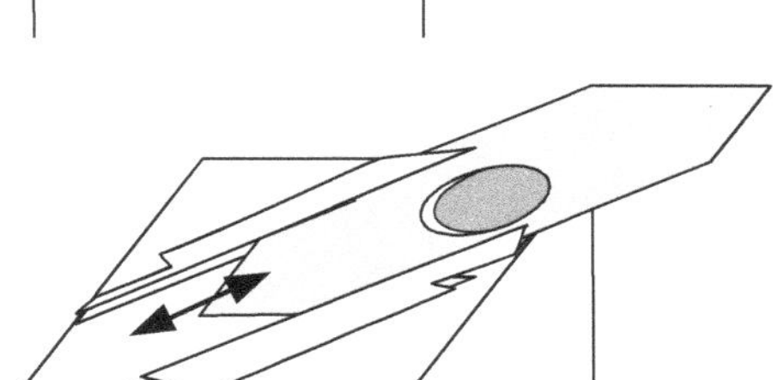

3. Pega los extremos de las partes largas dobladas sobre las partes pequeñas dobladas *(donde señalan las flechas)*.

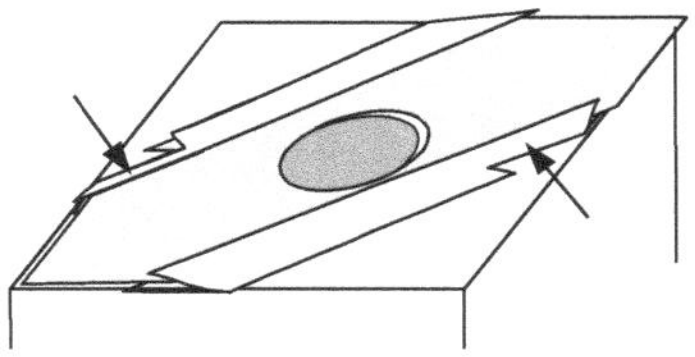

Ahora la tapa puede deslizarse para dejar abierta la una o la otra entrada, y no puede escaparse de entre las dos piezas pegadas.

Laberinto 3D para canica
Hoja 2

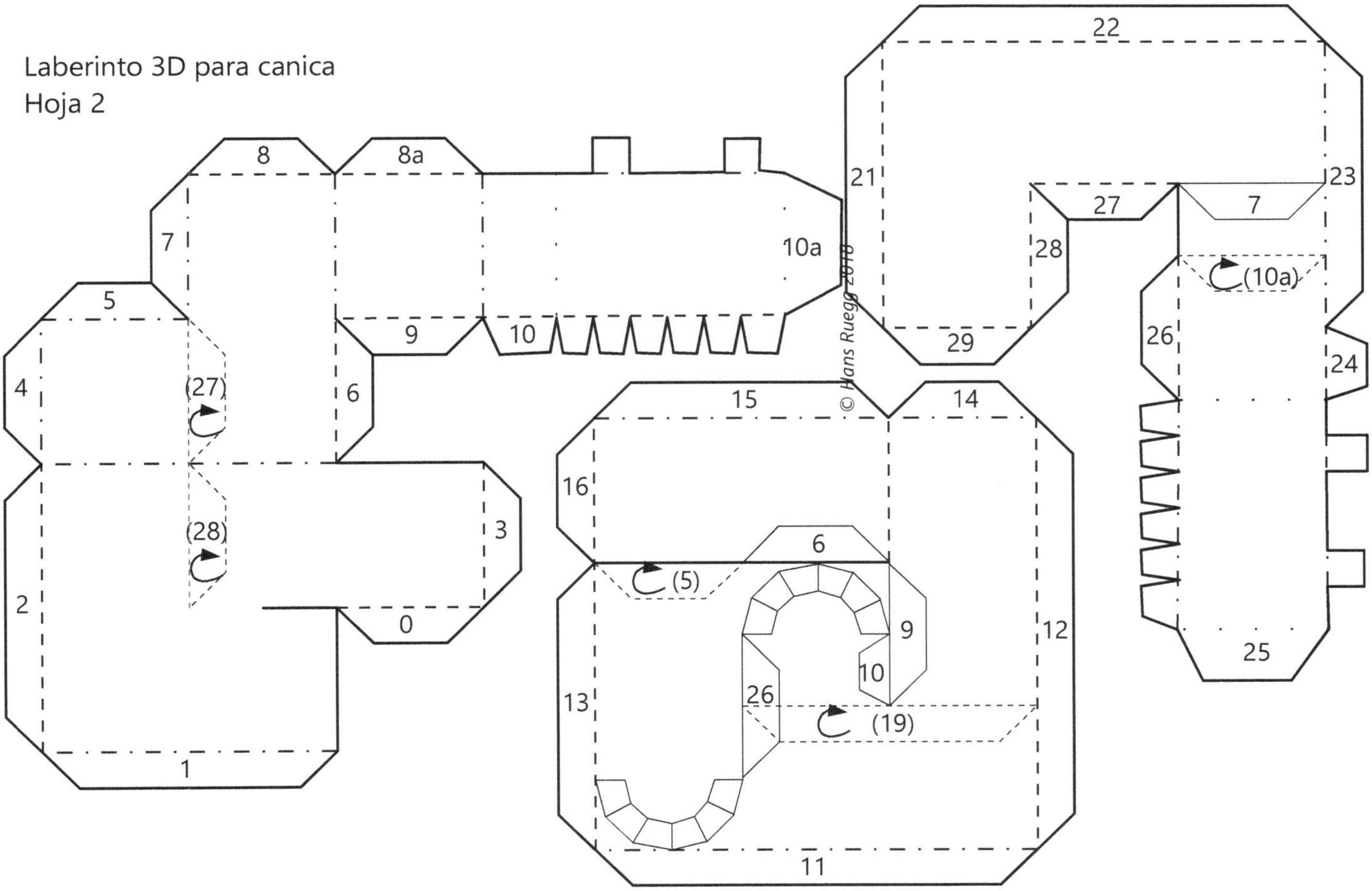

Laberinto 3D para canica
Hoja 2
Reverso

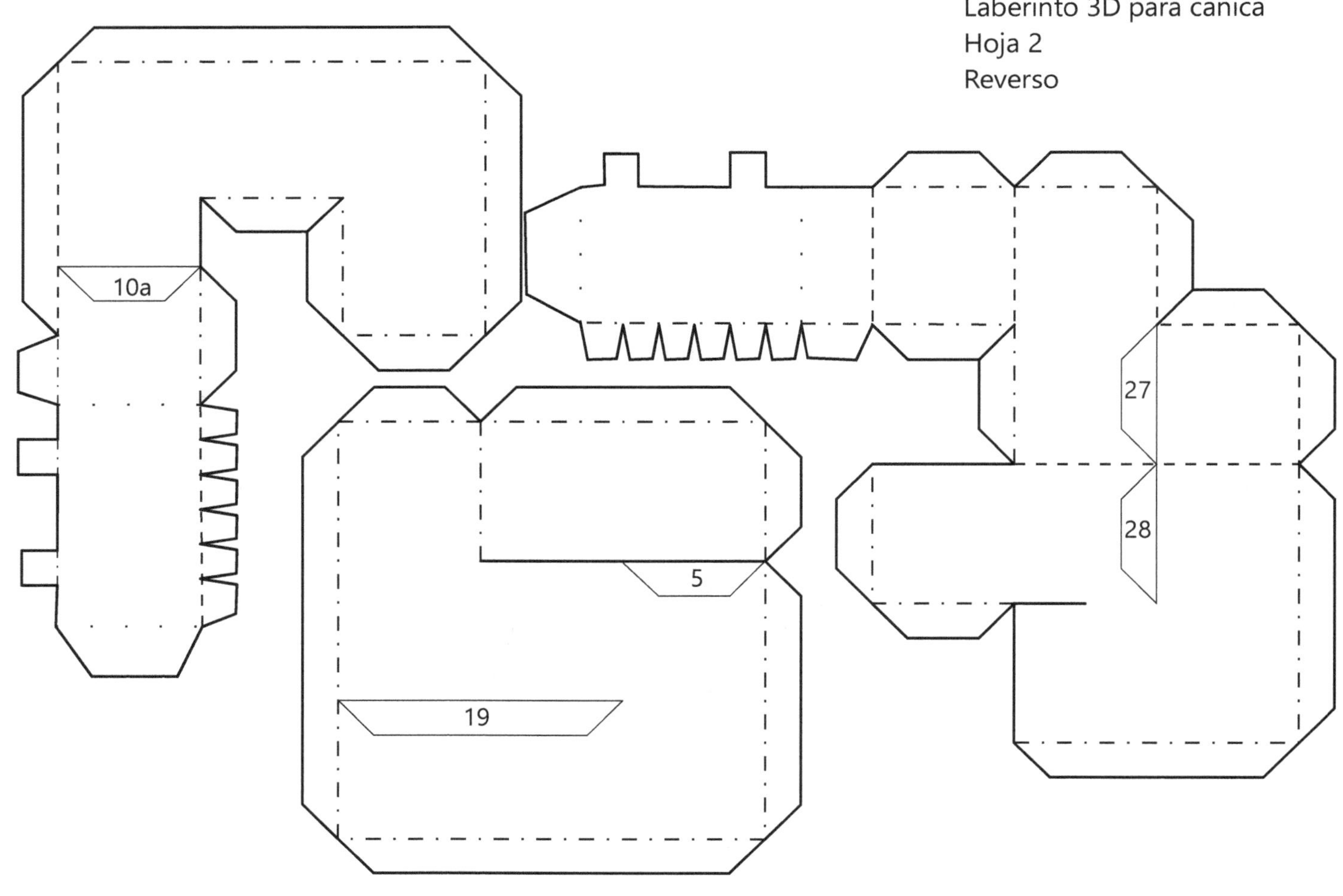

Piezas del cubo Soma 1 (cara interior)

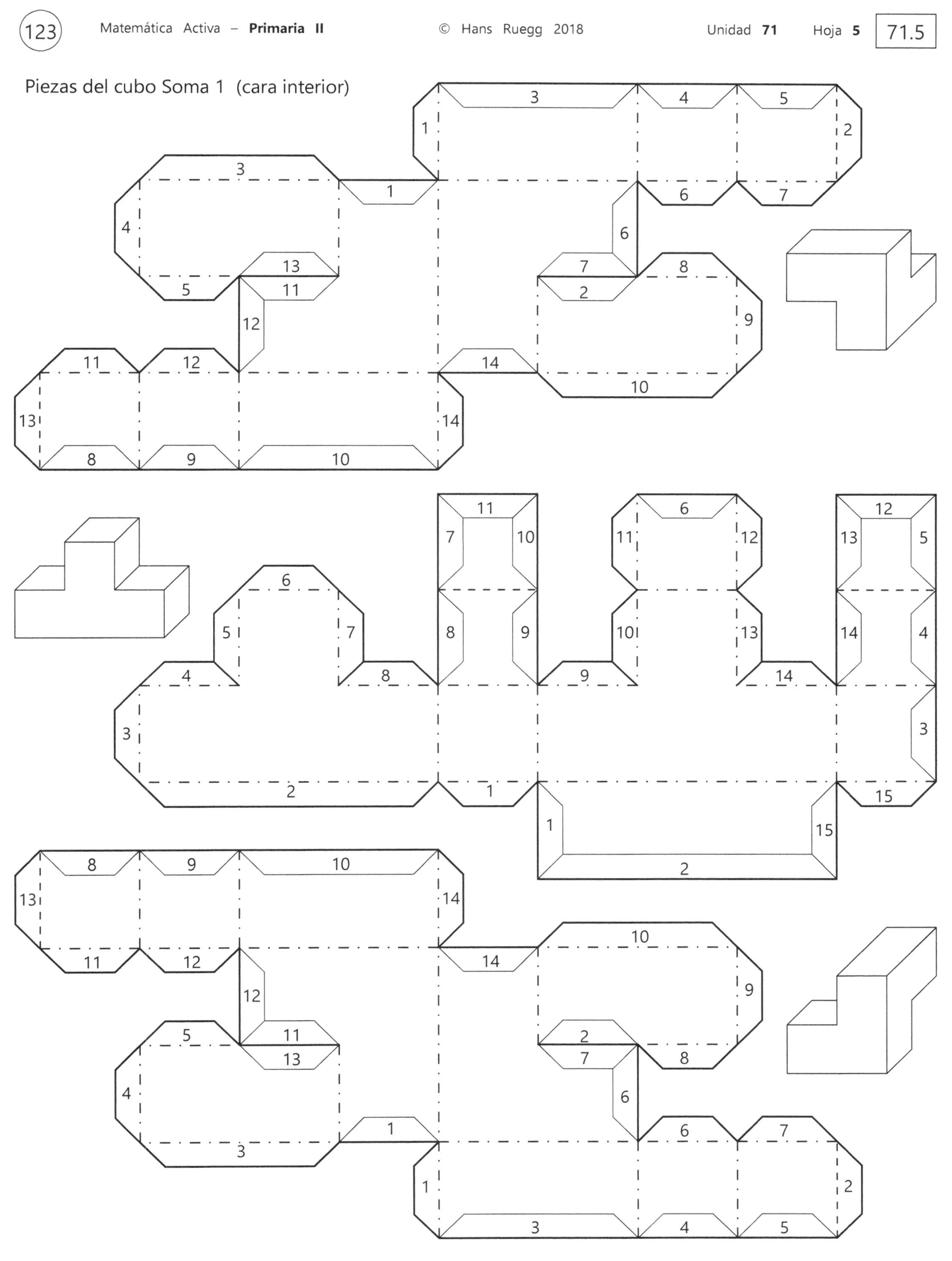

Piezas del cubo Soma 1 (cara exterior)

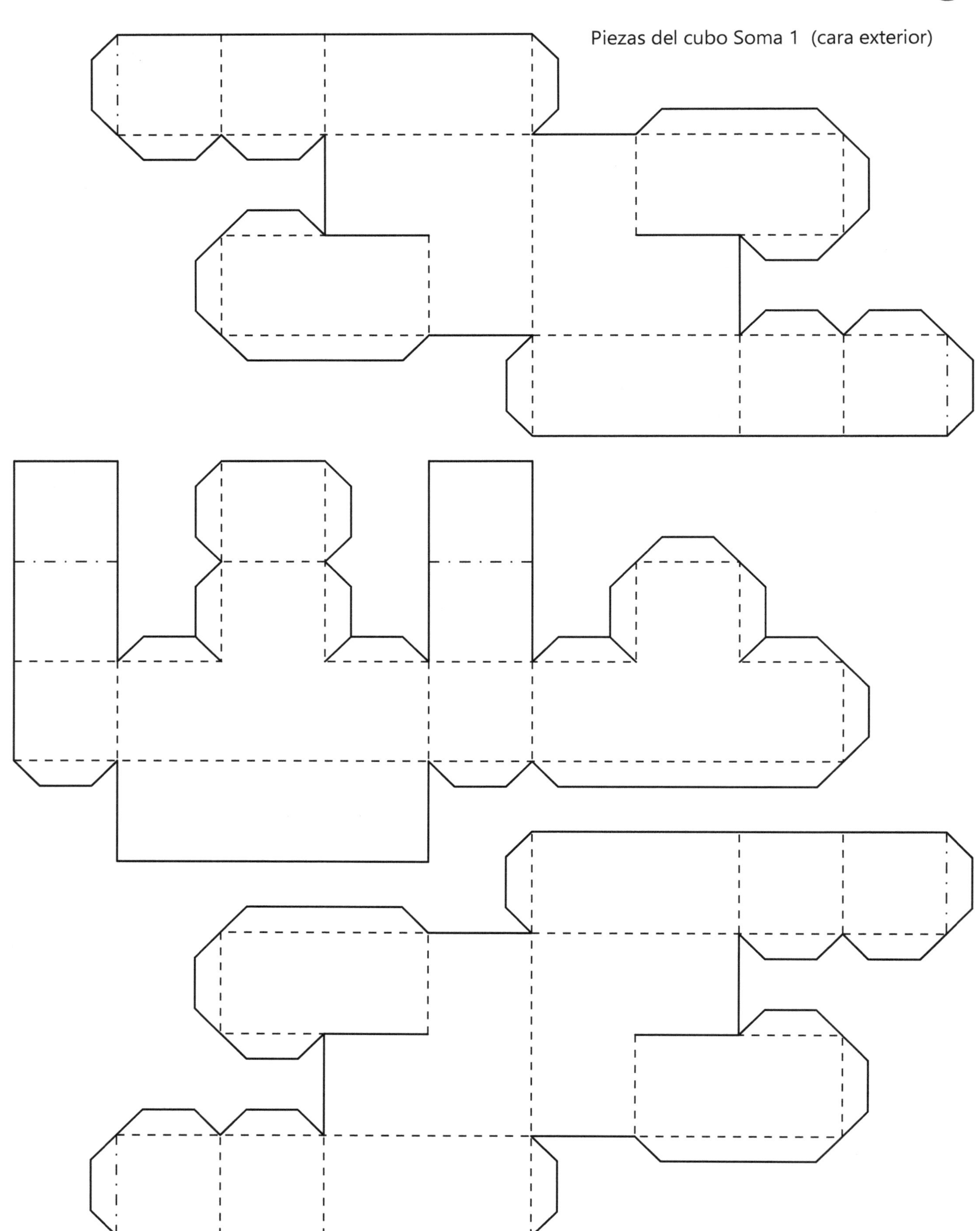

Piezas del cubo Soma 2 (cara interior)

Piezas del cubo Soma 2 (cara exterior)

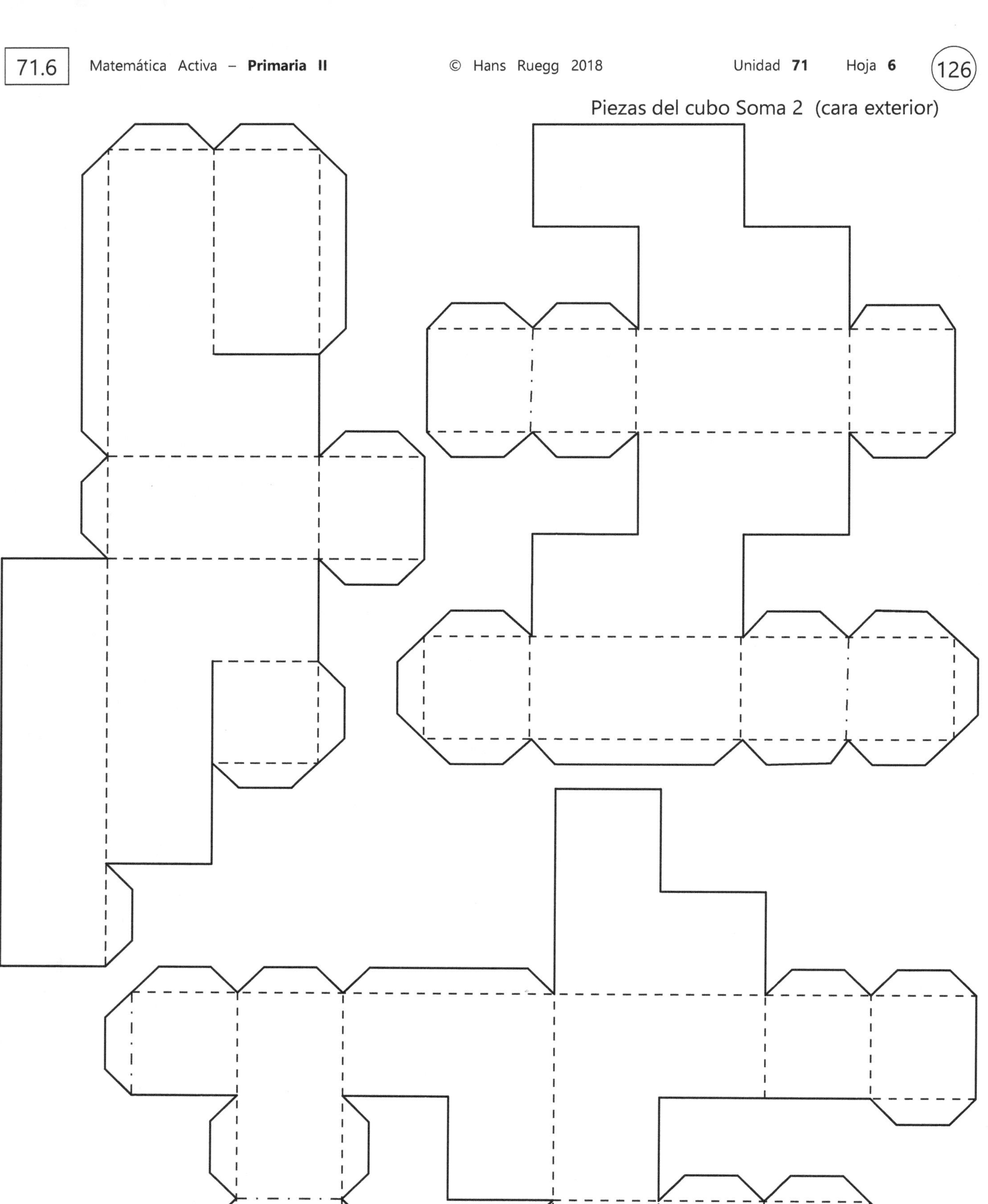

Estas dos piezas son parte del "ladrillo", pero no del cubo Soma:

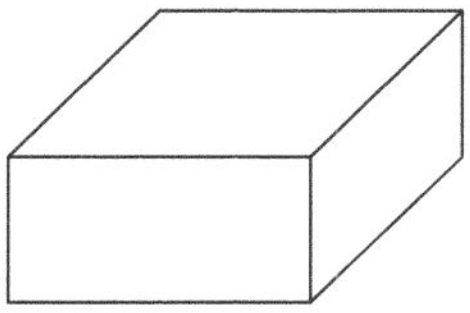

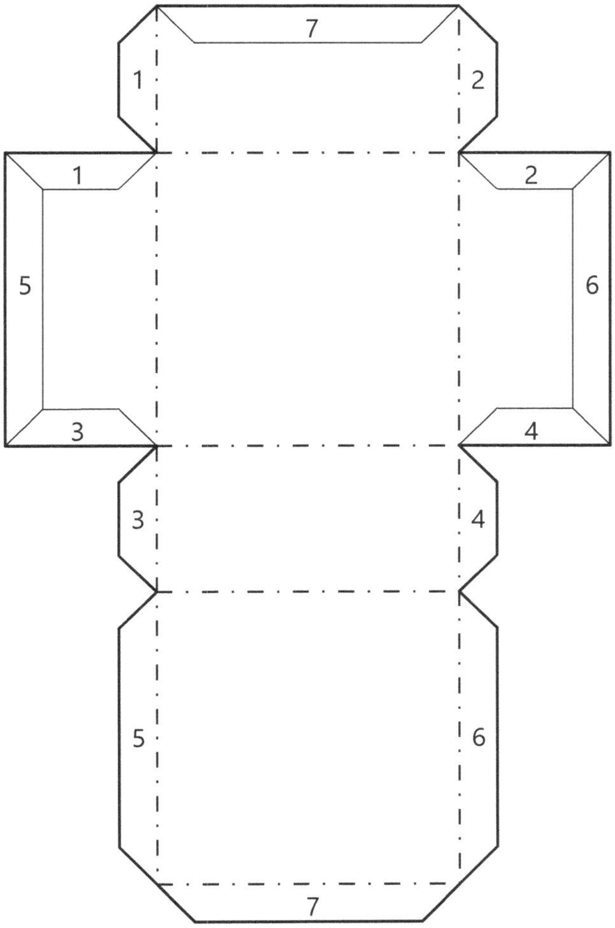

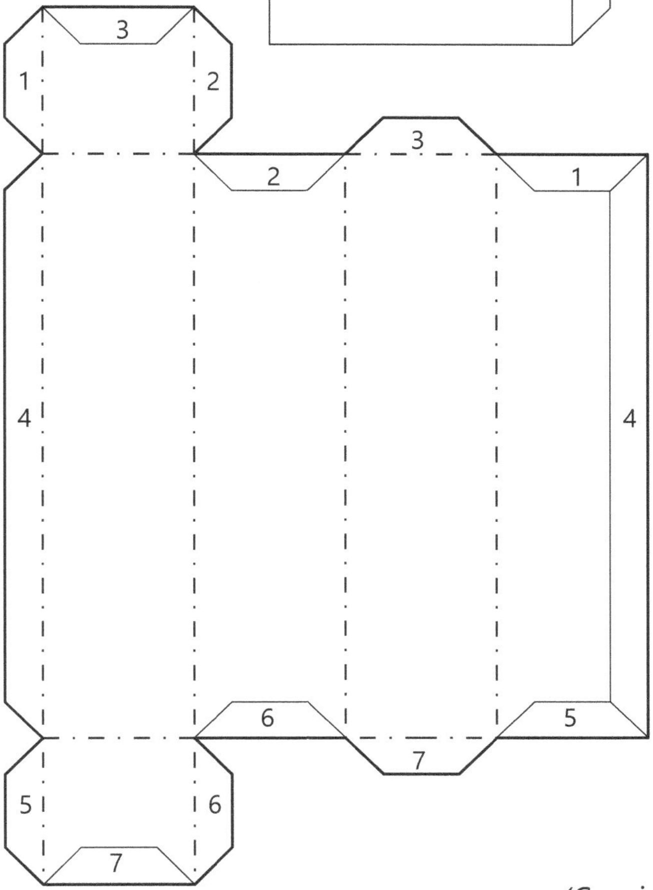

(Cara interior)

Esta pieza es parte del cubo Soma, pero no del "ladrillo":

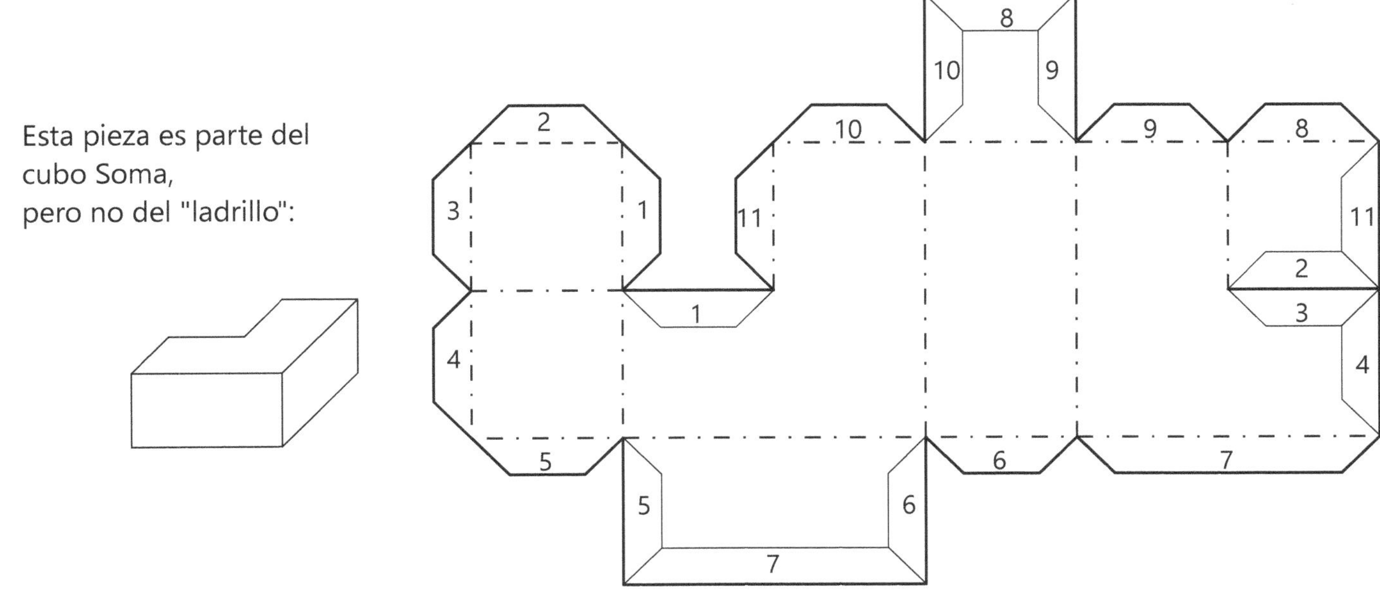

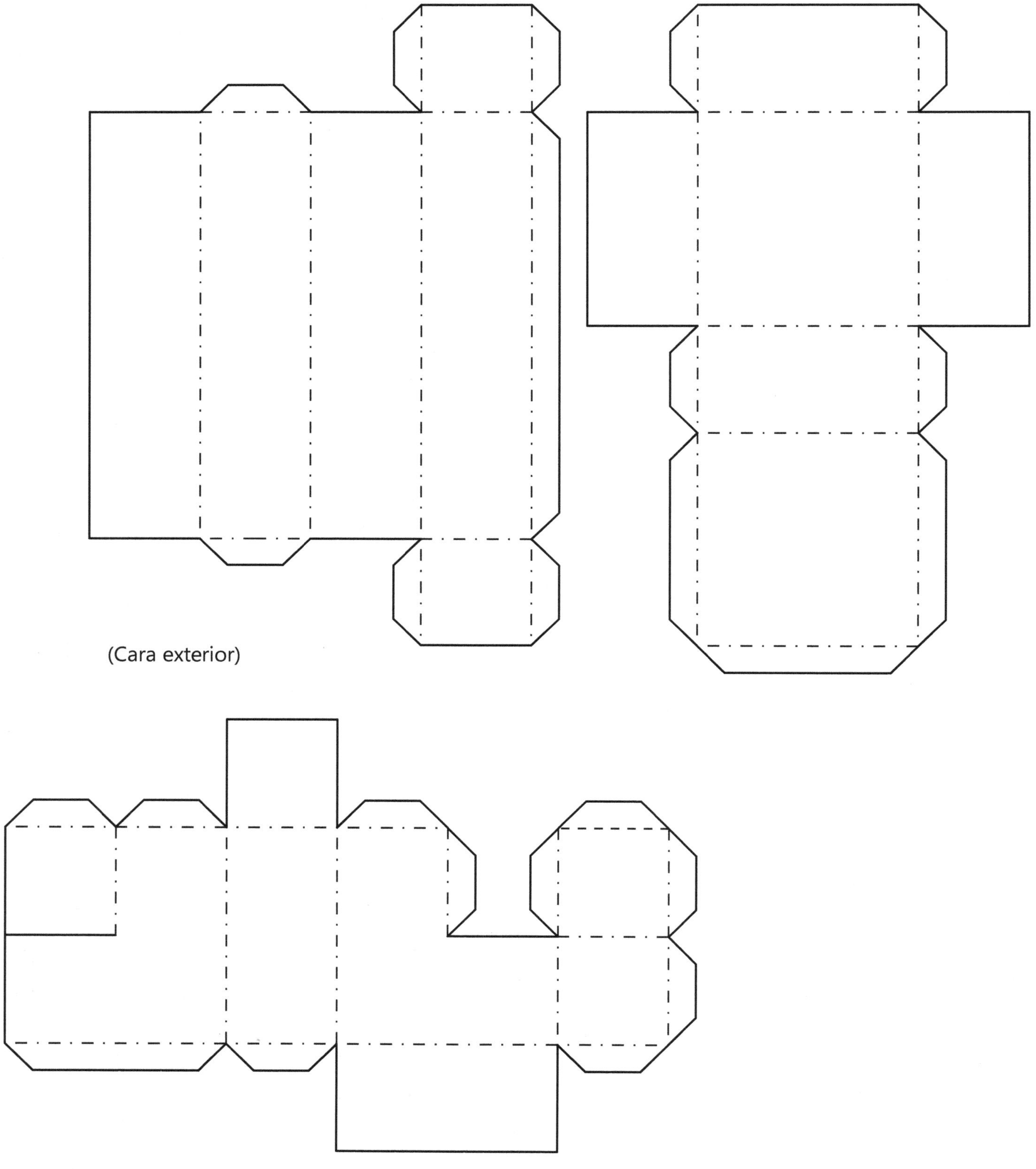
(Cara exterior)

Cubo A (Cara interior)

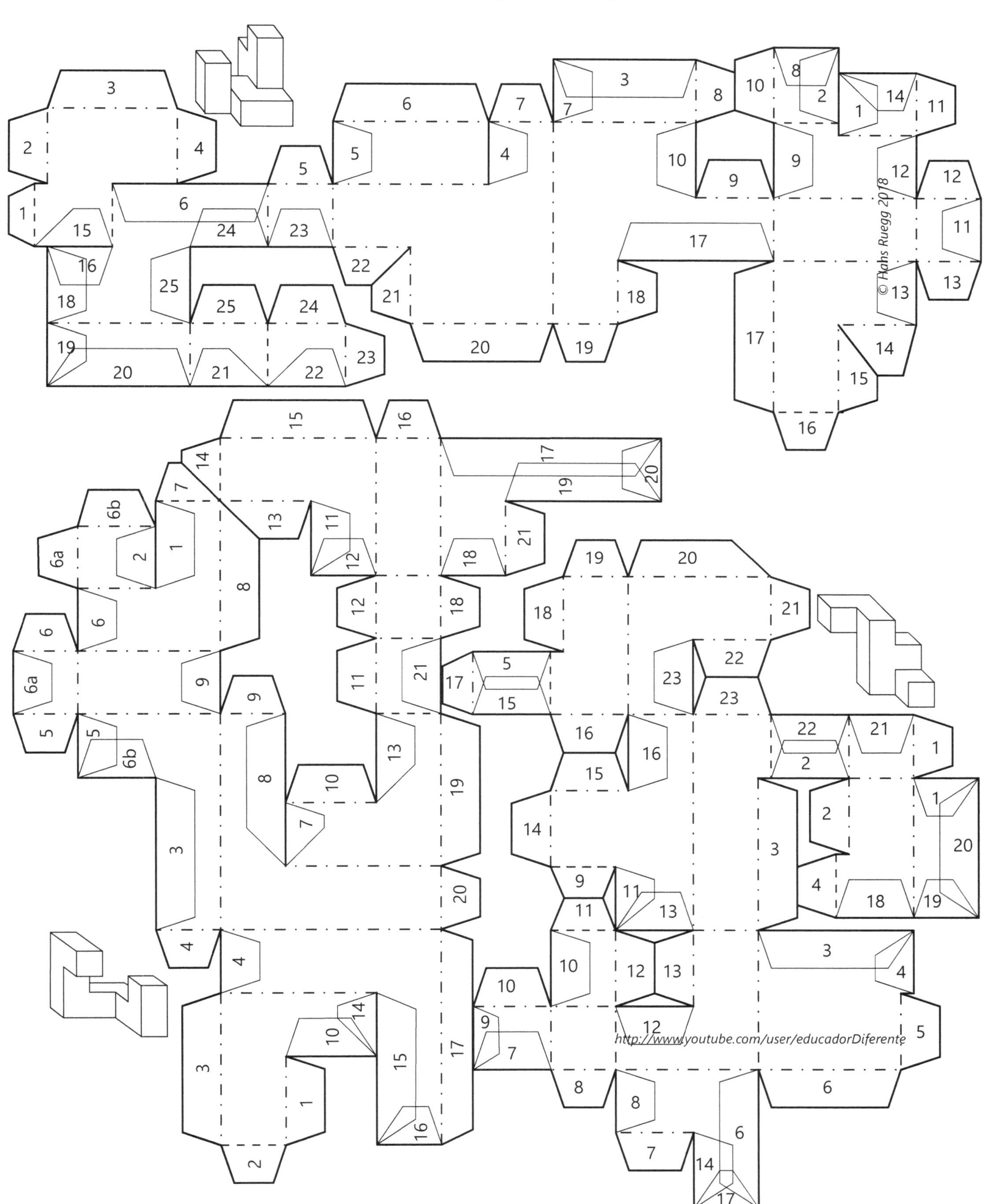

Cubo A (Cara exterior)

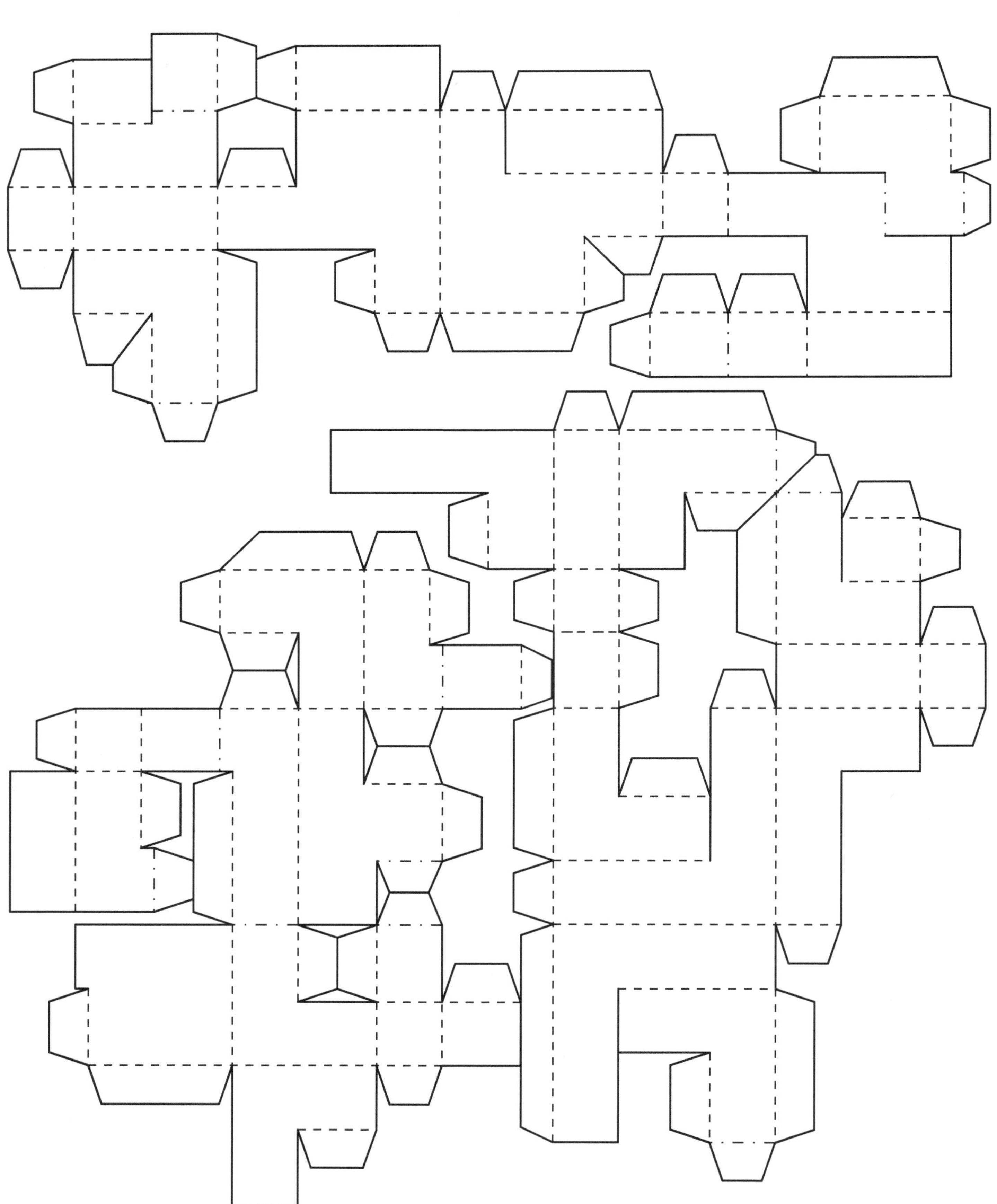

Cubo B (Cara interior)

Cubo B (Cara exterior)

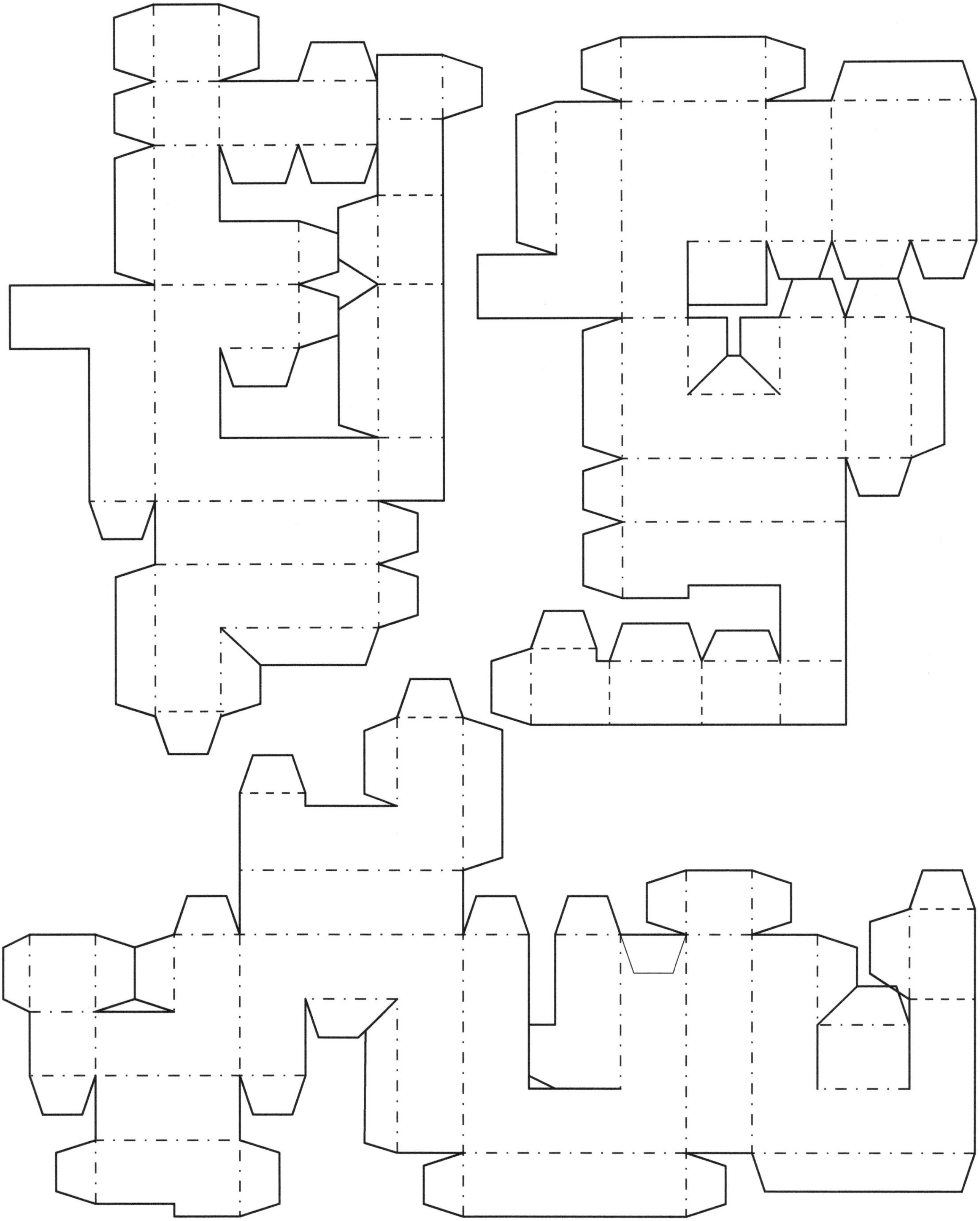

Cubo C (Cara interior)

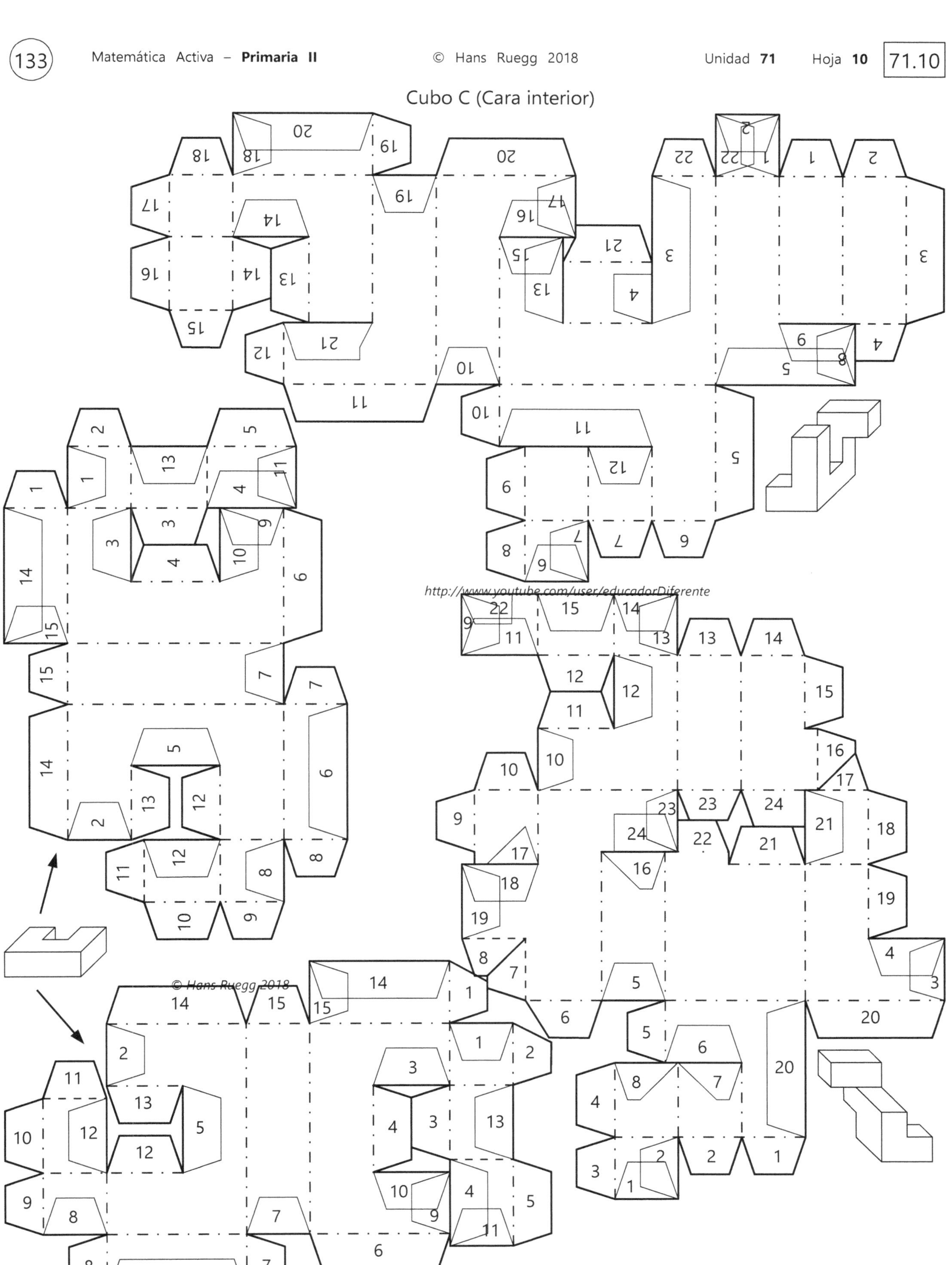

Cubo C (Cara exterior)

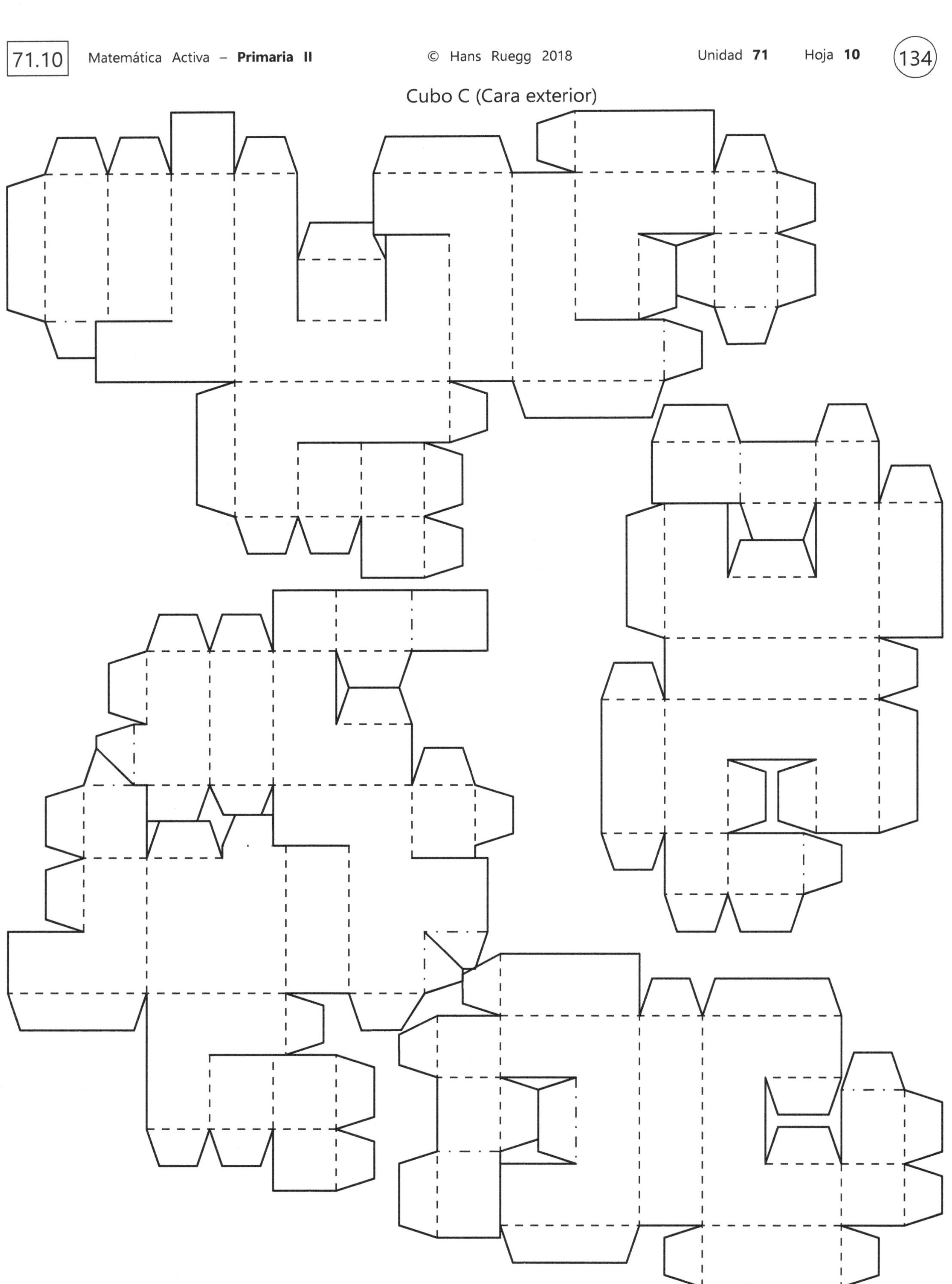

Cubo D (Cara interior)

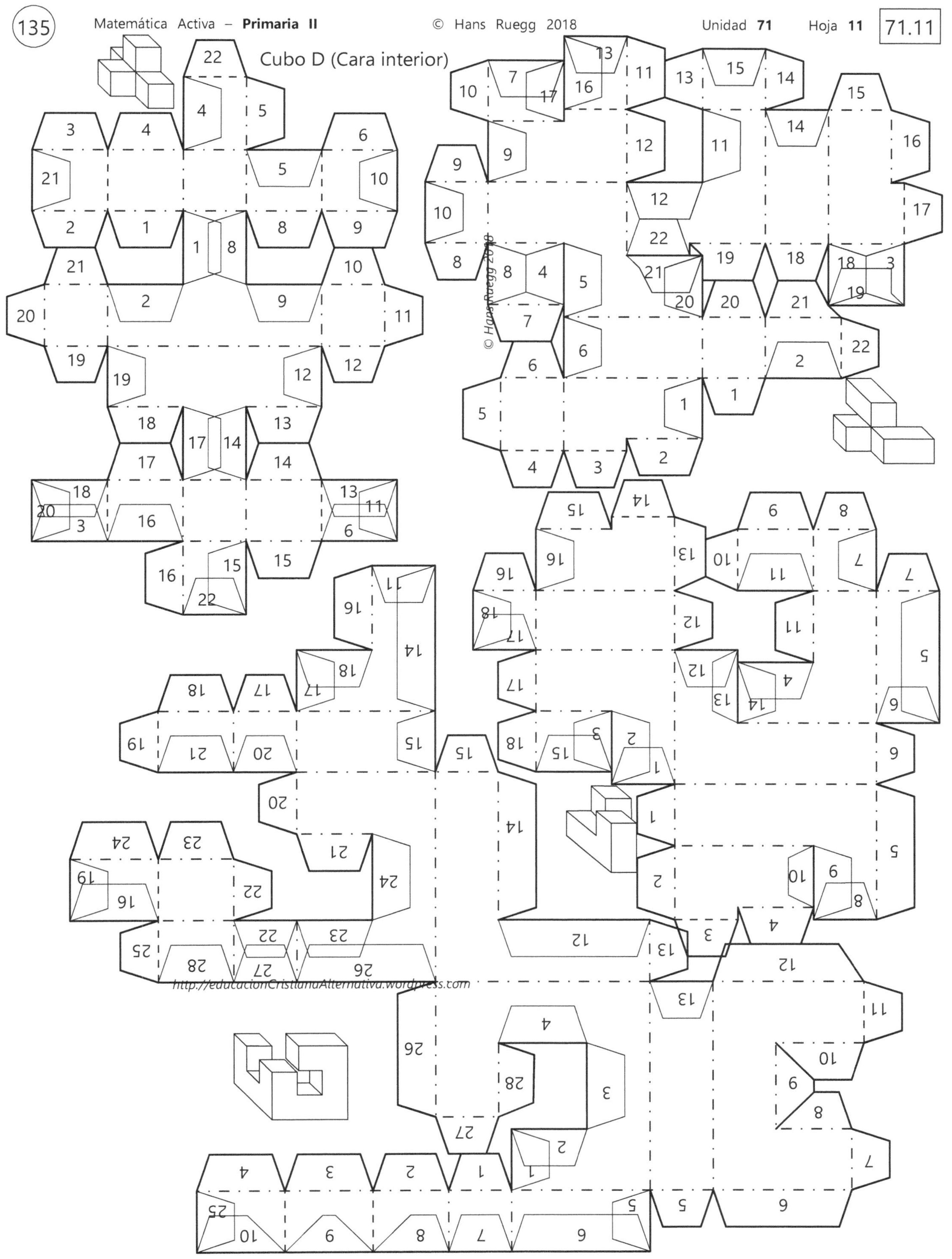

Cubo D (Cara exterior)

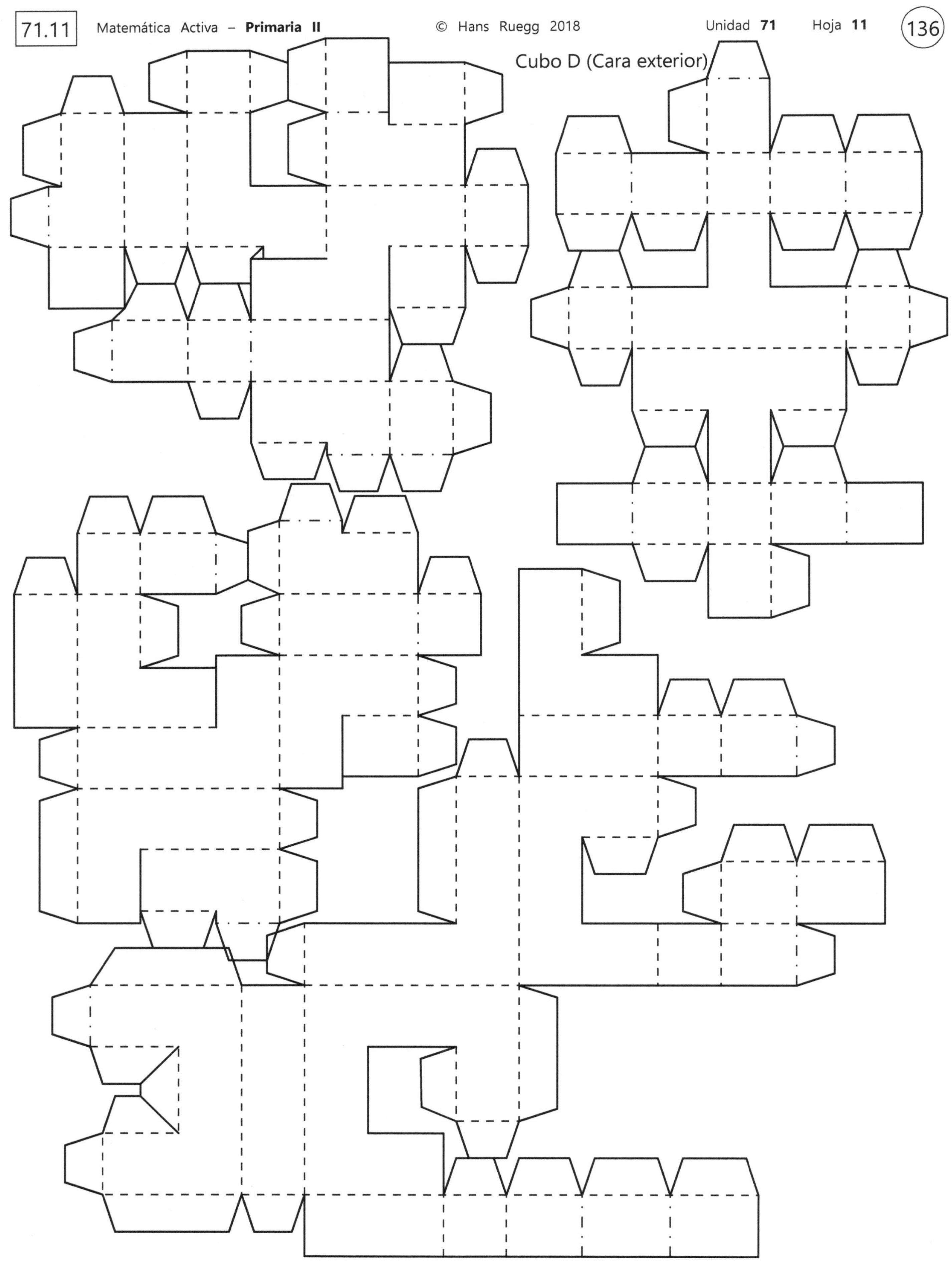

Cubo E (Cara interior)

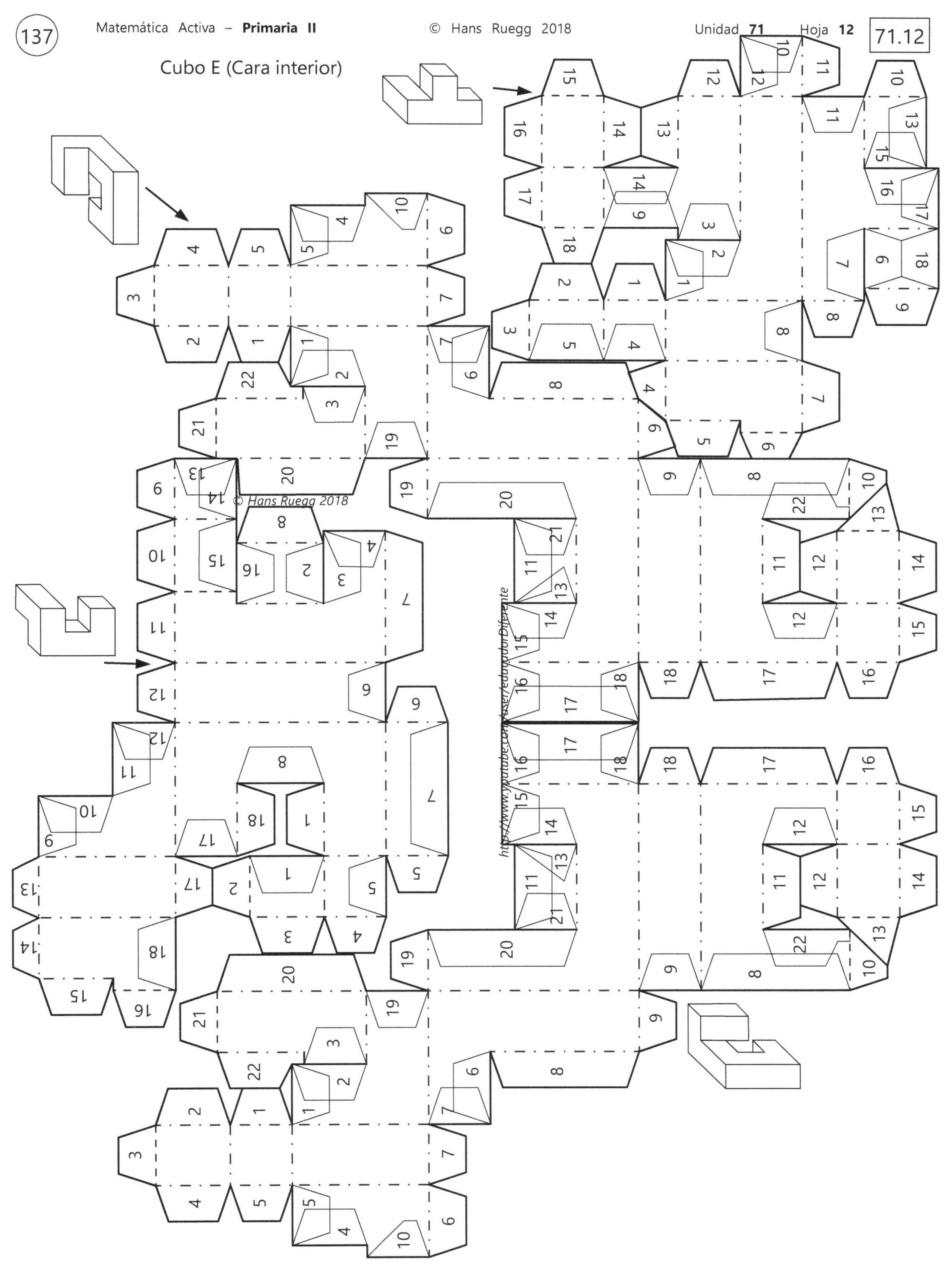

Cubo E (Cara exterior)

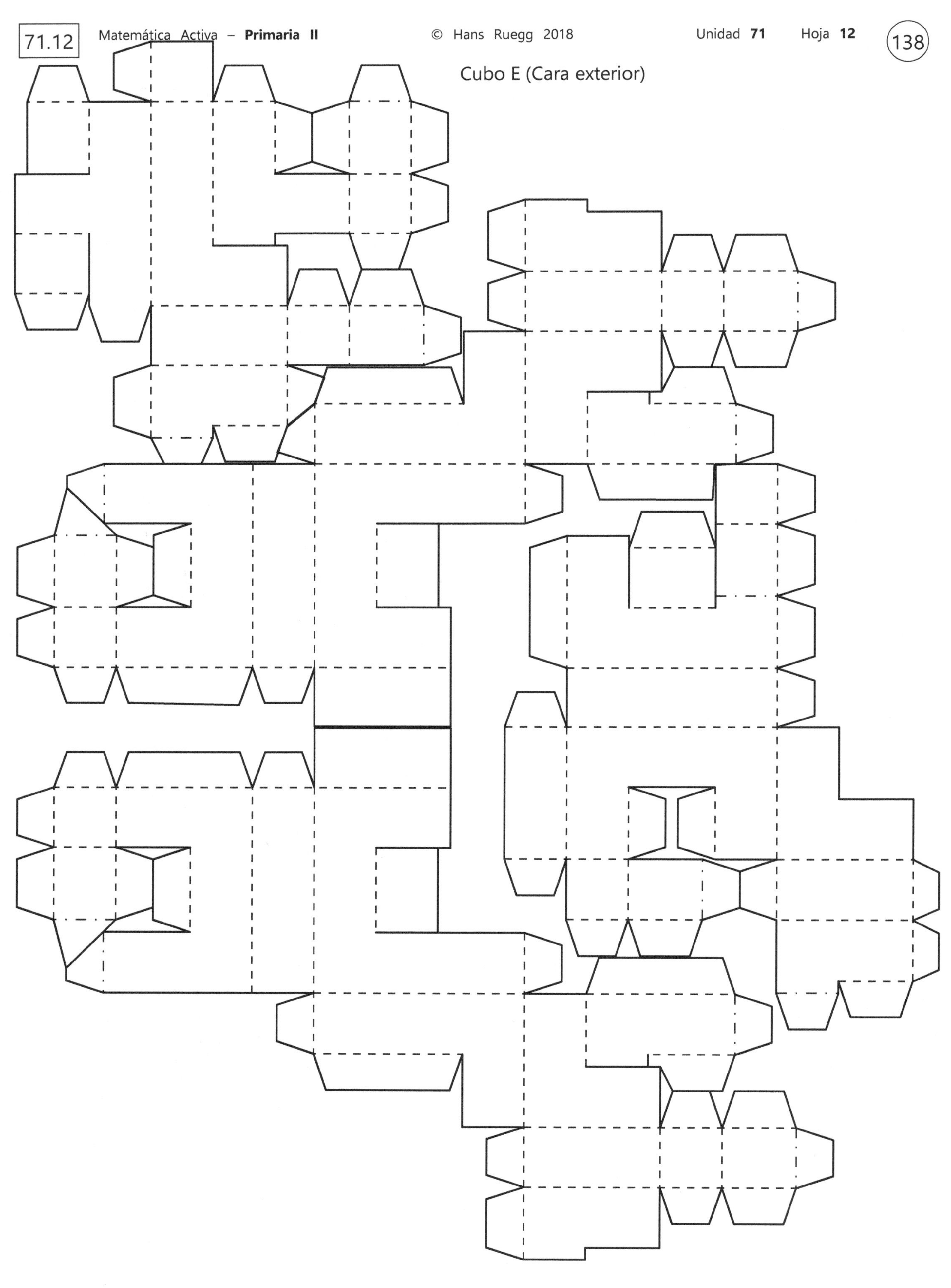

1 2 3 4 5 6 7 8 9

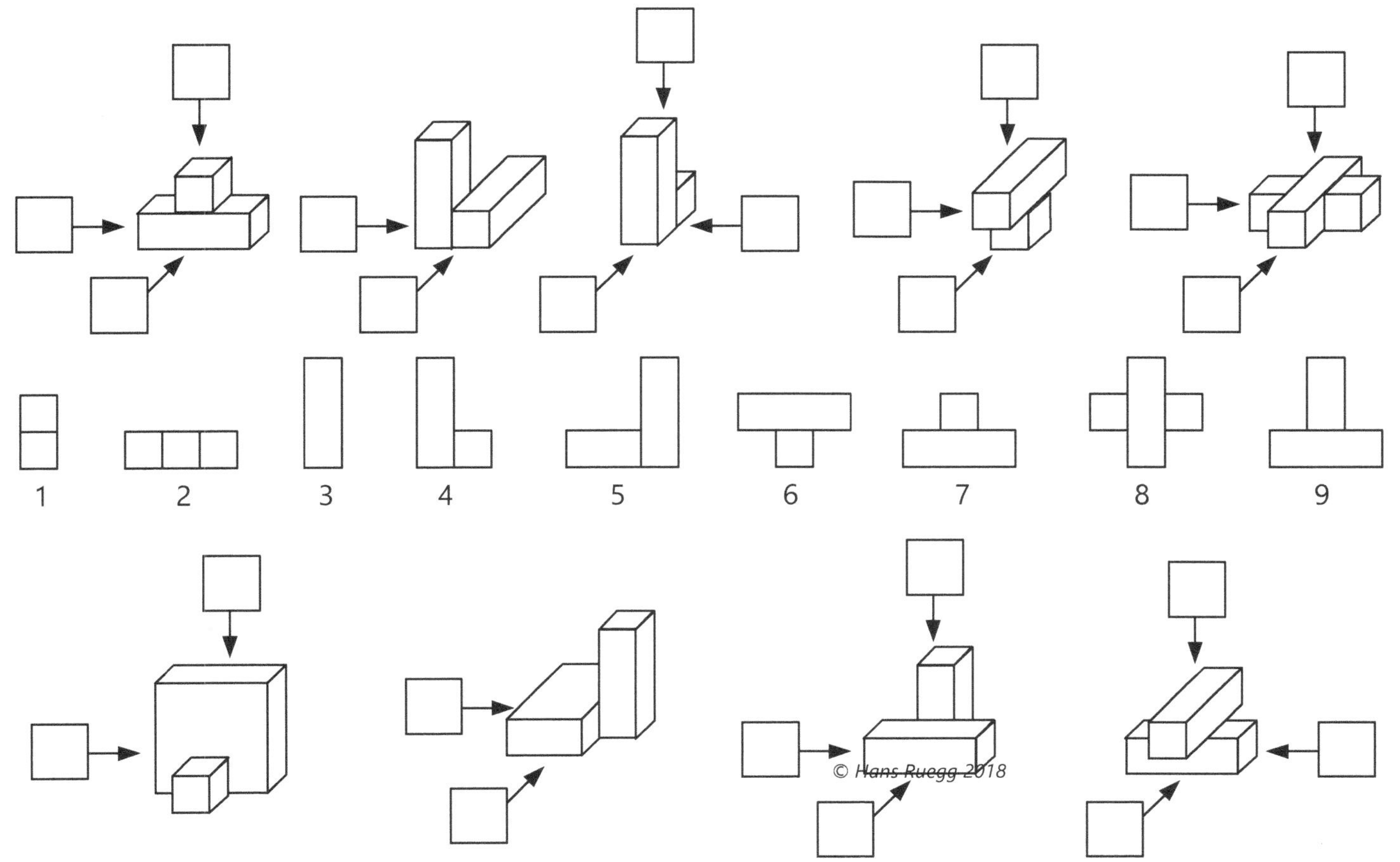

Camino de aprendizaje para: ____________________

(Nombre)

Calcula el número de elementos en conjuntos con intersección. *(U.87)*

Entiende los conceptos de subconjunto, conjunto vacío, y conjuntos disjuntos. *(U.86)*

Interpreta el significado lógico de las operaciones con conjuntos. *(U.86)*

Efectúa operaciones con conjuntos. *(U.86)*

Resuelve problemas de parentesco. *(U.85)*

Descubre las "leyes" de relaciones y secuencias de números y de figuras. *(U.85)*

Descubrió unas propiedades de los números triangulares, cuadrados perfectos, y otros. *(U.81)*

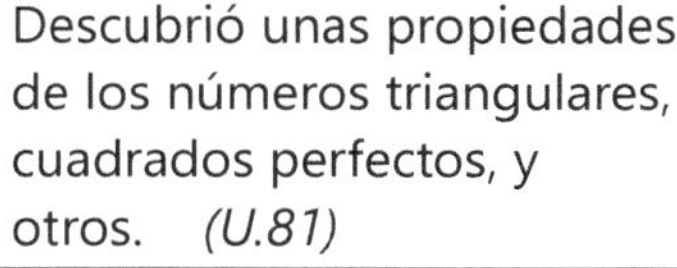

Resuelve problemas con promedios. *(U.84)*

Interpreta y dibuja gráficos estadísticos. *(U.83)*

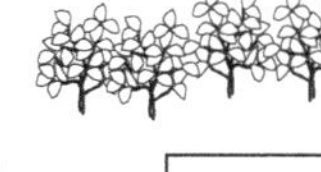

Lee y escribe números romanos. *(U.80)*

Logra resolver problemas que requieren razonamiento creativo, o combinar varios principios matemáticos. *(U.76, 82, 88)*

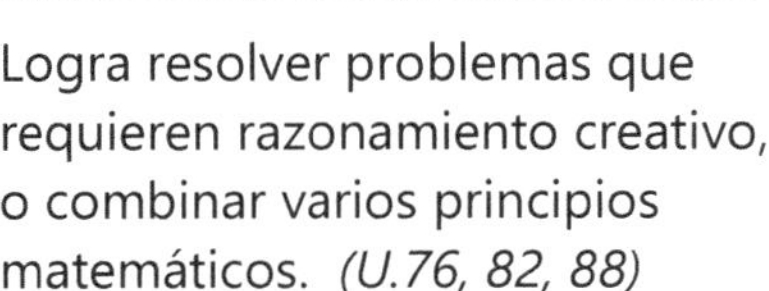

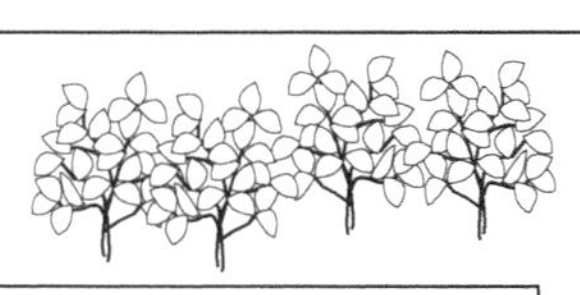

Logra resolver problemas de razonamiento espacial (laberintos, conteo de figuras, etc). *(U.76)*

Logra resolver problemas de razonamiento numérico. *(U.75)*

Aplica razonamientos estratégicos en juegos de estrategia. *(U.73, 74)*

Analiza sistemáticamente juegos de estrategia. *(U.73, 77, 78, 79)*

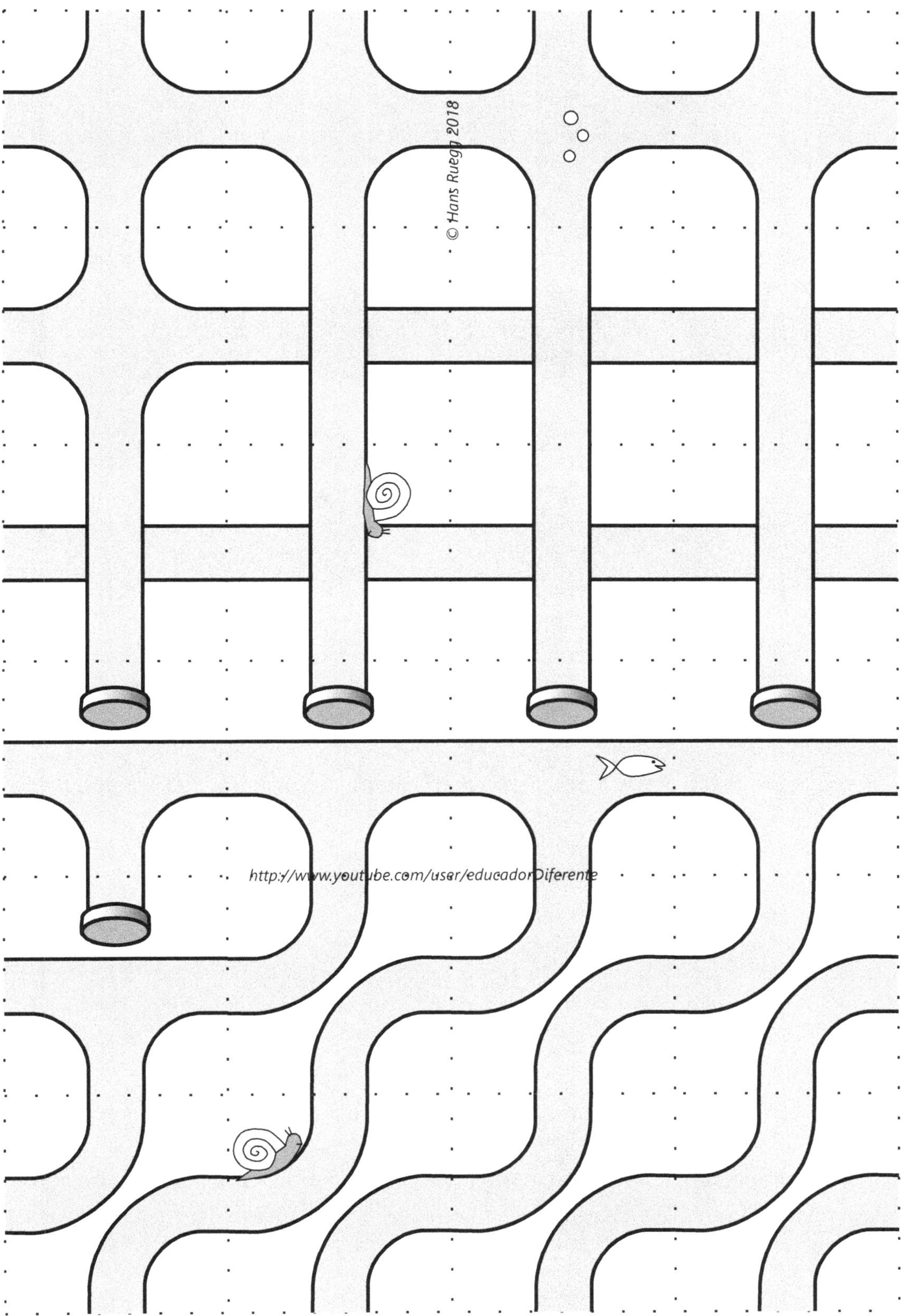
© Hans Ruegg 2018
http://www.youtube.com/user/educadorDiferente

¡Explicaciones en el libro!
© Hans Ruegg 2018
¿ ?

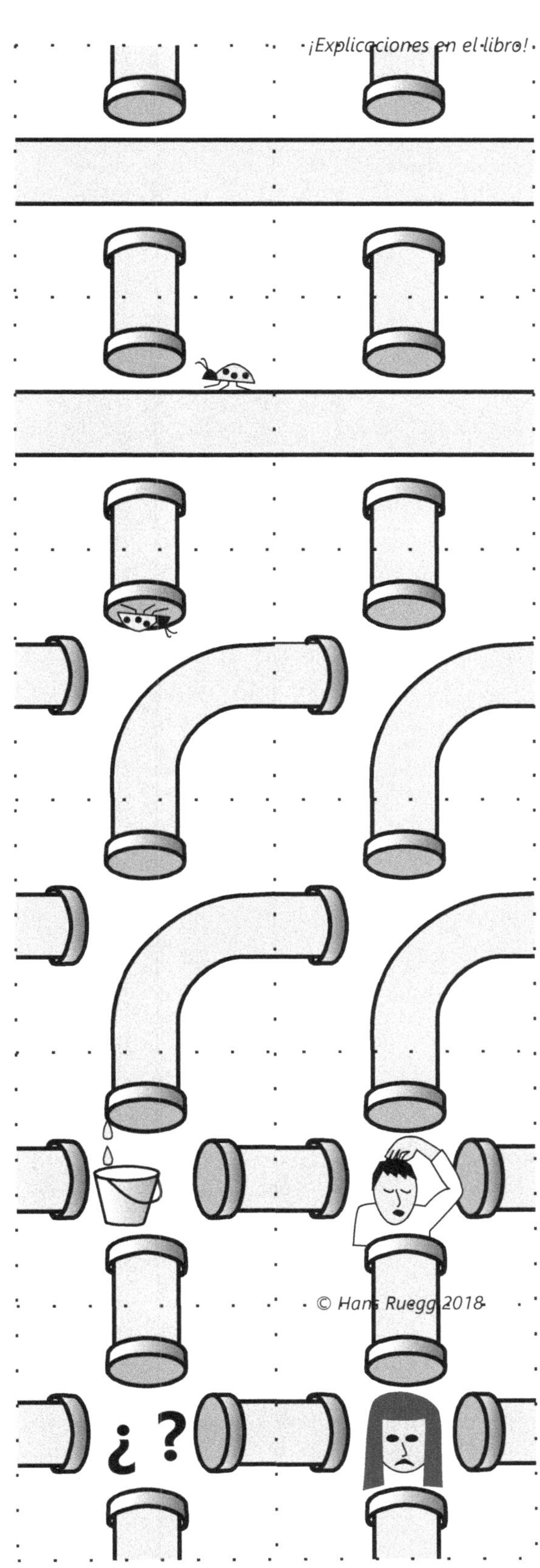

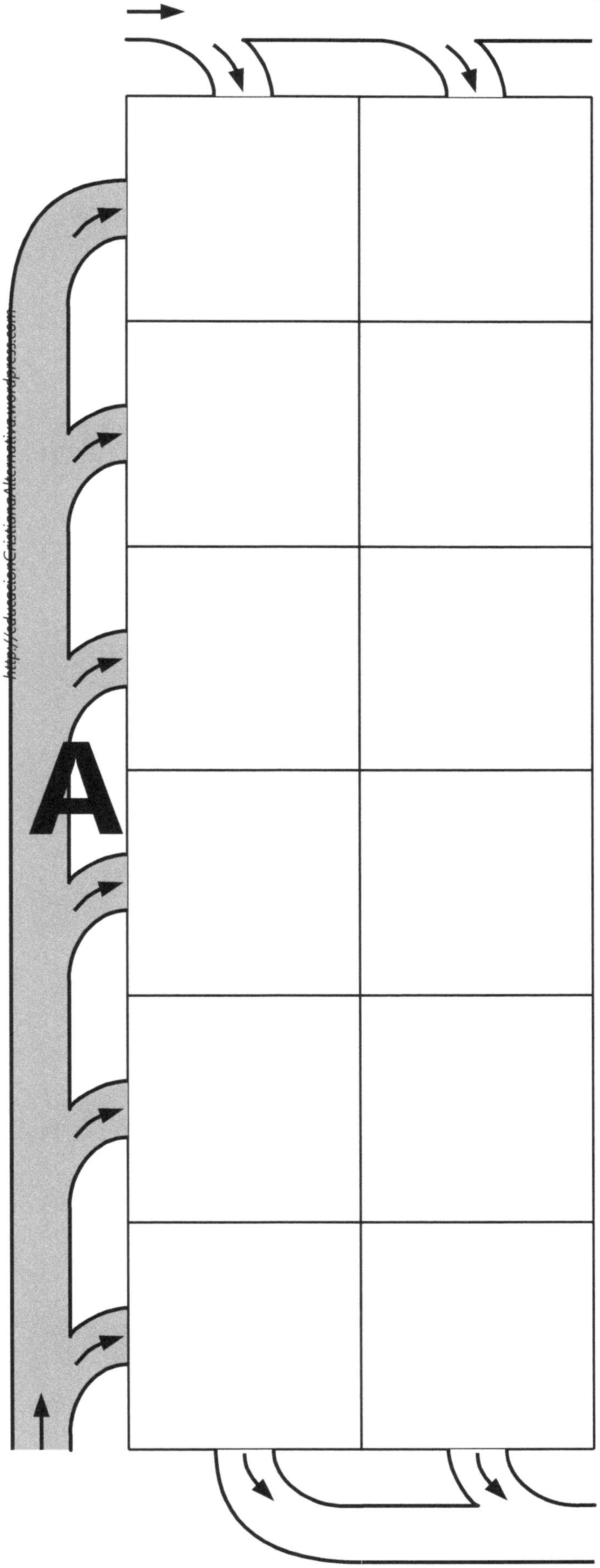

A

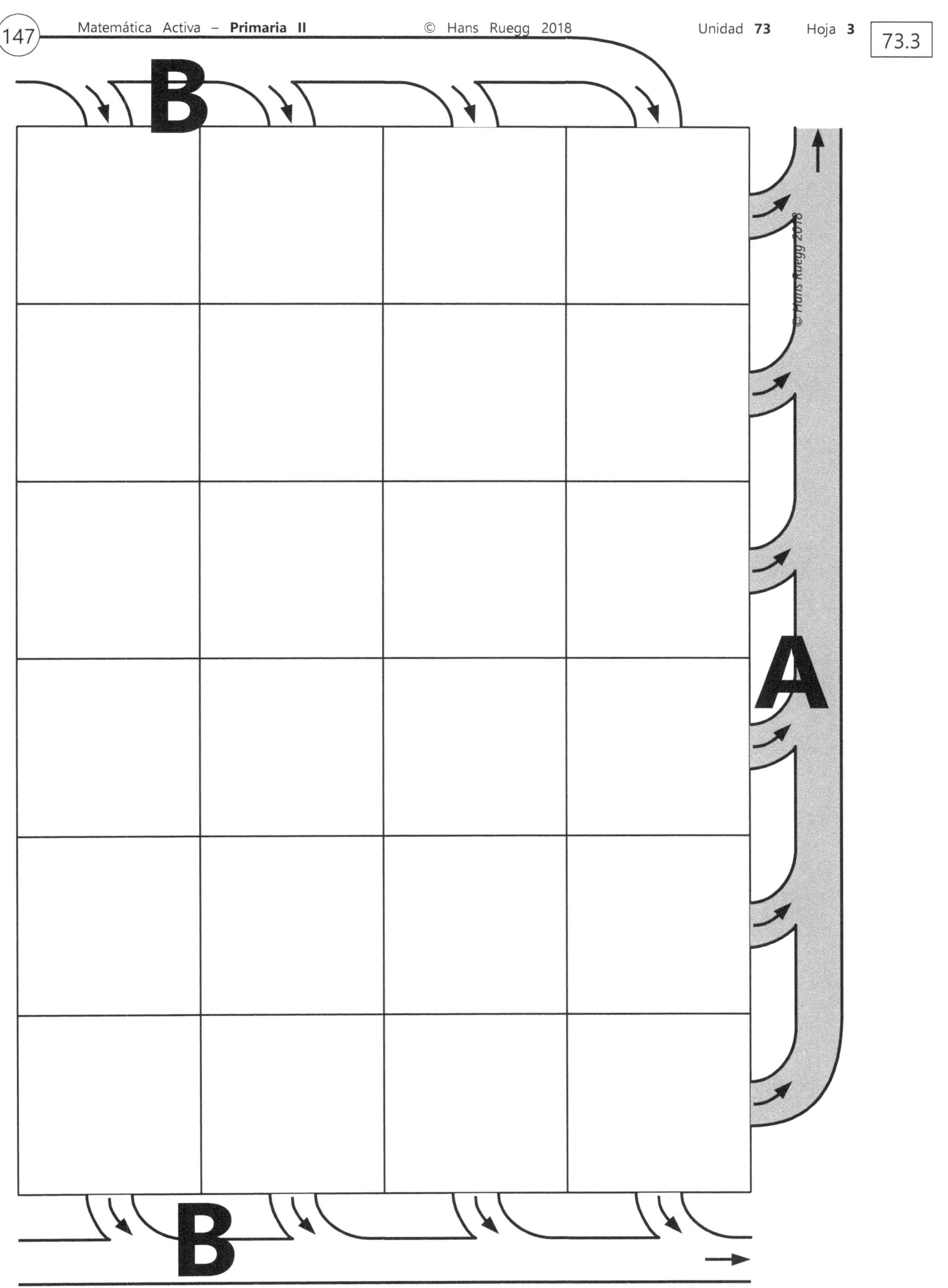
B
A
© Hans Ruegg 2018
B

¡Explicaciones en el libro!

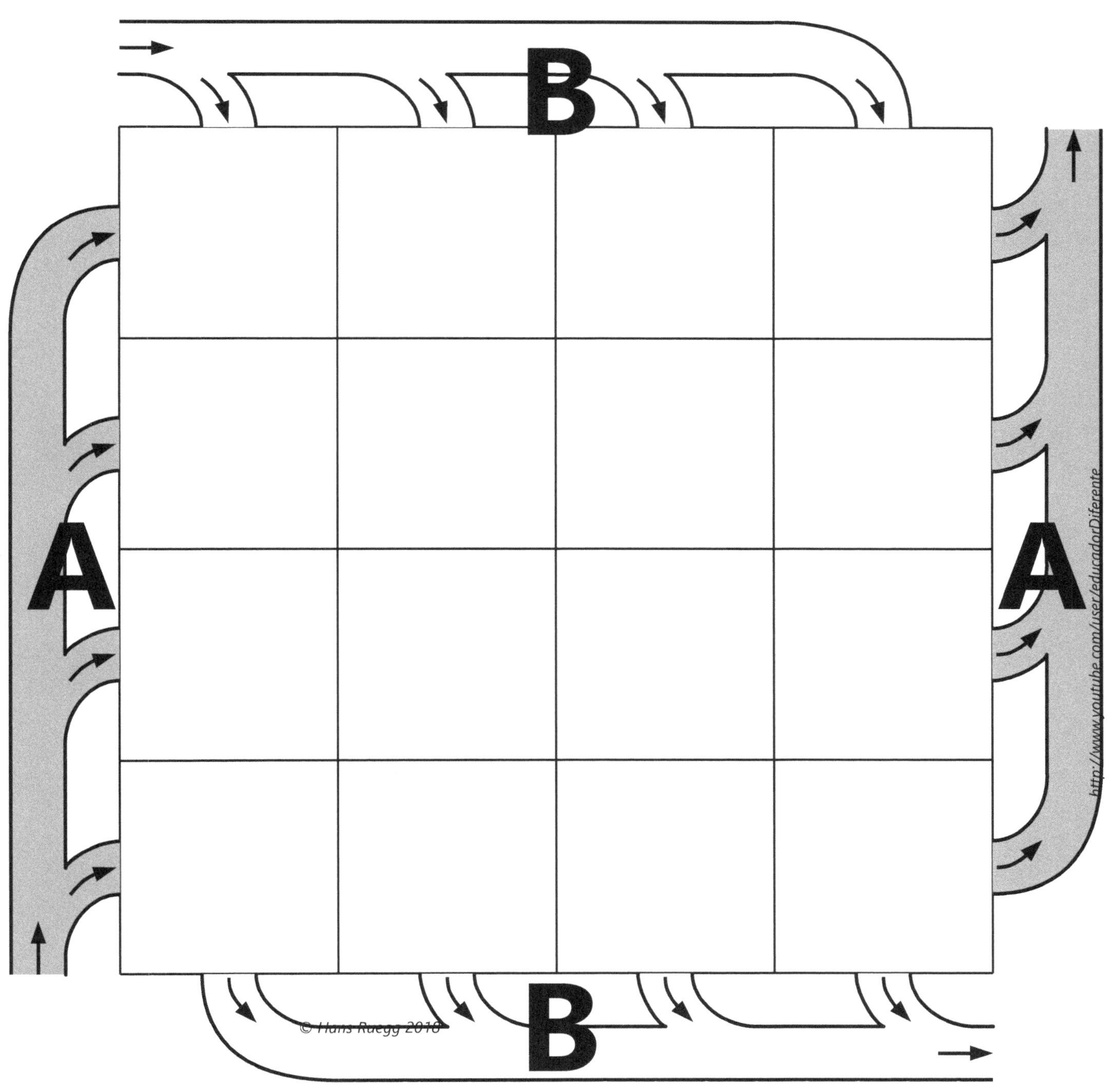

Sudokus fáciles y de mediana dificultad

1)

2	4	6						
1	5	9		2		4		6
3	7						2	
		1	4		2			3
8			7		1		5	
	2		8	3	6	7		
		4					7	8
	3			8		6	4	2
6						5	3	1

2)

6			4	3				2
8	9		6			1	3	5
7			5					9
			1					
3	7	2				4	5	1
				4	3			6
2				6				
1	6			7		5	2	3
4				9				7

3)

	6	7		2		9	1	
2	5			9			3	
9		1	3		7			6
		3			2	5		
1	7						9	2
		5	1			3		
7			5		3	2		9
	3			7			5	4
	4	9		1		7	6	

4)

	9		4	6	8		1	
6	7	8				2	3	4
	5						6	
5				1				3
1			2	3	4			5
9				5				6
	4						5	
2	3	5				6	7	8
	1		3	7	5		9	

5)

		6	9		7	3		
				8				
8		1	2	3	4	5		9
7		2				6		1
	8	3		5		7	2	
9		4				8		3
1		5	6	7	8	9		2
				2				
		7	3		1	4		

6)

			8		7			
	1	2	3	4	5	6	7	
	4			6				
3	5		1	2			9	7
	6	1	4		3	5	8	
2	7		5	8	9		6	3
	8			9			4	
	9	7	6	5	4	3	2	
							1	

Sudokus difíciles

1)

1	2	3	4	5	6	7	8	
7								1
6		8			9	3		2
5			9					3
				6				4
4			3					5
3		4			8	9		6
2								7
	7	6	5	4	3	2	1	

2)

	1	2		3		6	7	
				4				
6				5		9		8
5	4				3			7
	2	3				5	6	
1			7				8	4
2		4		9				3
				8				
	5	6		7		8	9	

3)

5					6			2
			3					
		4				1		9
6				1			9	
			4	2	5			
	5			3				7
7		8				3		
					2			
4			7			2		1

4)

9				1				2
	8		5	2			3	
		7		3		1	4	
			7	4				
1	2	3		5		7	6	
				6	3			
		9		7		3		
	7		6	8			2	
8								1

5)

	7		1		2		4	
	1		5					7
		9		3		8		
2			9		8		1	
				4				2
	4	8		5		9	3	
1			8		9			
	9			2			5	
			4	1		2		

6)

6			1	2	3		9	
					4			3
				6	5			
1		7				3	6	
2		6				4		9
3	4	5					7	8
			5	4				
9			6					
	3		7	8	9			6

Sudokus irregulares

¡Explicaciones en el libro!

1)

			3		
		3			1
			6	3	2
	6	5			

2)

1	2	3				
						5
					3	4
7						
3						
				5	6	7

3)

			2				
8		2	1	6			4
6	5						
4				5			1
				1	3		8
				4			

4)

3							6
							1
		4			5		
		3			6		
		2			7		
		1					
				1			
5						7	4

Sudoku 10 x 10

5)

	6							
	4			7			2	8
9			1	3	5			
				6				
			9	8	7			1
		7						
2	8			5		7	6	
							4	

6)

1		5	10		7				
3	2					8			
5		3					9		
7			4					10	
				5		6	7	8	9
2		1			6				
	3			4		7			2
		4		3			8		6
			5	2				9	8
				1			4	7	10

Sudokus de sumas

¡Explicaciones en el libro!

1)

7				5	22
	9				
				30	4
6		15			5

2)

	15	19		9		4
	11					8
		14			20	
8			9			18
	13				8	
		12		14		14

3)

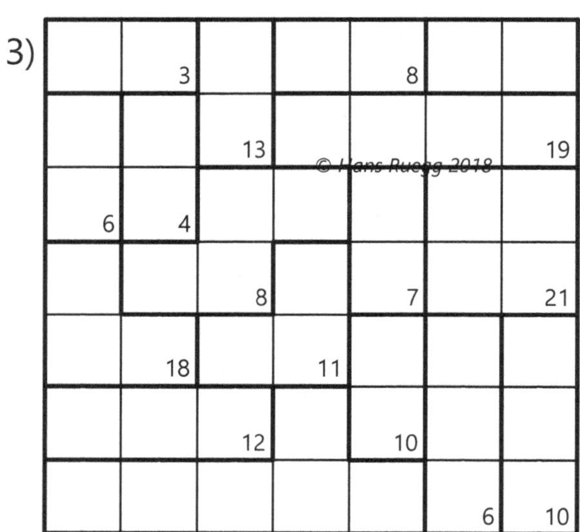

4)

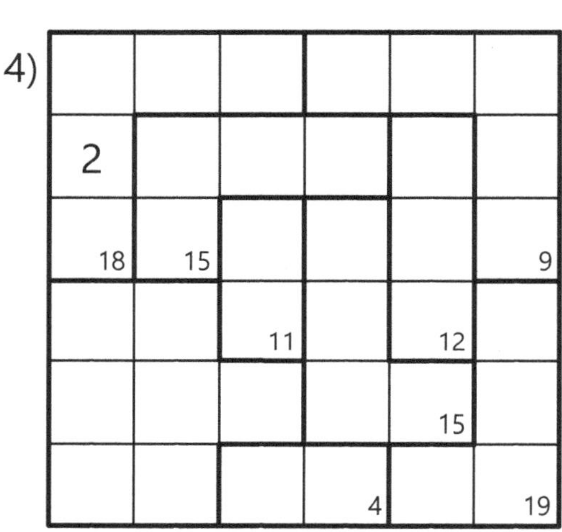

*5)

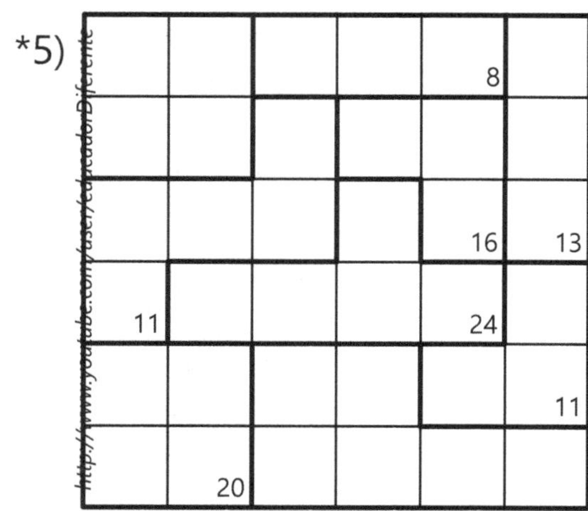

*6)

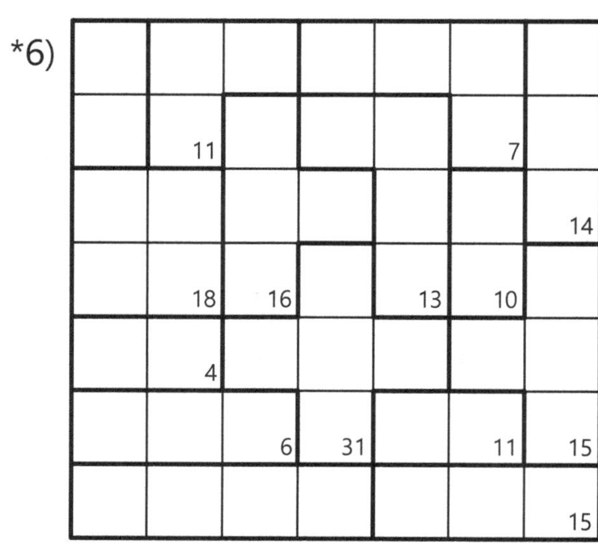

Sudokus 3D, 4 x 4 x 4

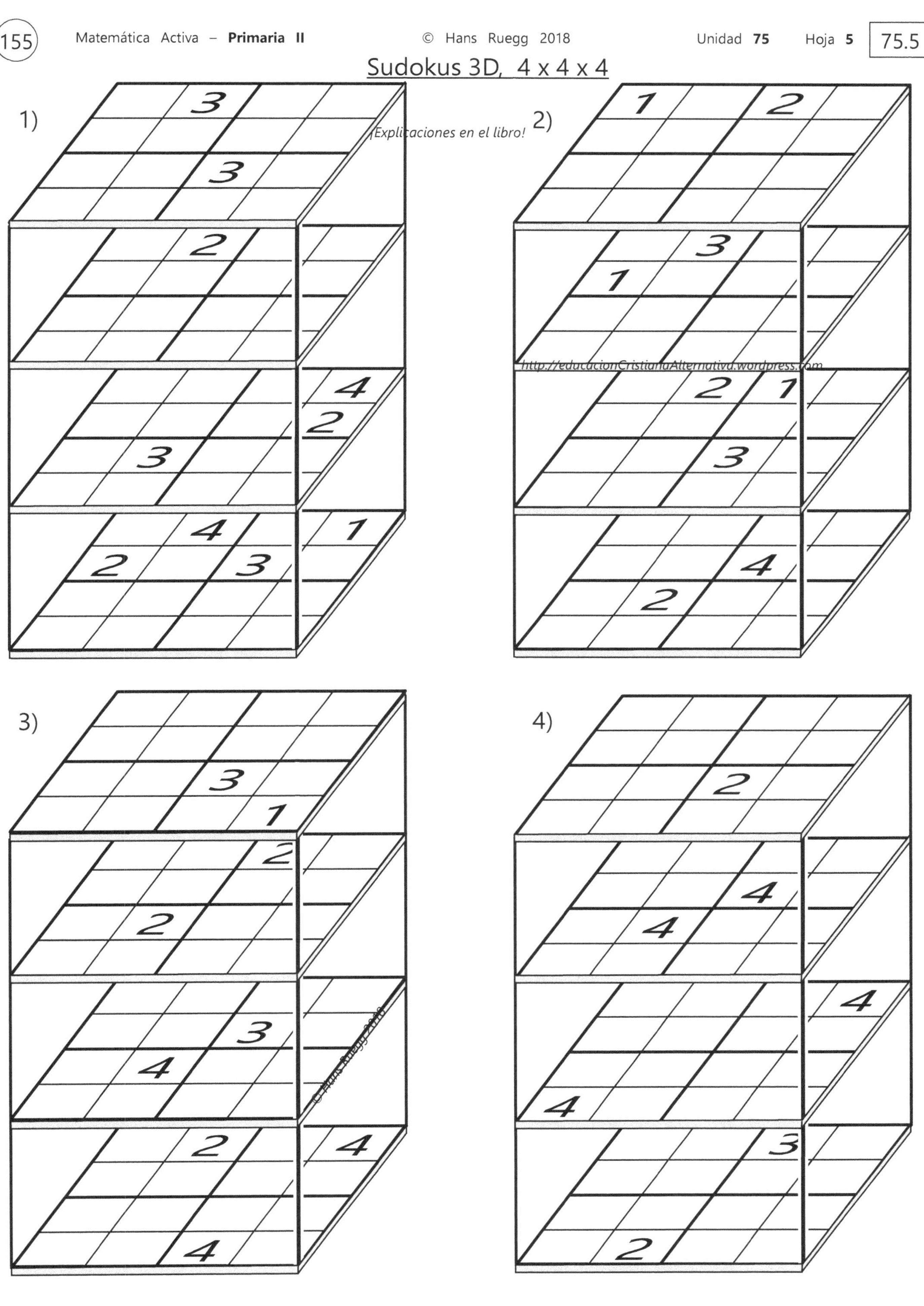

Sudoku 3D, 6 x 6 x 6

¡Explicaciones en el libro!

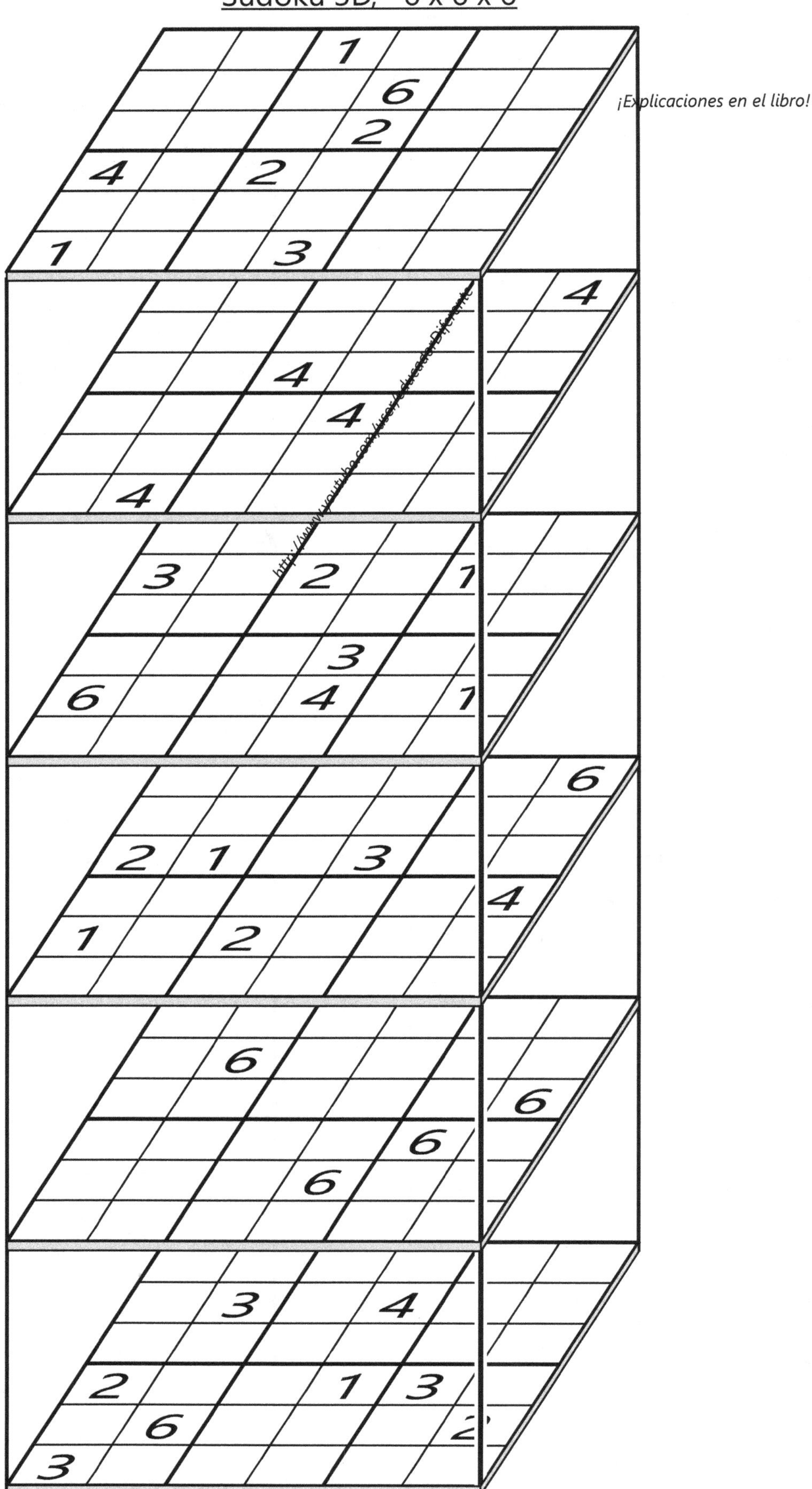

Kakuros fáciles y de mediana dificultad

¡Explicaciones en el libro!

1)

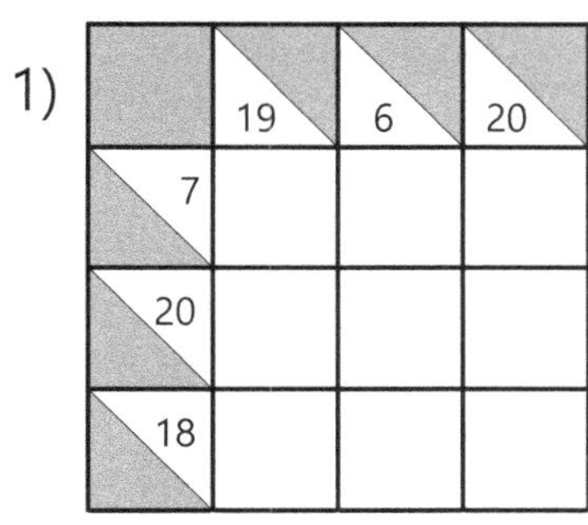

2)

3)

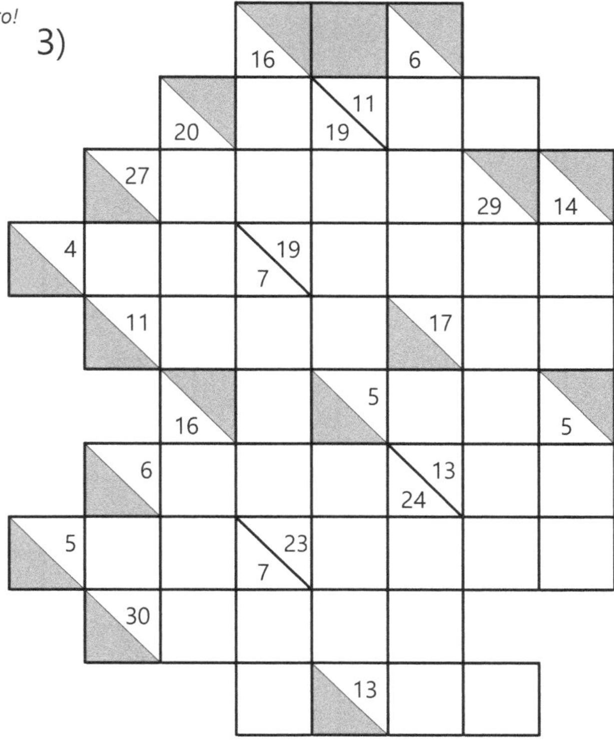

4)

5)

Kakuros difíciles

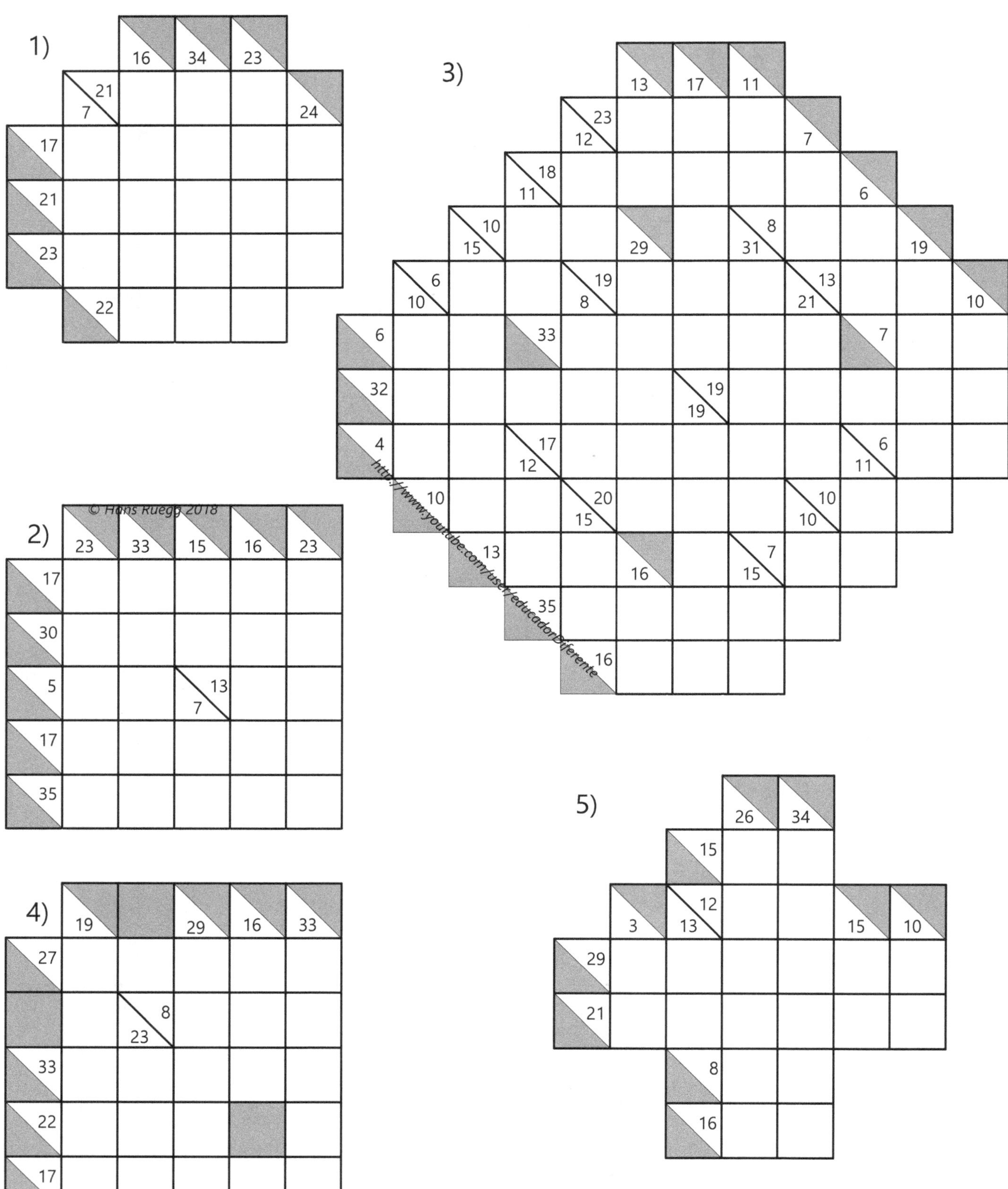

Kakuros difíciles

6)

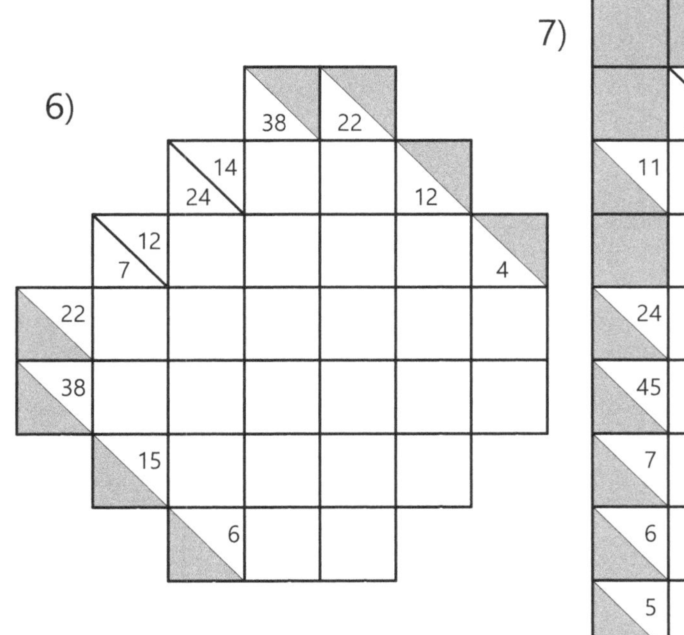

7)

8)

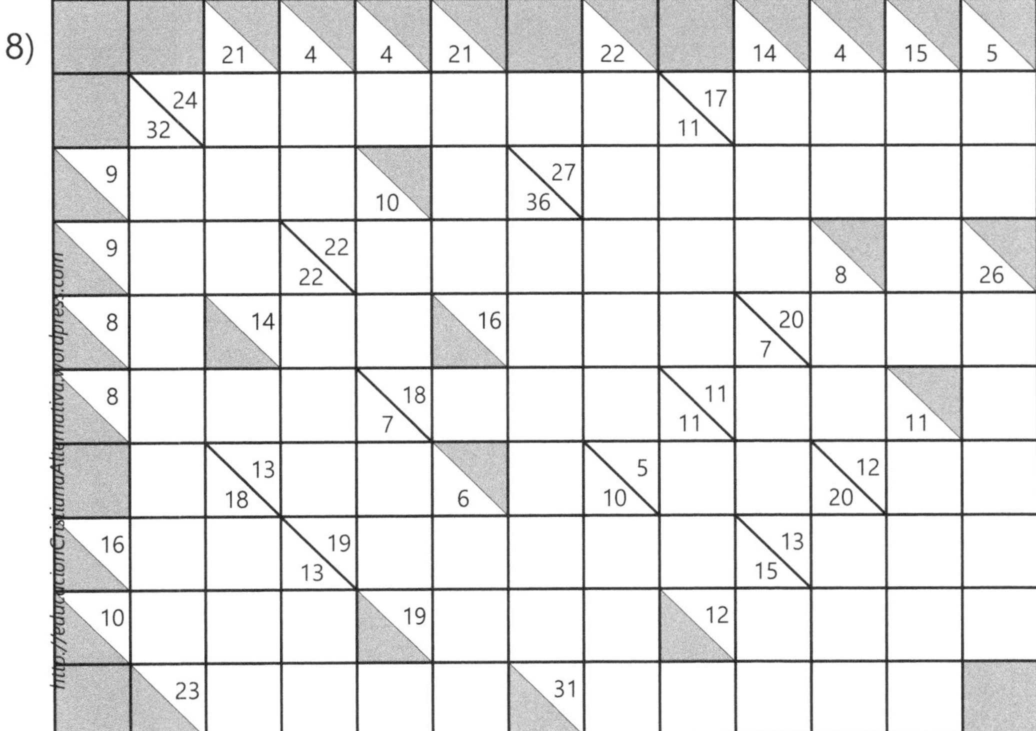

MultipliKakuro – *para principiantes*

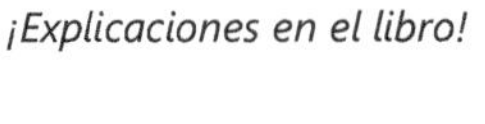
¡Explicaciones en el libro!

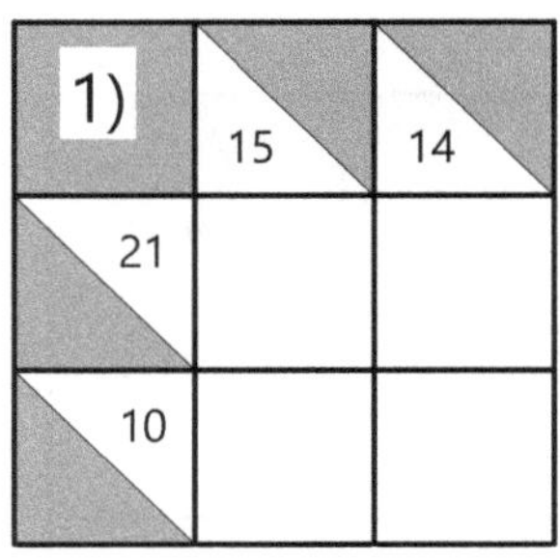

2)
10
14
14
10

3)
9
6
3
18

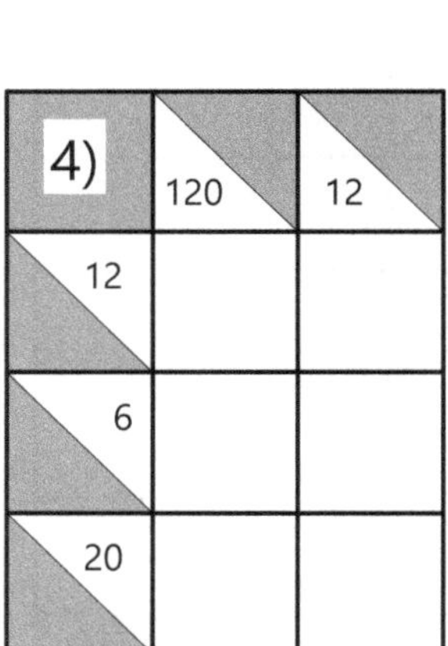

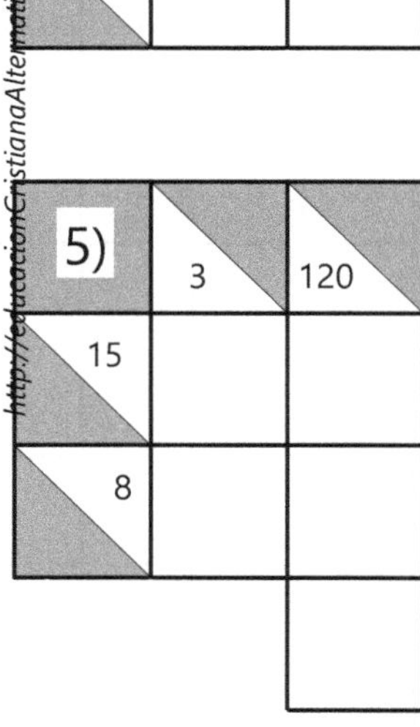

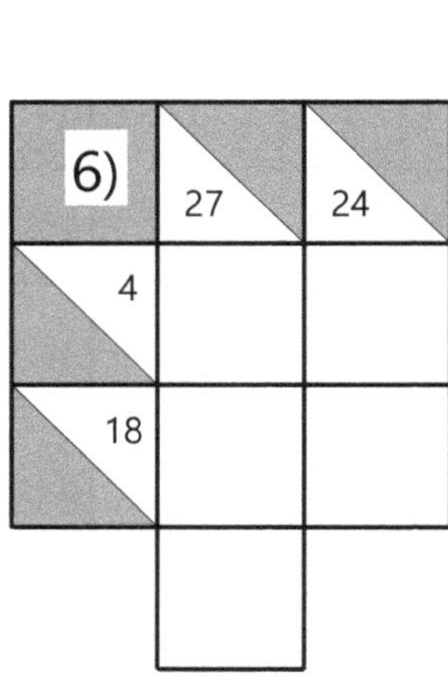

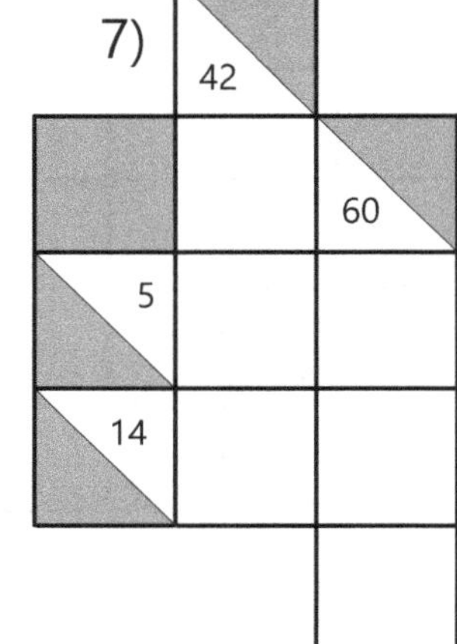

8)
12
35
16
32
30
7

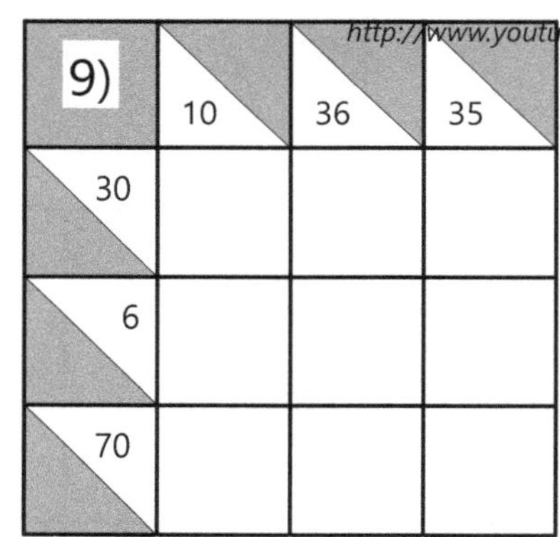

10)
240
7
192
280
8
35
21
30

11)
224
135
63
20
8
60
320
4

12)
18
160
36
35

13)
21
40
72
60
63
16

MultipliKakuro

¡Explicaciones en el libro!

14)	15\	24\	30\	■	210\	■	45\
\40				28\135			
\720						6\	
\3			\21				■
■	■	\252					■

15)	72\	90\	■	6\	8\
\10			252\12		
\756					
\24				96\	40\
■	36\	18\72			
\3240					
\24			\16		

*16)

■	5040\	1920\	1134\	540\	■	28\	288\	48\	1890\	45360\
\384					\2240					
\30					2240\1296					
\15120						80\84				
\720							64\8			
\315				108\32				15\63		
\4			2\120						14\	
\3		\40				\126				
■	\504					\240				

Rompecabezas de sumas

¡Explicaciones en el libro!

SUMAS	**7**	**15**	**24**
14	1	2	3
21	4	5	6
11	7	8	10

SUMAS	**19**	**30**	**14**
23	16	15	8
19	7	6	5
21	4	2	0

SUMAS	**41**	**39**	**¿?**
29	21	17	17
52	14	12	10
28	8	7	3

SUMAS	**¿?**	**¿?**	**¿?**
62	9	23	14
67	19	31	26
75	10	42	30

Rompecabezas de productos

¡Explicaciones en el libro!

PRO-DUC-TOS	**15**	**32**	**30**
50	1	1	3
24	2	2	8
12	5	5	6

PRO-DUC-TOS	**90**	**48**	**84**
120	9	8	7
48	6	5	4
63	3	2	1

PRO-DUC-TOS	**28**	**30**	**36**
30	2	3	2
56	3	2	3
18	4	5	7

PRO-DUC-TOS	**84**	**300**	**525**
441	2	4	1
40	15	5	3
750	21	7	50

0 – 1 – 2

¡Explicaciones en el libro!

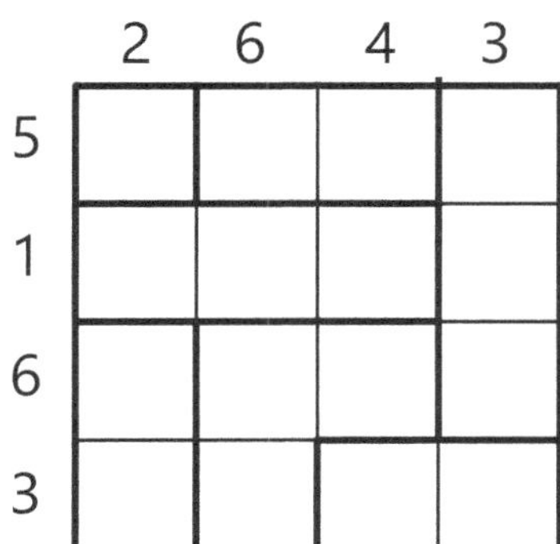

	4	0	4	6
4				
1				
5				
4				

	4	4	3	8
3				
6				
5				
5				

0 – 2 – 3

	8	4	9	3
6				
2				
5				
11				

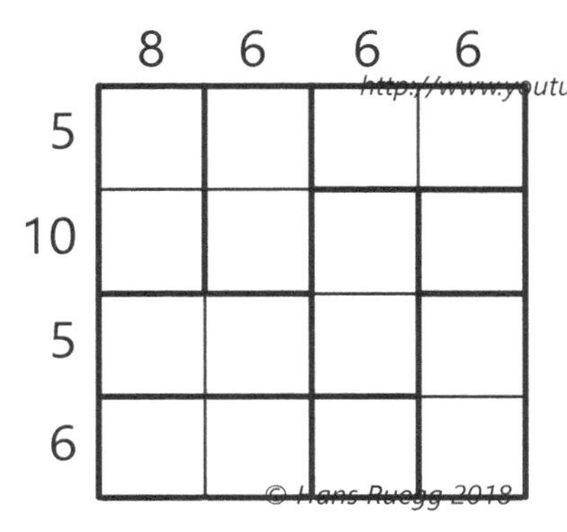

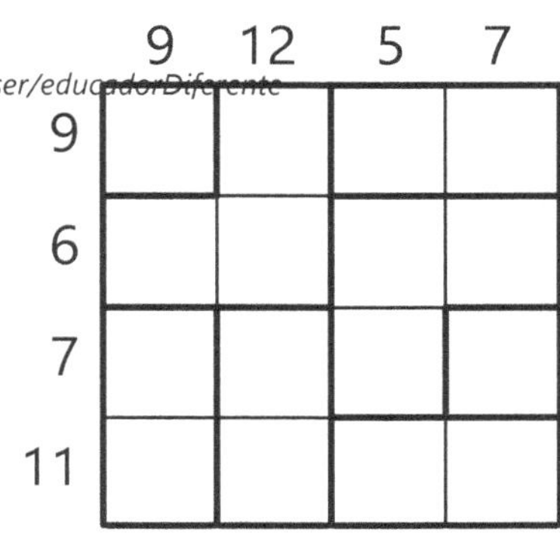

0 – 3 – 4

	7	10	13	11
6				
10				
13				
12				

	12	7	16	7
11				
10				
11				
10				

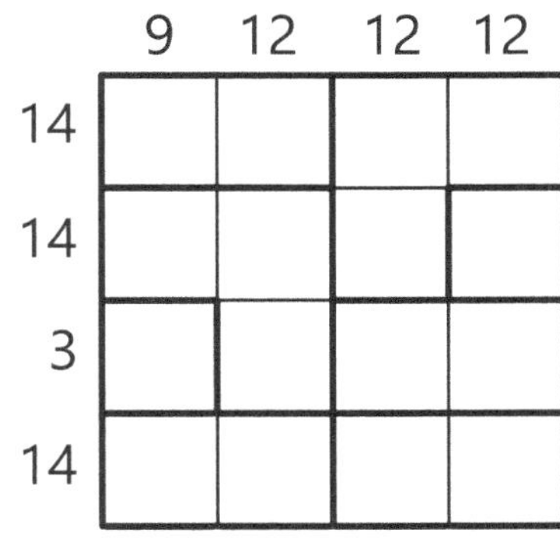

0 – 2 – 5

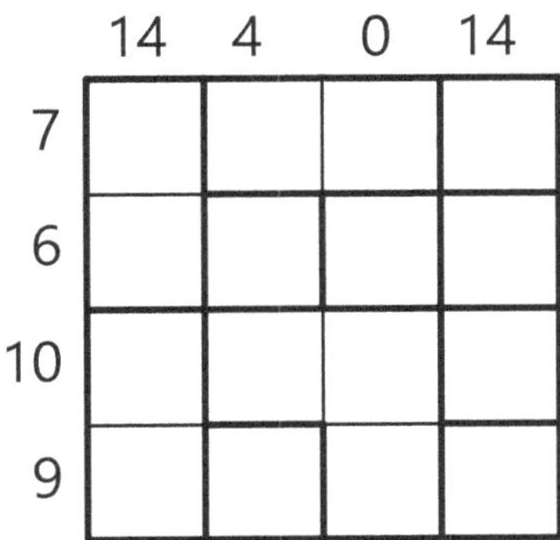

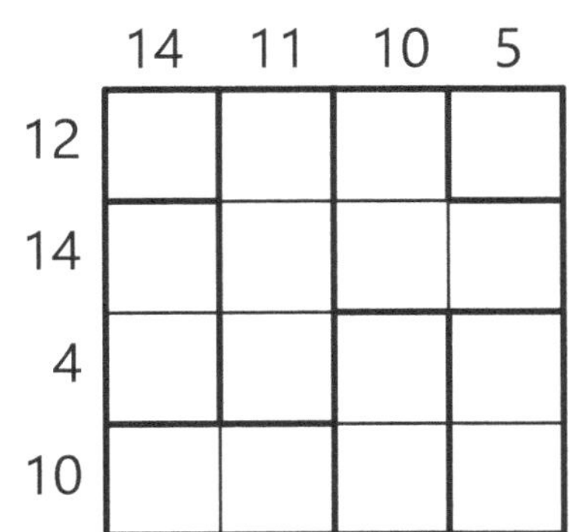

	10	9	9	14
10				
14				
6				
12				

0 – 1 – 2

¡Explicaciones en el libro!

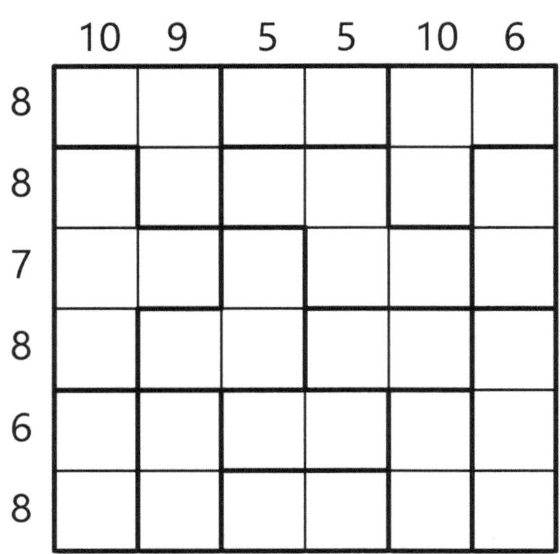

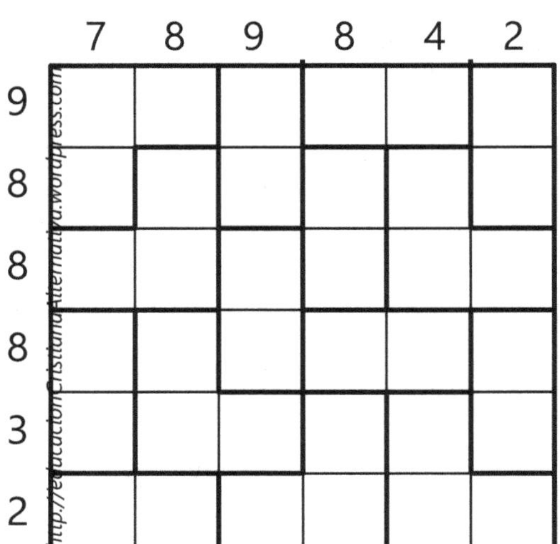

0 – 3 – 4

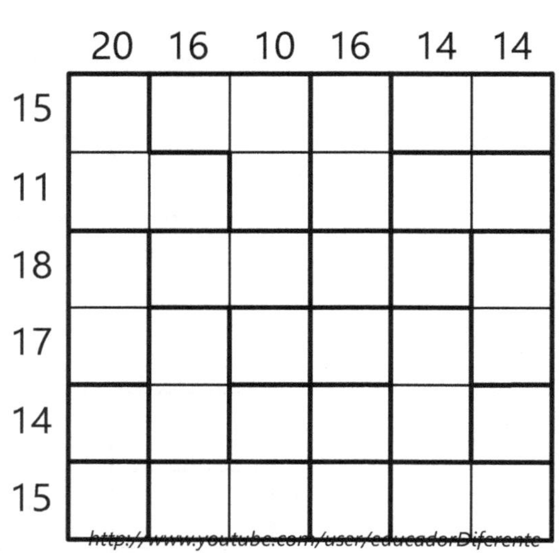

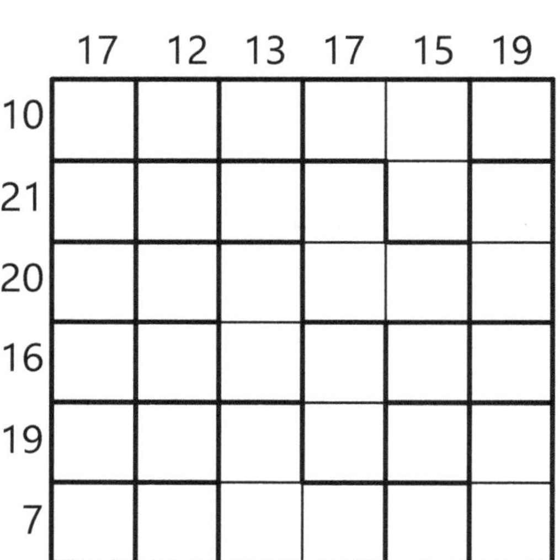

*) ¿? – ¿? – ¿? - ¿? - ...

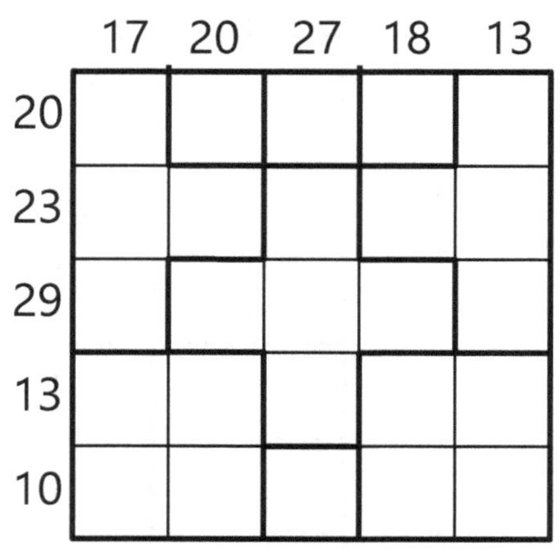

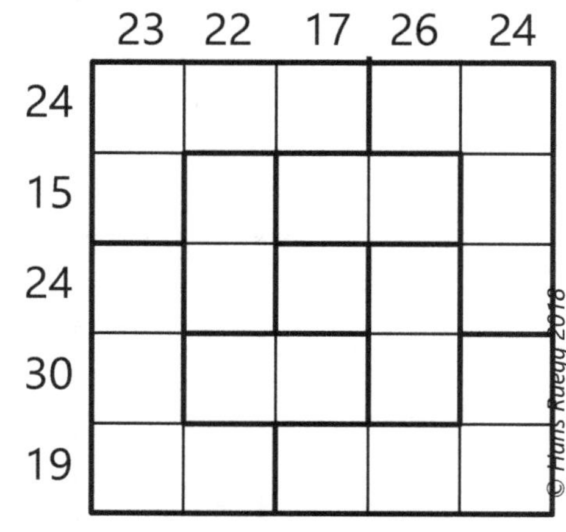

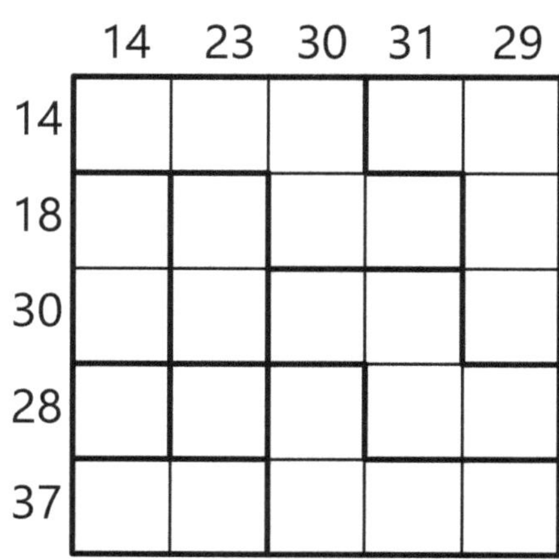

Operaciones cruzadas 1

A

13	–		=	6
+		+		+
	–	8	=	
=		=		=
	–		=	13

B

	x		=	
x		x		x
4	x	5	=	
=		=		=
12	x		=	480

C

	x		=	25
+		+		–
	x	3	=	
=		=		=
8	+		=	

D

199	+		=	
+		+		+
	+	366	=	
=		=		=
233	+		=	1000

E

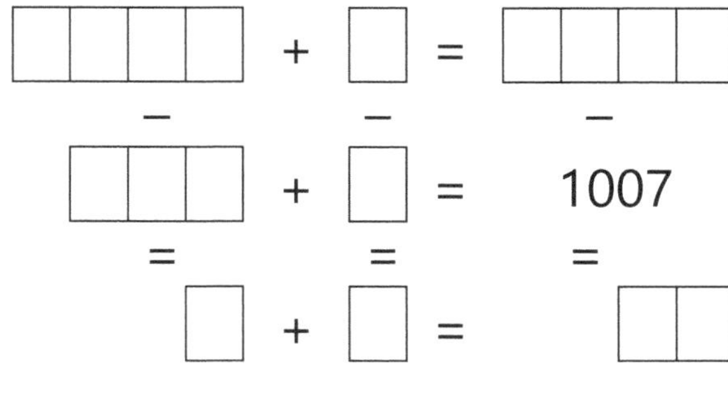

F

	+	0	=	
x		x		+
3	x		=	
=		=		=
	–		=	9

G

20	÷		=	
x		x		x
	÷		=	
=		=		=
600	÷		=	

H

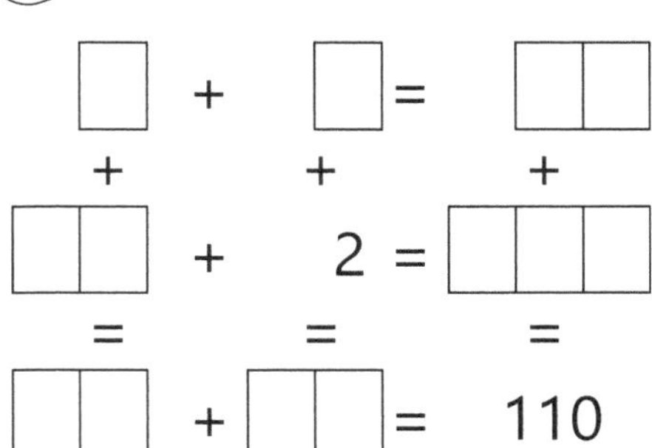

I

	x		=	70
x		x		x
	x	6	=	
=		=		=
168	x		=	

J

	÷		=	21
÷		+		–
	+	3	=	
=		=		=
7	+		=	

K

45	–		=	
÷		–		–
	x		=	
=		=		=
	+		=	12

Operaciones cruzadas 2

A

□□ + □□□ = 144
x + ÷
□□ + □ = □□
= = =
250 − □□□ = □□

B

□□ x □□ = 420
x x x
5 x □ = □□
= = =
□□□ x 189 = □□□□□

C

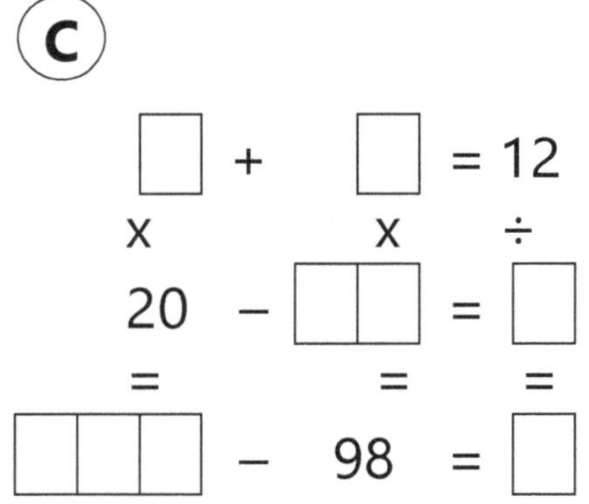

D

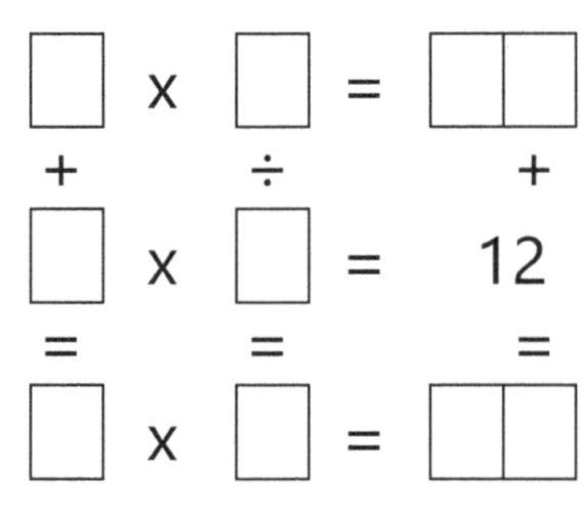

E

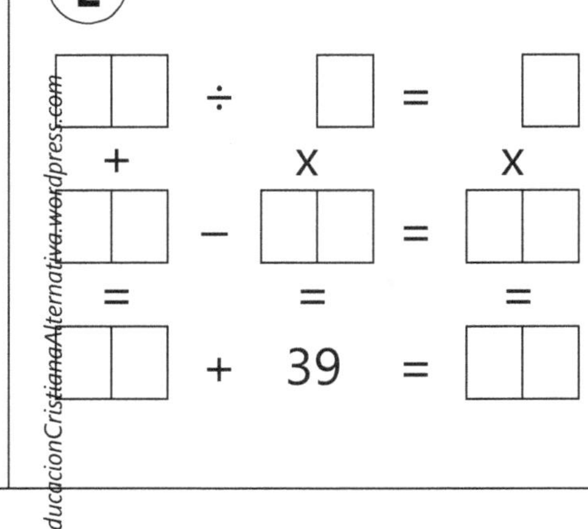

F

□□□ ÷ □ = 16
+ + x
144 ÷ □ = □□
= = =
□□□ + □□ = □□□

G

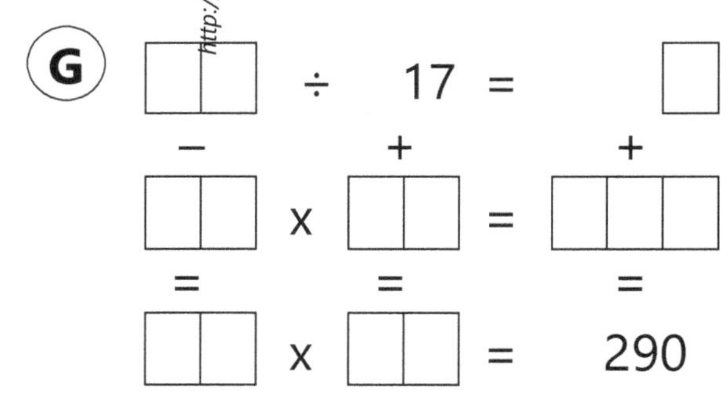

H

□□ − □□ = □□
÷ ÷ −
□□ + 15 = □□
= = =
□ + □ = □□

I

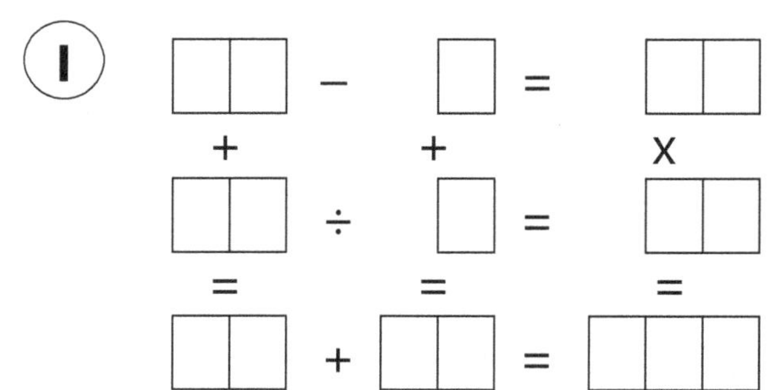

Operaciones incompletas 1

Completa con cifras para que las operaciones sean correctas. Cada punto significa una cifra.
No se pueden añadir cifras donde no hay punto.
Ningún número empieza con cero; excepto si un residuo de una división es cero.

```
a)    . . 3 5        b)  3 . 2 7        c)  . 8 . 6        d)  3 0 . 4
    + 4 2 . .          + . 4 4 .          + 2 3 3 .          + . . 6 .
    ---------          ---------          ---------          ---------
      6 7 9 9            6 5 . 9            8 . 1 2            7 0 2 2

e)    . . 7 .        f)  5 1 . 3        g)  6 3 . 6       *h)  7 9 . 1
    − 2 3 6 2          − . 2 2 .          − 1 . 5 9          −   . 1 .
    ---------          ---------          ---------          ---------
      3 3 . 5              . 7 5            . 3 5 .            6 . . 1

i)    . . 6          j)  . 8 . .        k)  . . 7 .       *l)    . . 2
    x     9            x       3          x       7          x     8
    -------            ---------          ---------          -------
      5 . 7 .            5 . 7 4            3 . 8 . 8          5 9 . .

m)  1 . . 7          n)  . . 8 .        ñ)  . 5 . .        o)    . . .
    x       6          x       9          x       4          x       2
    ---------          ---------          ---------          ---------
    . . 2 0 .            . . . 3            . 3 4 4            . 7 1 0
```

```
p) . . . . | 7            q) . . . 2 | .              r)   . . . | .
   − .     | . . 9           − . 8   | . . 1 R 4         − .     | 4 . .
     5 .                         . .                       . . .
   − . .                       − 3 .                     − . 2
       . .                         . .                       0
     − . .                       −   .
         0                           .
```

Operaciones incompletas 2

Completa con cifras para que las operaciones sean correctas. Cada punto significa una cifra.
No se pueden añadir cifras donde no hay punto.
Ningún número empieza con cero; excepto si un residuo de una división es cero.

a)
```
   1 7 7 .
 + 1 7 . 7
 + 1 . 7 7
 ---------
   . 7 1 7
```

b)
```
   . 5 5 2
 +   . 5 5
 + 3 2 . 3
 ---------
   9 0 0 .
```

c)
```
   3 4 . 5
 + 3 . 2 8
 + 2 5 . .
 ---------
   8 . 4 2
```

*d)
```
   4 . . .
 +   . 0 .
 +     . .
 ---------
   6 . . 7
```

e)
```
  . 6 . 4
 x      .
 --------
  3 3 4 .
```

f)
```
  . 2 . 4
 x      .
 --------
  . . 7 8
```

g)
```
    . 3 .
 x      .
 --------
  7 . . 5
```

h)
```
    3 . 5
 x      .
 --------
   2 5 . 5
```


*i)
```
    8 . .
 x      9
 --------
  8 . . 8
```

*j)
```
  . . . 5
 x      .
 --------
  . 0 0 0
```

*k)
```
    4 3 .
 x      .
 --------
  . . 7 3
```

*l)
```
    2 6 . .
 x        .
 ----------
  . . 4 7 0
```

*m)
```
 . . . . | .
 - .     | . . . .
   . . .
  - 8 .
     . .
    - .
      0
```

*n)
```
 . . . . | .
 - .     | . . .
   . .
  - .
     . .
   - . 2
       0
```

*ñ)
```
 7 . . 3 | .
 - .     | . 3 . 7 R .
   . .
  - .
     . 9
   - . .
       . .
     - . .
         .
```

Operaciones incompletas 3

a)
```
   . 7
x  . .
 . . 5
 . 1
 . . .
```

b)
```
   7 .
x  . 3
 . . .
 . 7
 . . . .
```

c)
```
    . 1
x   . .
  6 . .
  . .
. . . 8
```

d)
```
    . 5 8
x     . .
    5 . .
1 . . .
. . . 3 6
```

e)
```
    . . .
x     . .
  . . . .
. 2 . .
. 0 0 0 0
```

f)
```
    . 8 . .
x       . .
  8 . . . .
. . . . 8
3 4 . . . .
```


g)
```
      . . .
x     . 2 .
      . 5 .
  . . . .
. . .
. 0 . 4 . .
```

*h)
```
    . 4 . .
x     . . .
    . . 3 2
  . . . . 7
. . . 5
. . 1 . . .
```

*i)
```
  7 . . . | . 2
− . .     | . . 6
  . . .
− . . .
      . .
    − . .
        0
```

*j)
```
. . . . . . . | . .
− . .         | . . . 9
    . . .
  − . . .
        . .
      − . .
          0
```

*k)

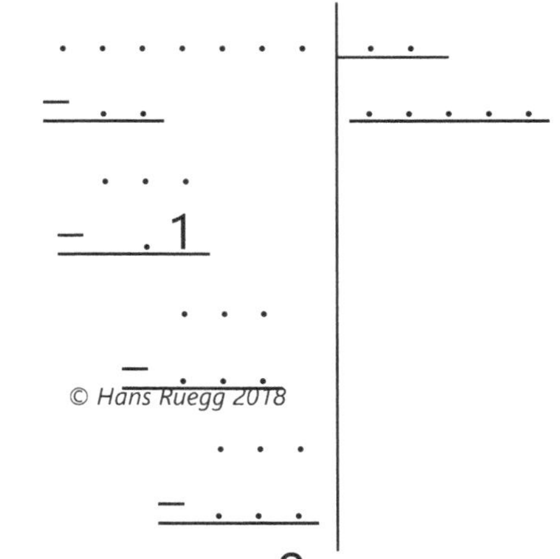

```
. . . . . . . . | . .
− . .           | . . . . . .
  . . .
− . 1
    . . .
  − . . .
      . . .
    − . . .
          0
```


*l)
```
7 . . . . 2 | . . .
− . . .     | . 7 . .
  . . .     | R.133
− . . .
    . . .
  − . . .
      . . .
    − . . .
      1 3 3
```

*m)
```
3 . . 0 . 6 | 3 . 4
− . . . 8   | . . .
    . . . .
  − 3 . 7 .
      . . . .
    − . . . .
            0
```

*n)
```
. 8 . . . . | . 0 0 .
− . . . .   | . . .
  . . . 5 .
− . . . . . .
          0
```

Crucinúmeros fáciles y medianos

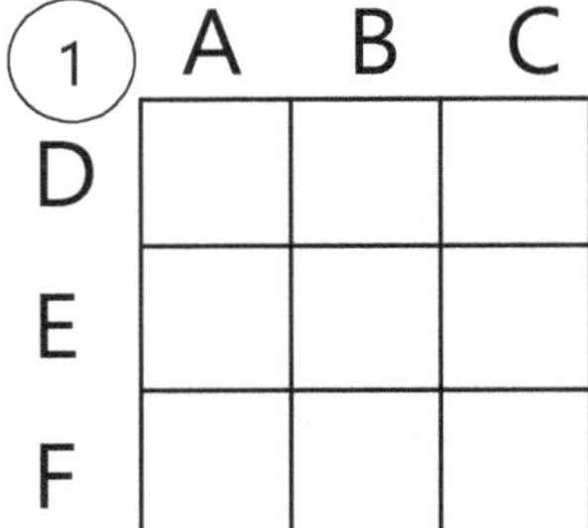

A: 500 – 63
B: 8 x (150 – 84)
C: 200 menos que F.
D: 7 x 65
E: La diferencia entre F y D.
F: 261 x 3

2

A: Tres cifras consecutivas.
B: C más un tercio de D.
C: Tiene las mismas cifras como B, pero en otro orden.
D: 3 x 3 x 3 x 3 x 3
E: 18 x 18
F: 4 veces un tercio de E.

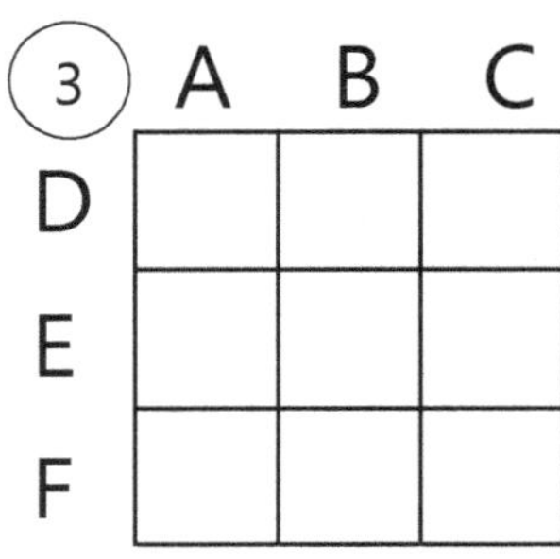

A: La mitad de E.
B: 11 x 23
C: El triple de E.
D: Antecesor de A.
E: 4 x 4 x 4 x 4
F: 2514 ÷ 3

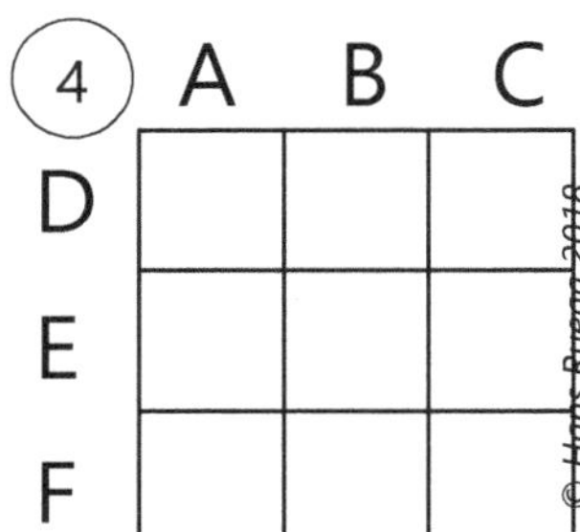

A: 1528 ÷4
B: 287 + 104 + 513
C: La diferencia entre B y F.
D: 44 x 9
E: 7 x 115
F: Un número menor a D.

5

A: Un número mayor a D.
B: El promedio de C y F.
C: 5 x 156
D: 2322 ÷ 6
E: Un múltiplo de 16.
F: 45 x 20

6

A: La suma de B y F.
B: 3 x 4 x 5 x 6
C: Un múltiplo del mayor factor primo de D.
D: La diferencia entre 999 y B.
E: Antecesor de A.
F: Un múltiplo de 101.

Crucinúmeros difíciles

1

	A	B	C
D			
E			
F			

*Un cuadrado perfecto es el producto de dos números iguales, como 25 = 5 x 5, ó 1600 = 40 x 40.

A: Un número menor a D.
B: El resultado de D – 400.
C: Un múltiplo de 10.
D: El resultado de 5 x 5 x 5 x 5.
E: Un cuadrado perfecto.*
F: La suma de B + D.

2

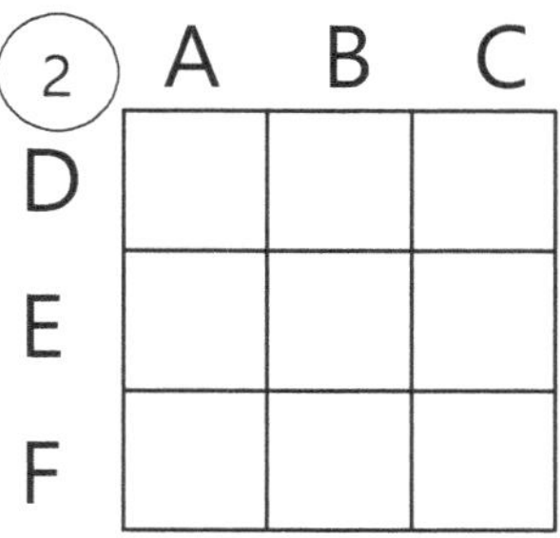

A: Un producto de tres números consecutivos.
B: Un número mayor a F.
C: Un múltiplo de 16.
D: El número de días en un año (no bisiesto).
E: Un múltiplo de 19.
F: El doble de A.

3

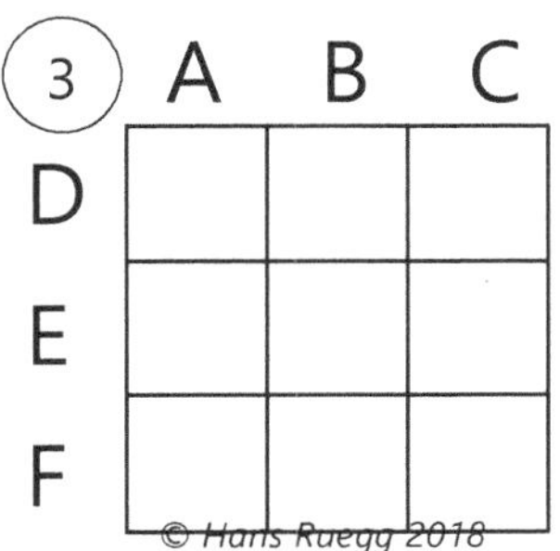

A: La mitad de (B + 1).
B: El mayor cuadrado perfecto con 3 cifras.
C: Un múltiplo de 11.
D: Un múltiplo de 7.
E y B no son PESI.
F: Un número menor a A.

4

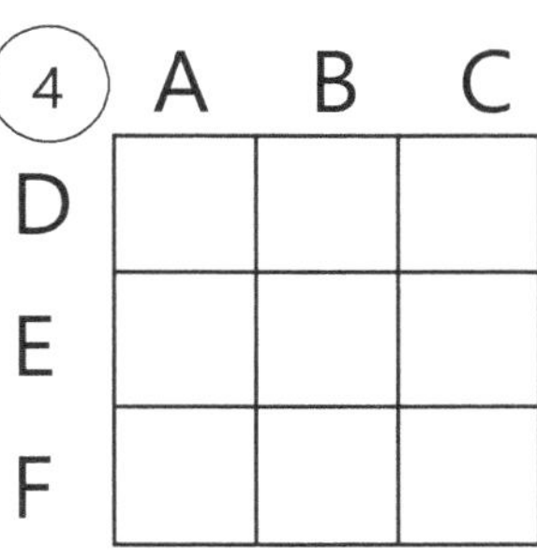

*Un número capicúa es un número "simétrico", que se lee igual hacia adelante y hacia atrás, como por ejemplo 734437.

A: Un número par.
B: La suma de las cifras de este número es 8.
C: Un número capicúa.*
D: El resultado de 1000 ÷ 8.
E: Un múltiplo de 112.
F: Un múltiplo de D.

5

	A	B	C
D			
E			
F			

A: Un número par.
El MCD de B y E es mayor a 100.
C: Un múltiplo de 92.
D: Un número con tres cifras iguales.
E: El mayor número que tiene tres cifras distintas.
F: Un número menor a C.

6

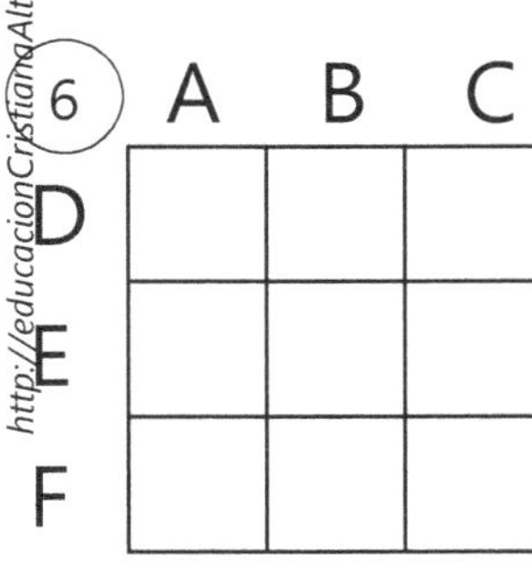

* La secuencia de Fibonacci comienza así: 1, 1, 2, 3, 5, 8, 13, ... Cada número es la suma de los dos números anteriores.

A: Consiste en 3 cifras consecutivas.
B: La suma de las cifras de este número es 15.
C: El número de centímetros en un metro.
D: Un múltiplo de 71.
E: Un número de la secuencia de Fibonacci.*
F: Un número menor a E.

1) A + A = B ___+___=___

B + B = C ___+___=___

C + C = D ___+___=___

2) A + B = C ___+___=___

C + C = D ___+___=___

D + D = AB ___+___=_____

3) X + X = YZ ___+___=_____

YZ + X = YX ___+___=_____

4) M x M = LM ___x___=_____

L + L = M ___+___=_____

5) ⧄⧄ + ⧄⧄ = ⧅⧅⊞

_____+_____=_______

6) ⊗ + ⊕ = ⦶ ___+___=___

⦶⦶ + ⦶⦶ = ⊗⊕⊚ _____+_____=_______

7) Z x O = UZ ___x___=_____

U + Z = O ___+___=_____

(Este criptograma tiene dos soluciones correctas.)

8) B x B = I ___x___=_____

I + I = EN ___+___=_____

BIEN = _______

10) B x E = S ___x___=_____

B x A = ES ___x___=_____

A + A + A + A = ES

___+___+___+___=_____

SABES = _______

9) ⧖ x ▷ = ∇▷ ___x___=_____

⧖ + ⧖ = ∇ + ▷ ___+___=___+____

11) (X + Y) x (X + Y) = XY

(___+___) x (___+___) =_____

12) ⬇ + ⬇ = ⬆

⬆ x ⬆ = ➔⬇

13) ES + ES + ES = SI

14) A + U = OO

(A x U) + O = EO

15) B x B = RA

B + A = VO

R x R = VO

BRAVO = _________

16) ◐◓ + ◐ = ◑◒

◒◐ + ◒◐ = ◐◓

18) ☺☹ + ☹☺ = ☹☺☺

19) △△ x △△ = △▽△

20) △▽ x △▽ = △▽▽

17) R x R = QP

(P x Q) + Q = QX

21) NO + OS = ERR

NR + O = NO

N + N + S = O

SERENO = _________

http://educacionCristianaAlternativa.wordpress.com
© Hans Ruegg 2018

© Hans Ruegg 2018

http://www.youtube.com/user/educadorDiferente
© Hans Ruegg 2018

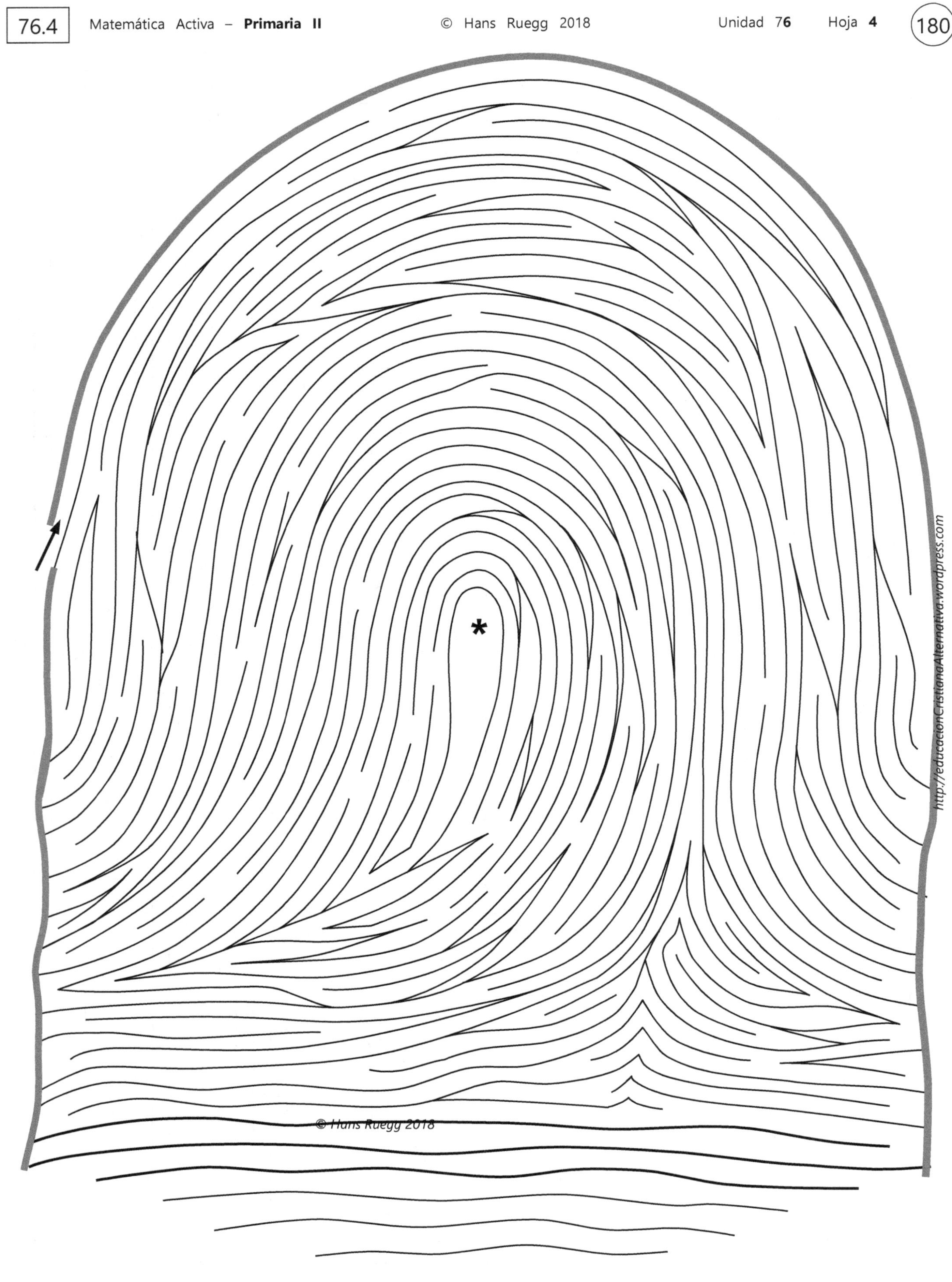
*
© Hans Ruegg 2018
http://educacionCristianaAlternativa.wordpress.com

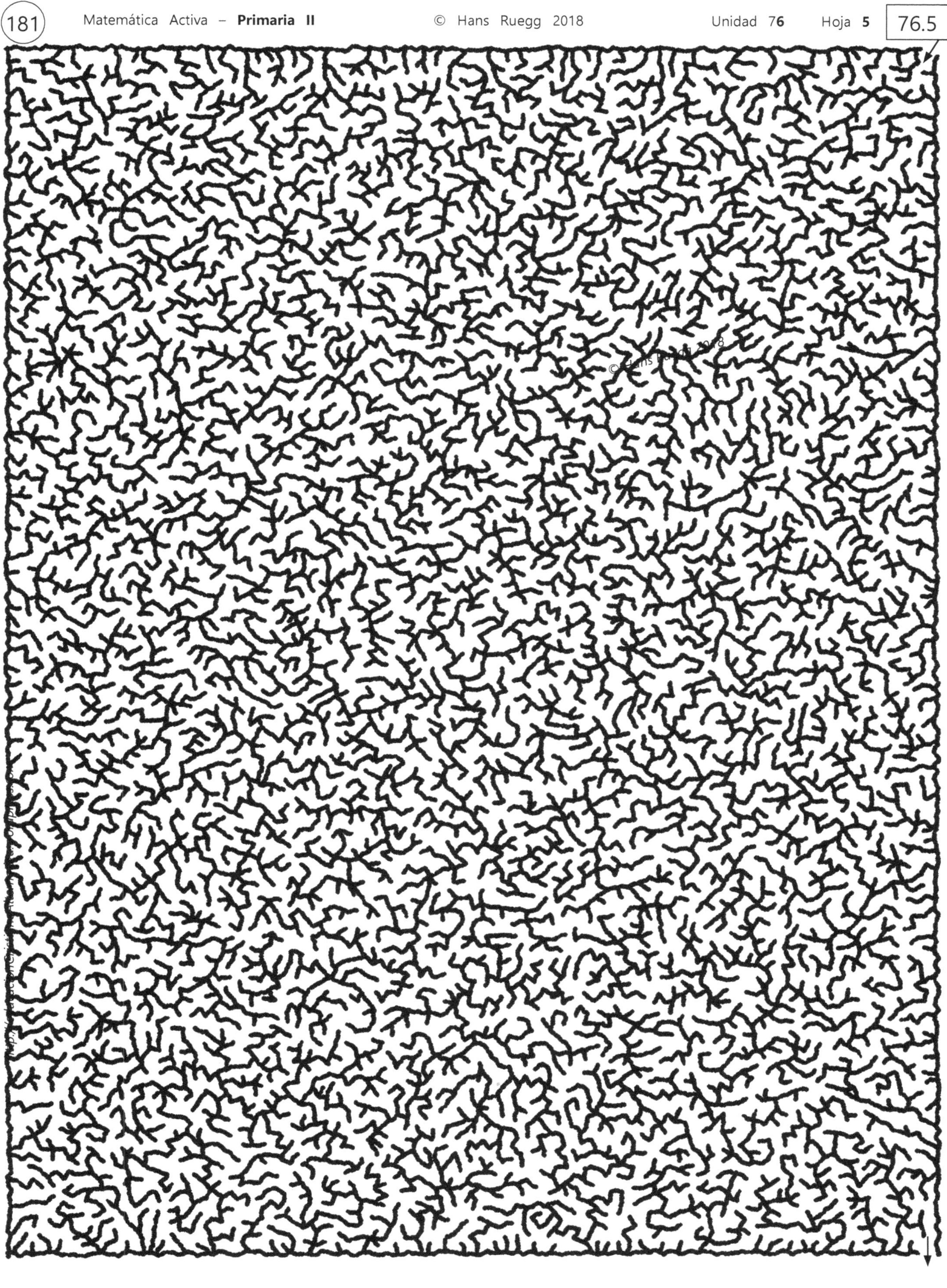

¡Explicaciones en el libro!

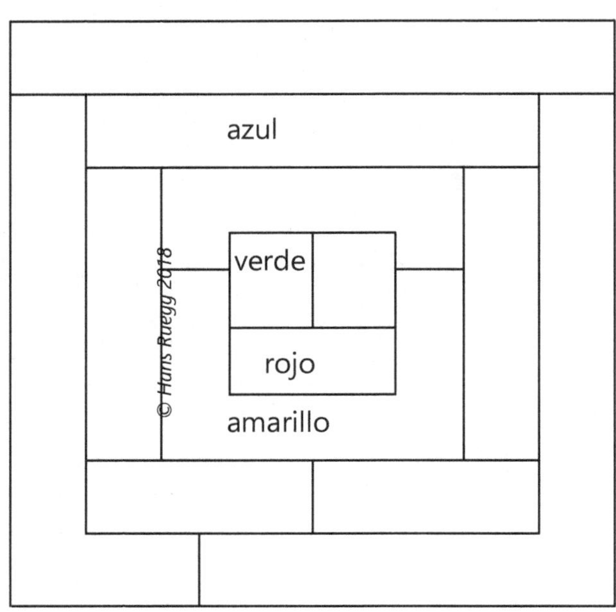

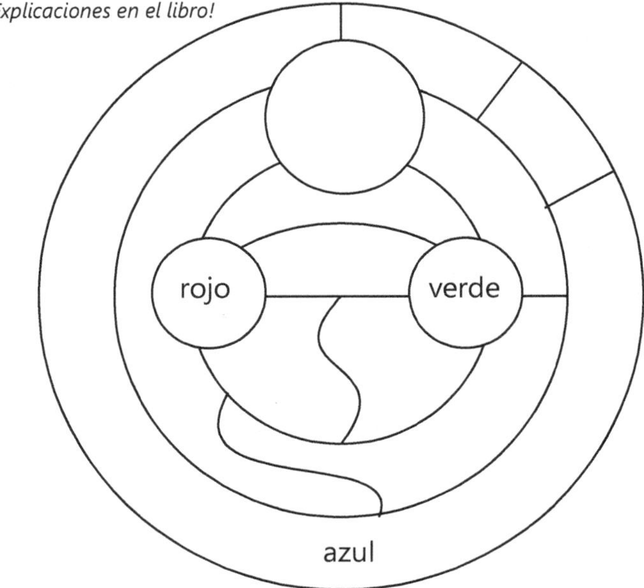

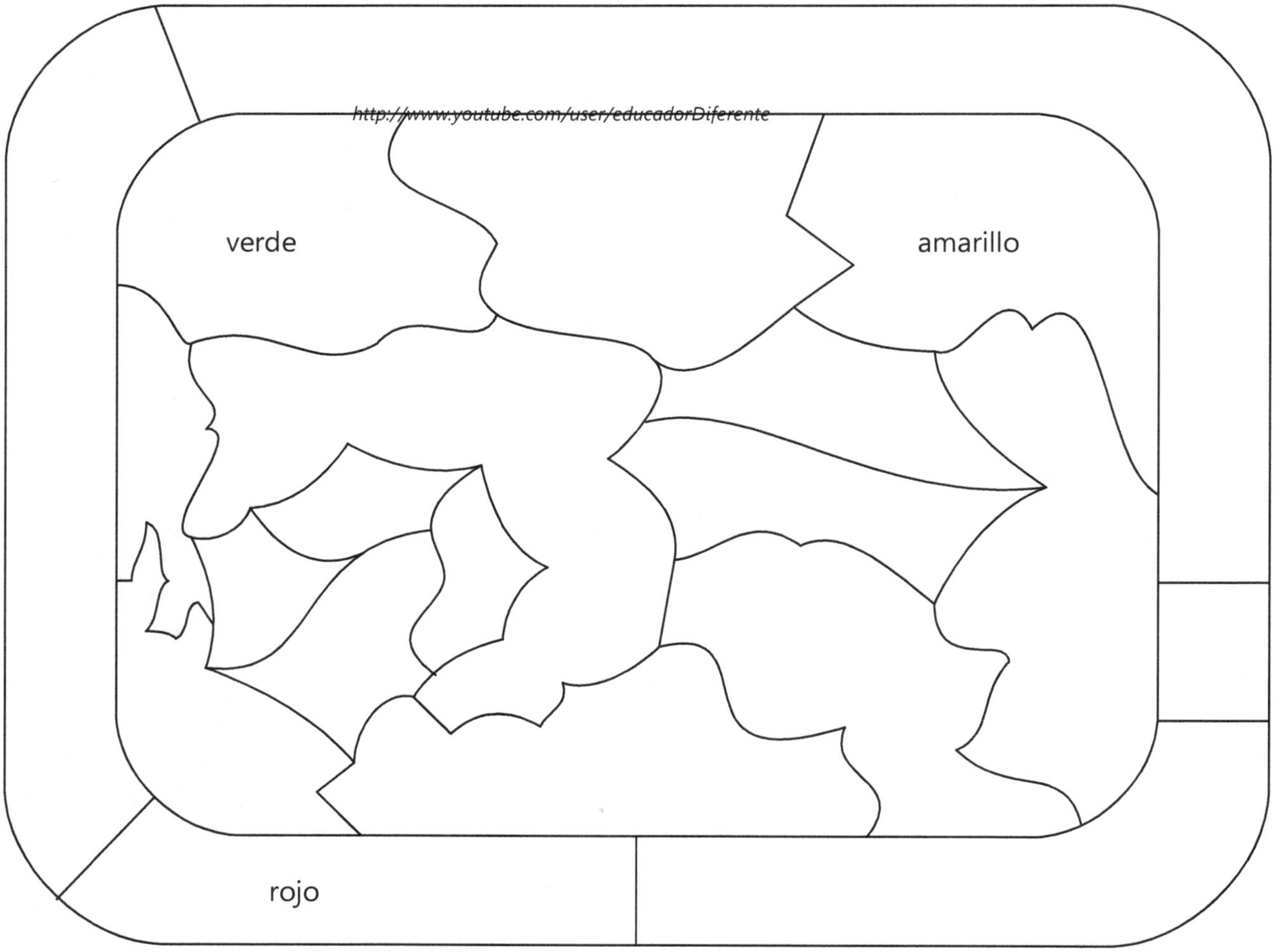

verde

amarillo

rojo

1) Completa todas las flechas que significan "*es sucesor de*".

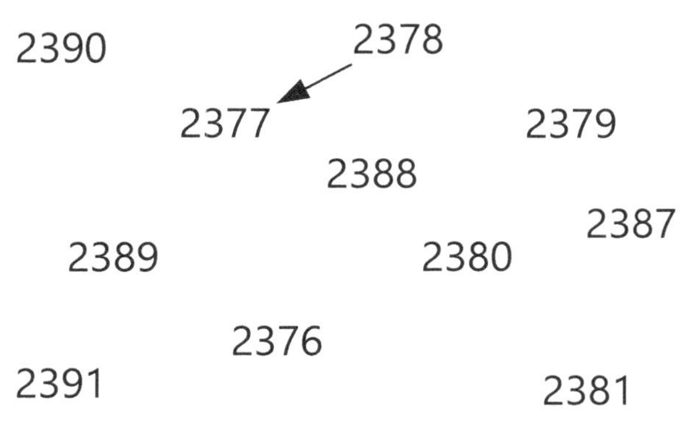

2) Completa todas las flechas que significan "*es el doble de*".

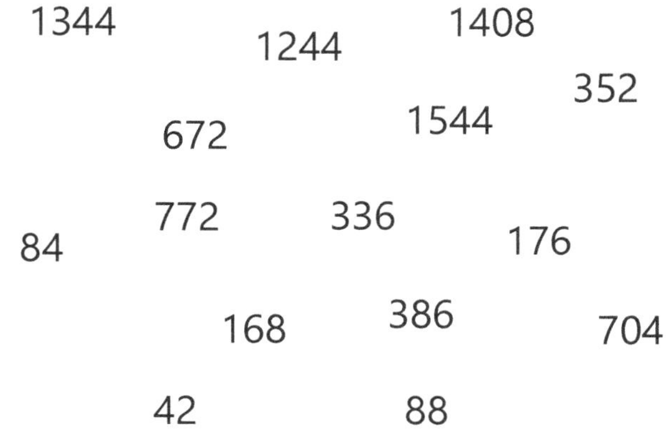

3) Descubre lo que significa la flecha, y completa:

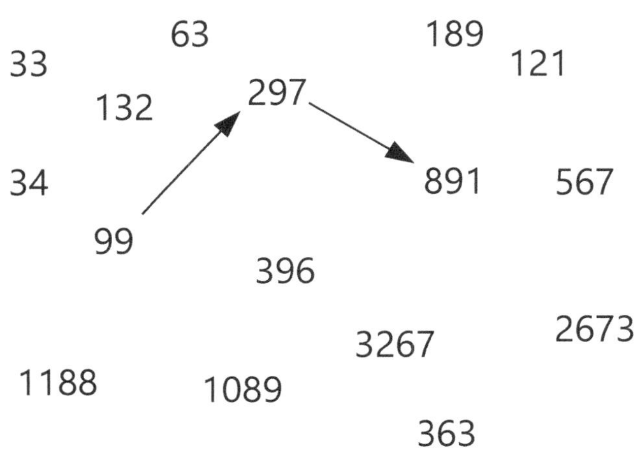

4) Descubre lo que significa la flecha, y completa:

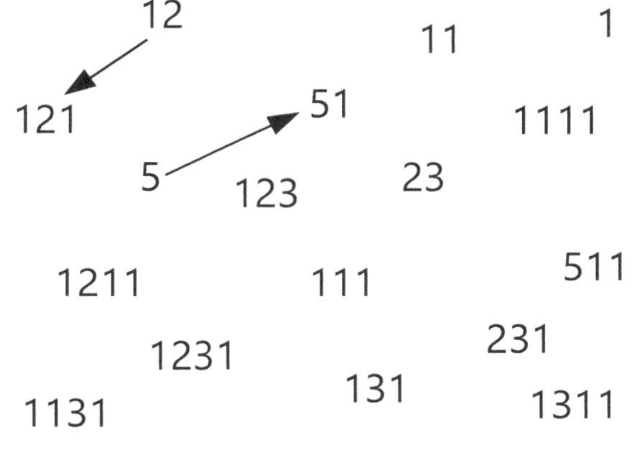

5) Descubre lo que significa la flecha, y completa:

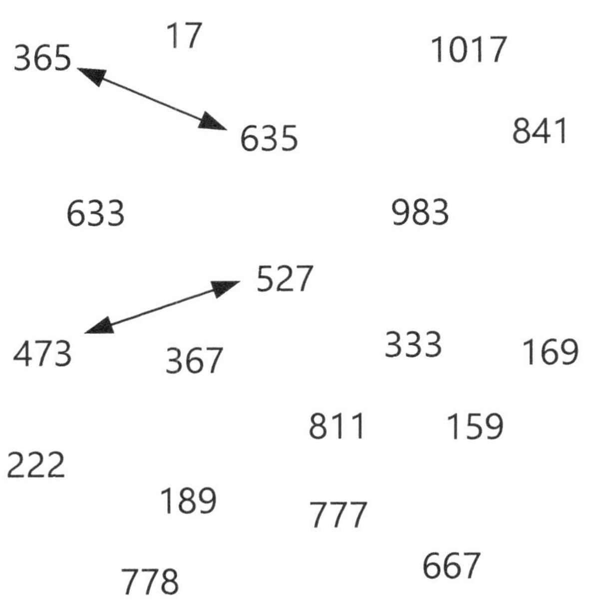

*6) Descubre lo que significa la flecha, y completa:

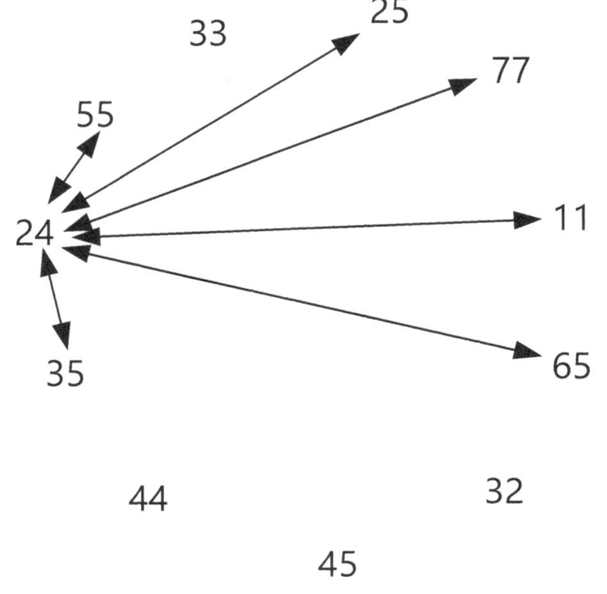

1) La flecha significa "*es el cuádruple de*". Completa los números que faltan.

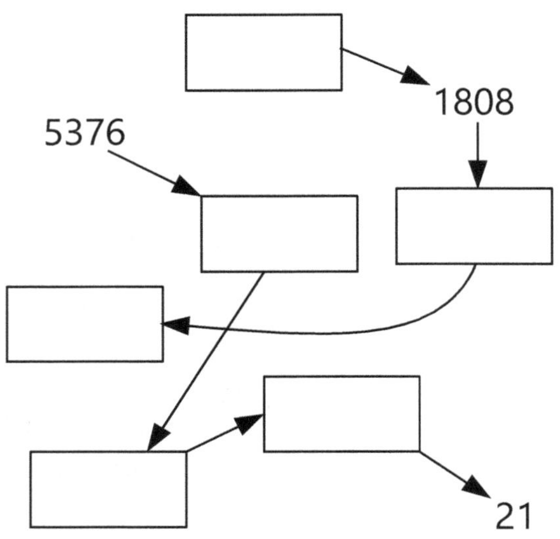

2) La flecha significa "*es mayor que*". Distribuye los números 3874, 4378, 4387, 4783, 4873, correctamente en los cuadros.

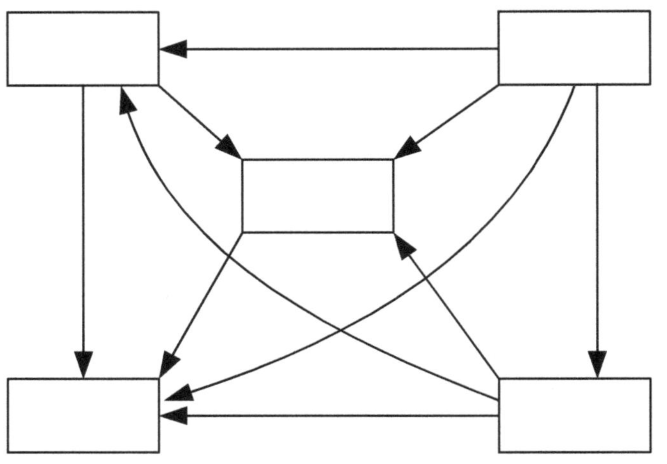

*3) La flecha significa "*es divisor de*". Distribuye los números de 1 a 10 correctamente en los cuadros.

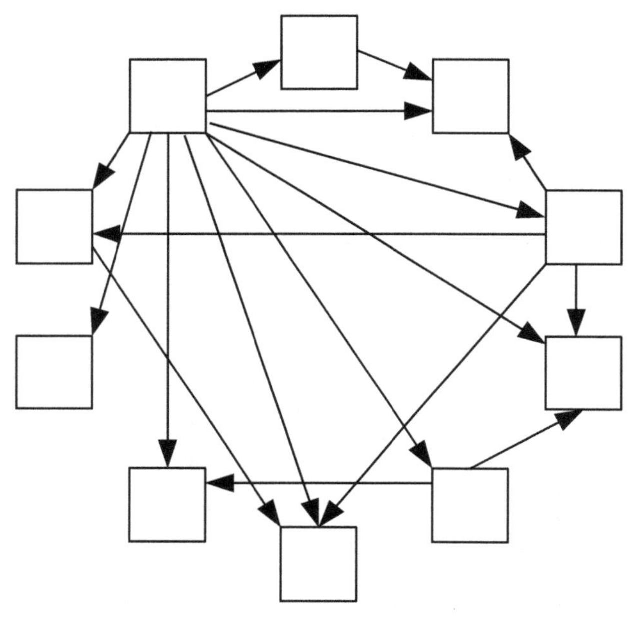

4) Descubre lo que significa la flecha, y completa los números que faltan.

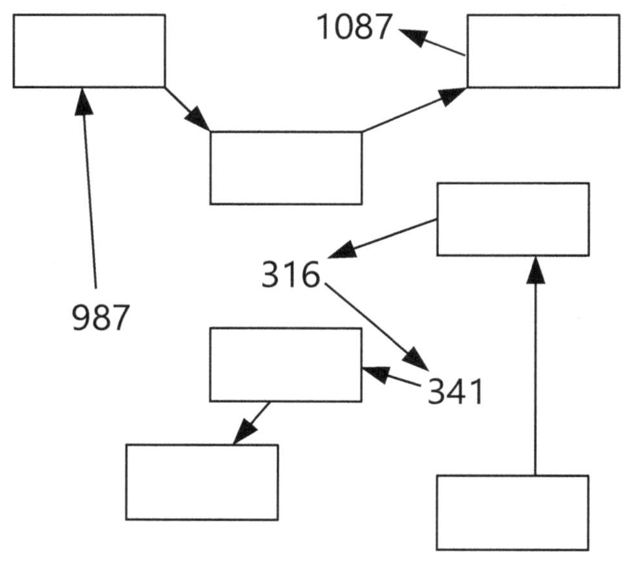

*5) Descubre lo que significa la flecha. Distribuye los números 346, 781, 798, 1035, 1101 correctamente en los cuadros vacíos.

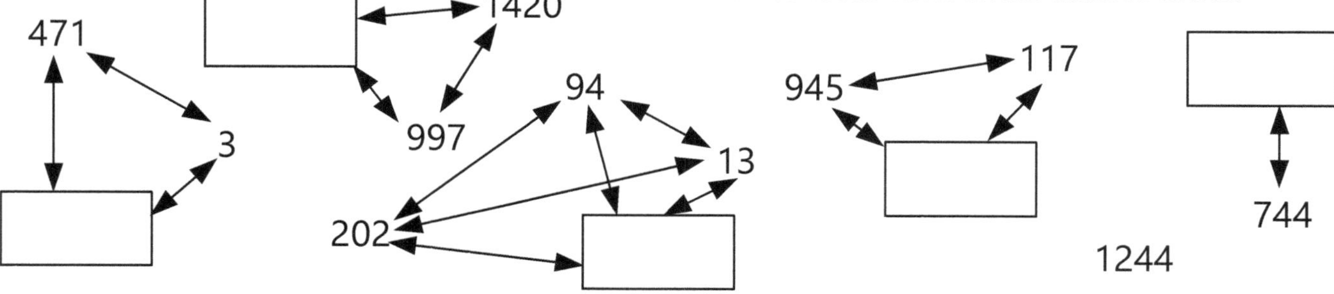

1) Analiza lo que significa la flecha.
Completa las flechas que faltan.

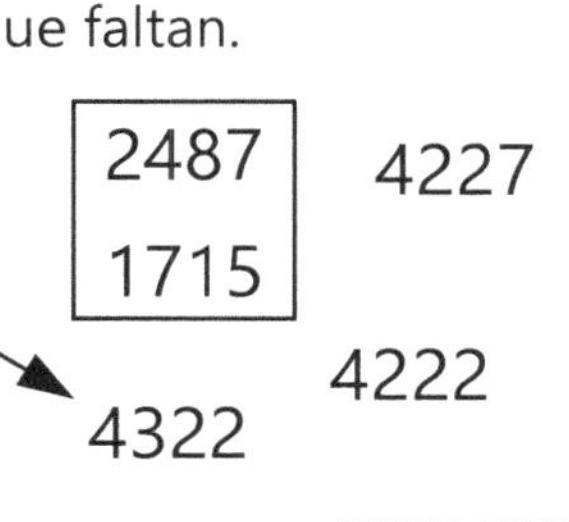
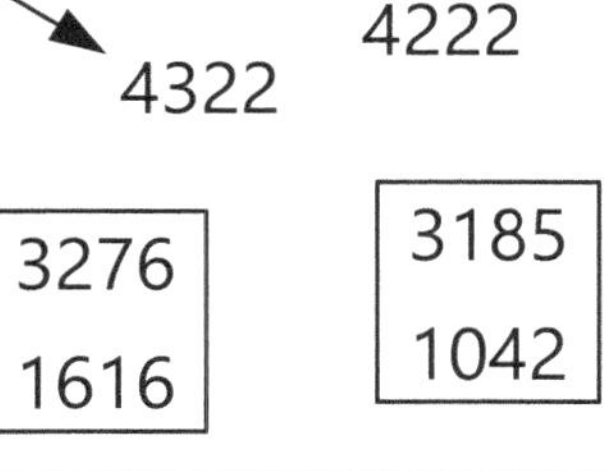

1922 / 3078 → 5000; 2487 / 1715; 4227; 4227 / 95 → 4322; 4892; 4222; 1922 / 2980; 4902; 3276 / 1616; 3185 / 1042

2) Analiza lo que significa la flecha.
Completa las flechas que faltan.

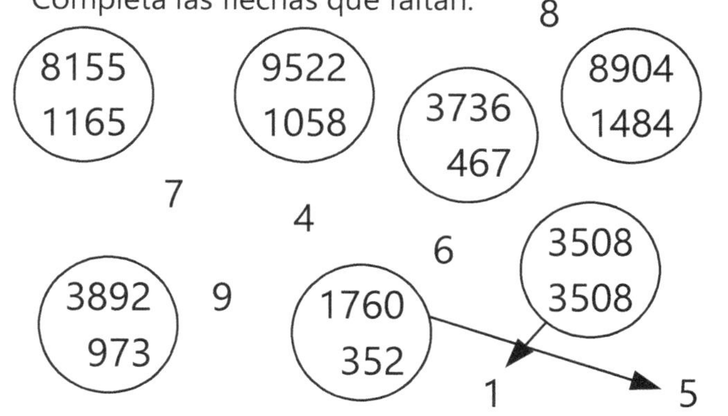

8155 / 1165; 9522 / 1058; 3736 / 467; 8; 8904 / 1484; 7; 4; 6; 3508 / 3508 → 1; 3892 / 973; 9; 1760 / 352 → 5

3) Analiza lo que significa la flecha.
Completa los números que faltan.

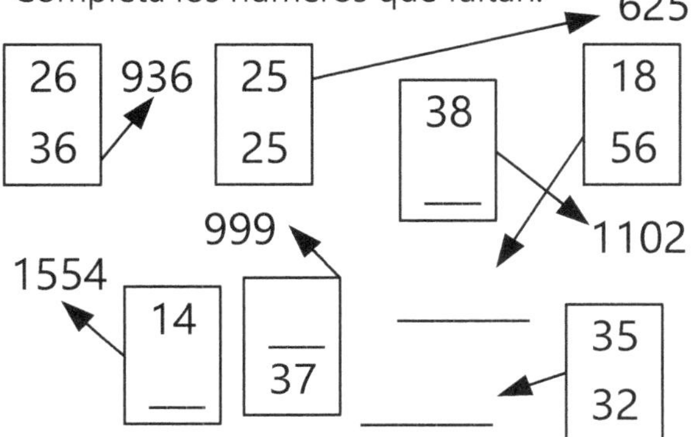

26 / 36 → 936; 25 / 25 → 625; 38 / ___ → 1102; 18 / 56 → ___; 999; 1554 ← 14 / ___; ___ / 37 → 999; ___ ← 35 / 32

4) Analiza lo que significa la flecha.
Completa los números que faltan.

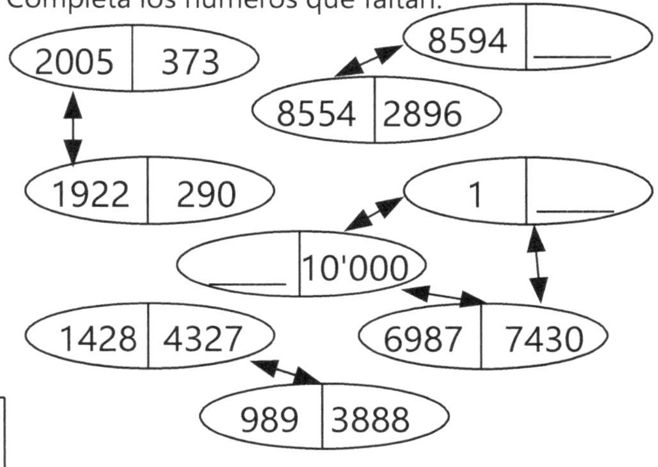

2005 | 373 ↔ 1922 | 290; 8554 | 2896 ↔ 8594 | ___; ___ | 10'000 ↔ 1 | ___; 1 | ___ ↔ 6987 | 7430; ___ | 10'000 ↔ 6987 | 7430; 1428 | 4327 ↔ 989 | 3888

Completa los números que faltan, según la lógica que observas:

5)

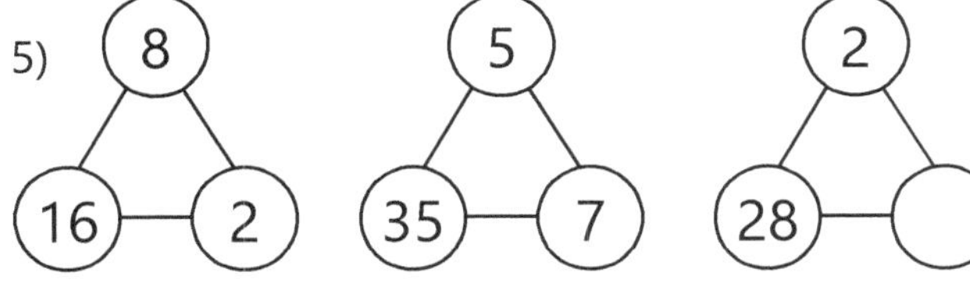

8 / 16, 2; 5 / 35, 7; 2 / 28, ___

6)

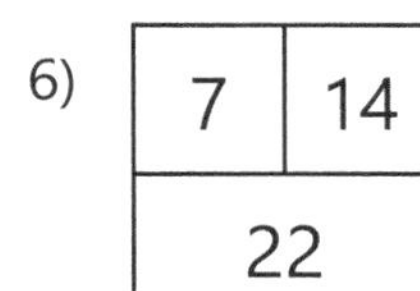
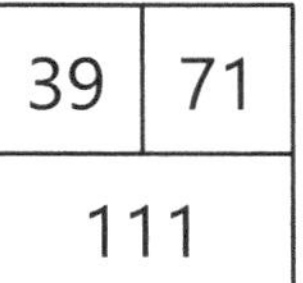
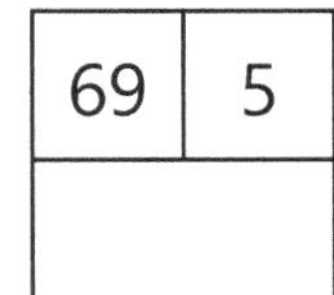

7	14
22	

39	71
111	

69	5

7)

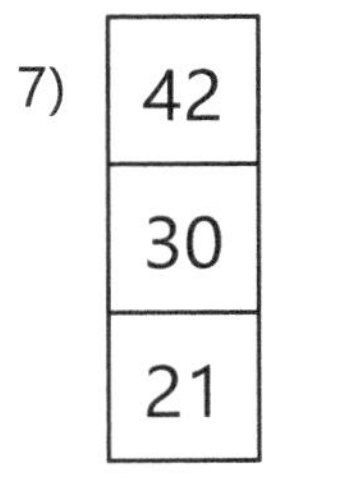
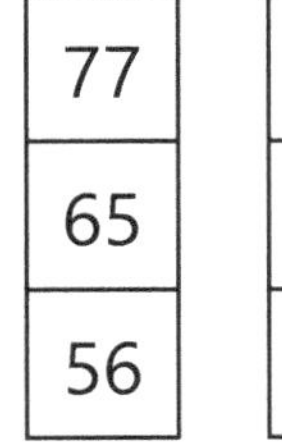
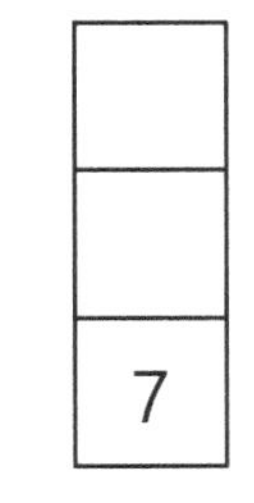

42	77	132	
30	65	120	
21	56	111	7

8)

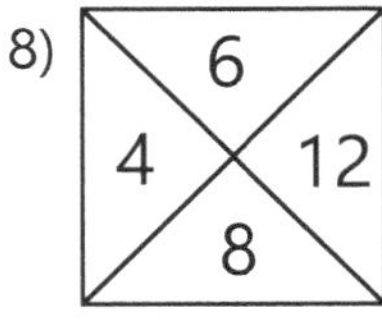
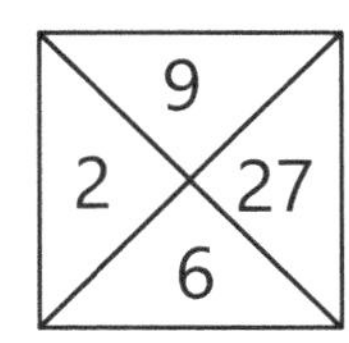
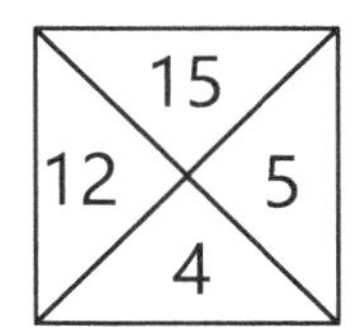
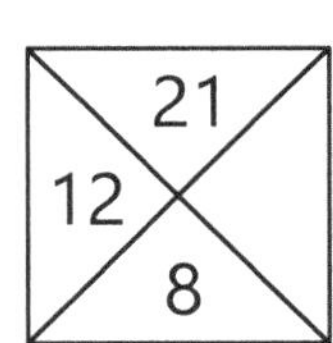

6, 4, 12, 8; 9, 2, 27, 6; 15, 12, 5, 4; 21, 12, ___, 8

9)

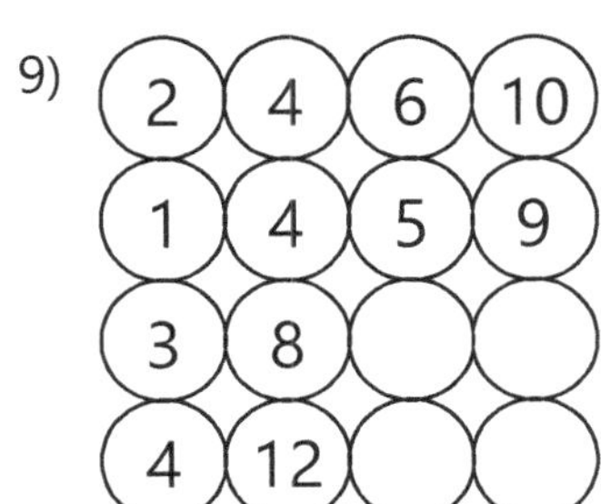

2	4	6	10
1	4	5	9
3	8		
4	12		

10)

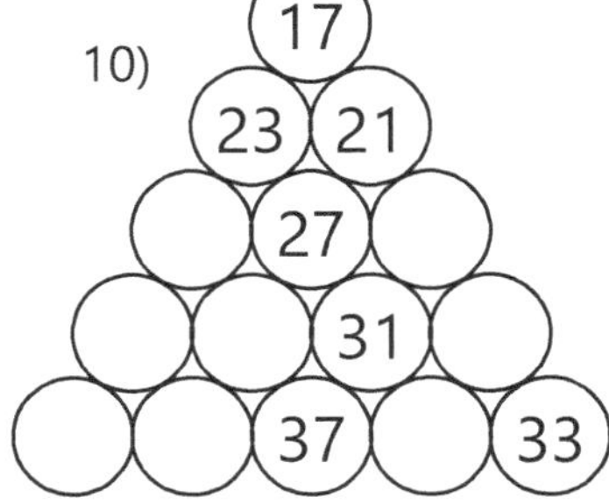

17
23 21
_ 27 _
_ _ 31 _
_ _ 37 _ 33

11)

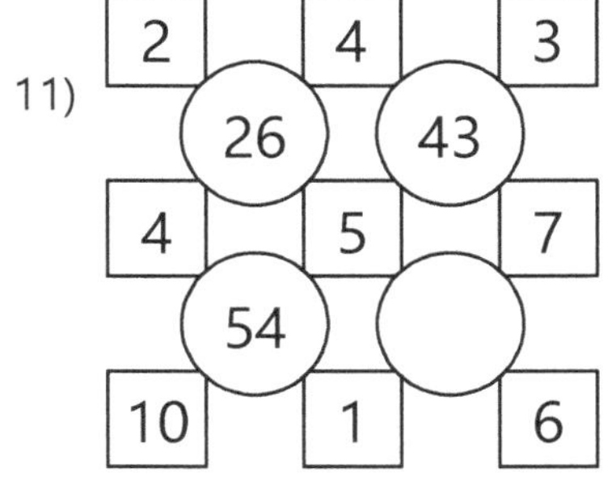

2 4 3
26 43
4 5 7
54 ___
10 1 6

Continúa las sucesiones de manera lógica:

1) 7, 14, 28, 56, 112, ______, ______, ______, ______,

2) 3863, 3733, 3802, 3672, 3741, 3611, ______, ______, ______, ______,

3) 10, 19, 37, 73, 145, ______, ______, ______, ______,

4) 10, 2, 0.4, 0.08, 0.016, ______, ______, ______, ______,

5) $\frac{1}{2}$, $\frac{2}{3}$, $\frac{3}{4}$, $\frac{4}{5}$, $\frac{5}{6}$, ______, ______, ______, ______,

6) 4, 4, 8, 24, 96, ______, ______, ______,

7) 405, 135, 540, 180, 720, ______, ______, ______, ______,

8) 7815, 1565, 315, 65, 15, ______, ______, ______, ______,

9) 29, 116, 30, 120, 34, 136, 50, ______, ______, ______, ______,

10) 1, 2, 1, 1, 3, 1, 1, 1, 4, 1, ______, ______, ______, ______,

11) 8, 200, 104, 152, 128, ______, ______, ______, ______,

12) 346'891, 134'689, 913'468, 891'346, ______, ______, ______,

13) 10'000, 9999, 9996, 9987, 9960, 9879, ______, ______, ______,

14) 4, 5, 9, 14, 23, 37, ______, ______, ______, ______,

15) 3, 9, 18, 30, 45, 63, ______, ______, ______, ______,

*16) $\frac{1}{30}$, $\frac{1}{15}$, $\frac{1}{10}$, $\frac{2}{15}$, $\frac{1}{6}$, $\frac{1}{5}$, ______, ______, ______, ______,

*17) 125, 17, 10, 4, 6, ______, ______, ______, ______,

*18) 121, 16, 49, 169, 256, ______, ______, ______, ______,

*19) 1, 11, 21, 1211, 111221, 312211, ______, ______, ______,

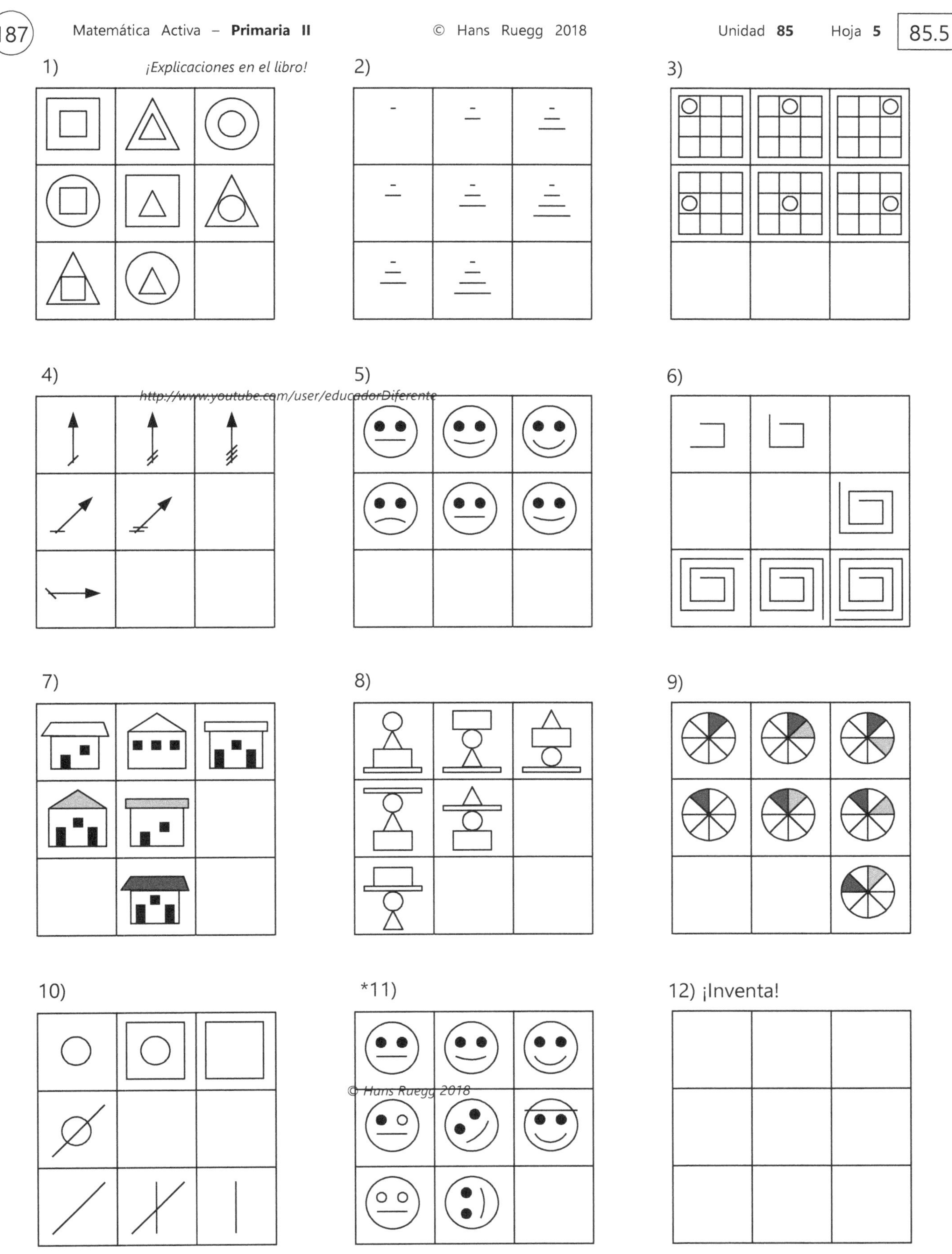
1) *¡Explicaciones en el libro!*
2)
3)
4)
5)
6)
7)
8)
9)
10)
*11)
12) ¡Inventa!

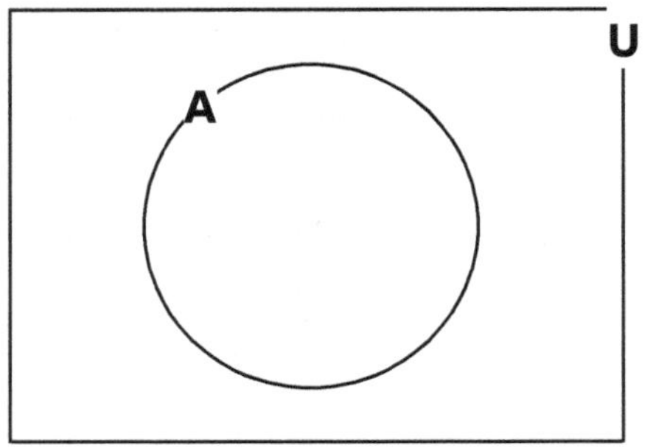

A es el conjunto de todos los juguetes que tienen ruedas. Pinta el área que contiene los juguetes sin ruedas. (U = juguetes.)

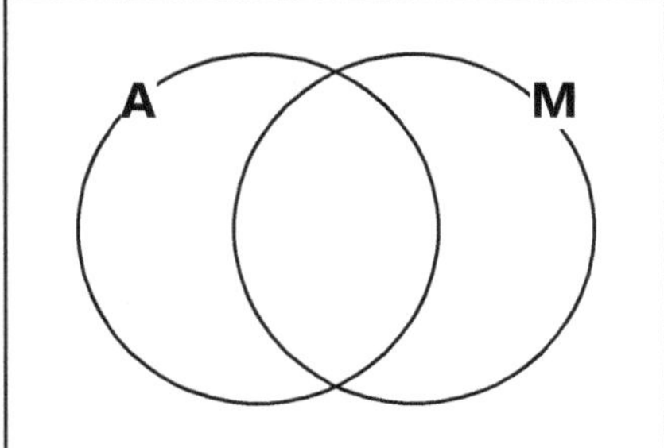

A es el conjunto de todos los artistas. M es el conjunto de todas las mujeres. Pinta el área que contiene las mujeres artistas. (U = personas.)

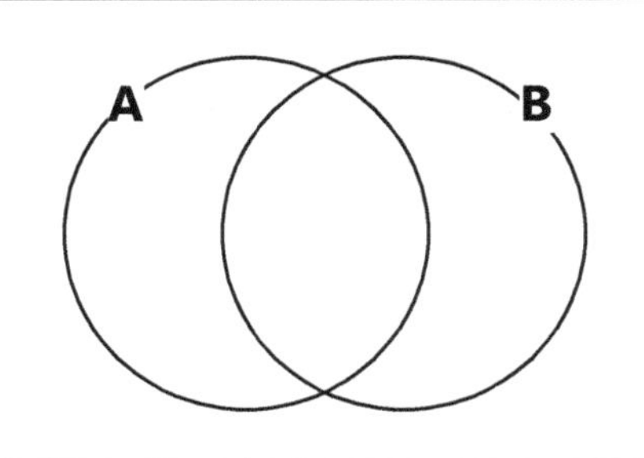

A es el conjunto de todos los medios de transporte amarillos. B es el conjunto de todos los barcos. Pinta el área que contiene los carros amarillos. (U = medios de transporte.)

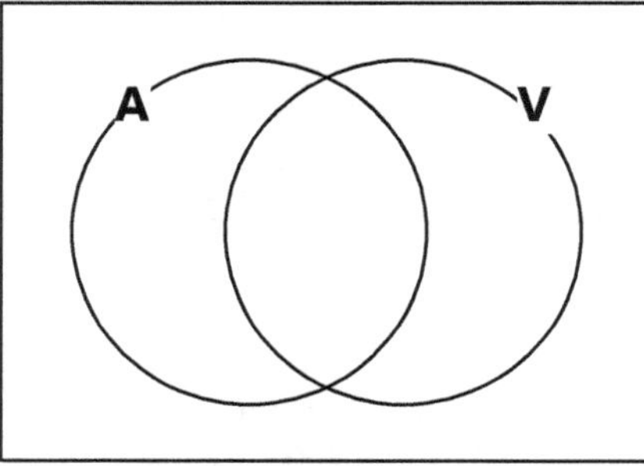

A es el conjunto de todas las aves. V es el conjunto de todos los animales que vuelan. Pinta el área donde pertenecen los avestruces. (U = animales.)

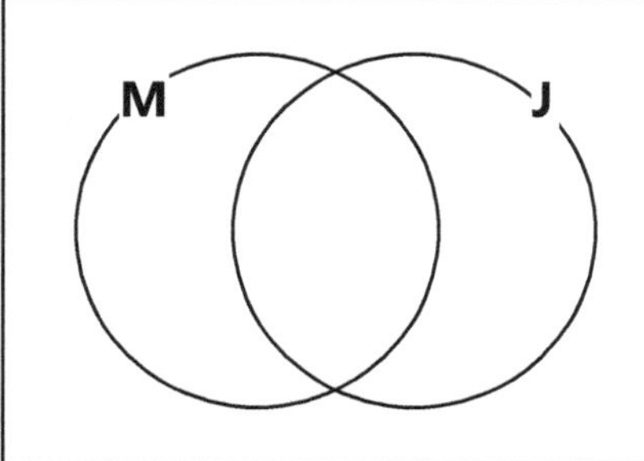

M es el conjunto de las manzanas. J es el conjunto de las frutas rojas. Pinta el área que contiene las frutas que son manzanas o rojas. (U = frutas.)

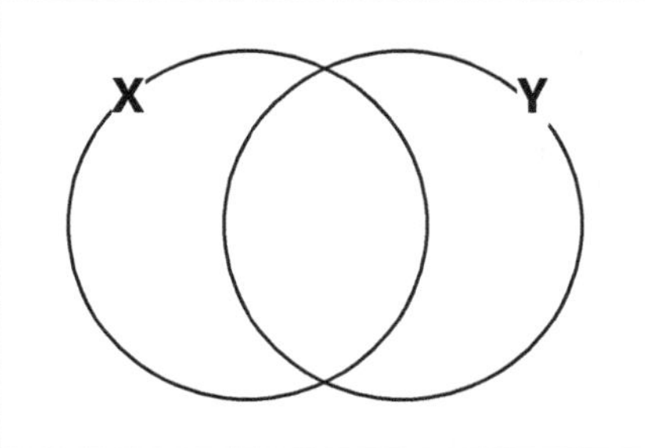

X es el conjunto de las tazas. Y es el conjunto de los servicios que son de plástico. Pinta el área donde se ubican los platos de porcelana. (U = objetos de la cocina.)

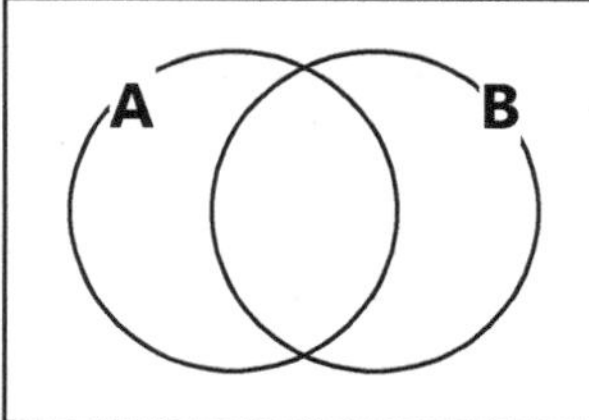

Pinta el área $A \cap B$.

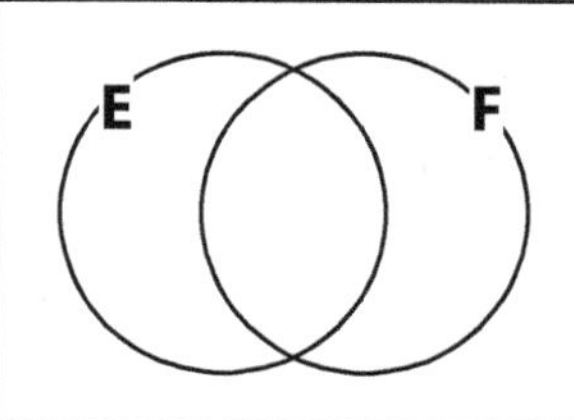

Pinta el área $E \Delta F$.

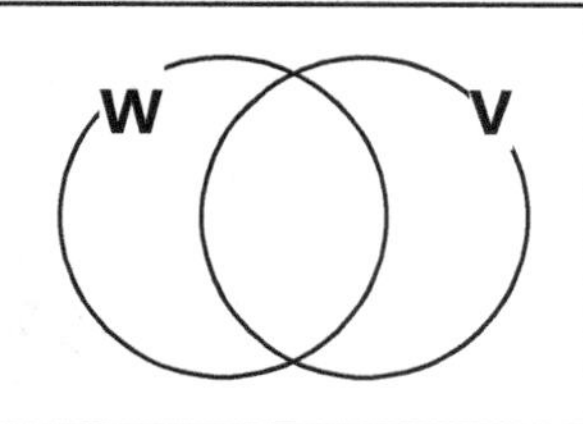

Pinta el área $(V \cap W)'$.

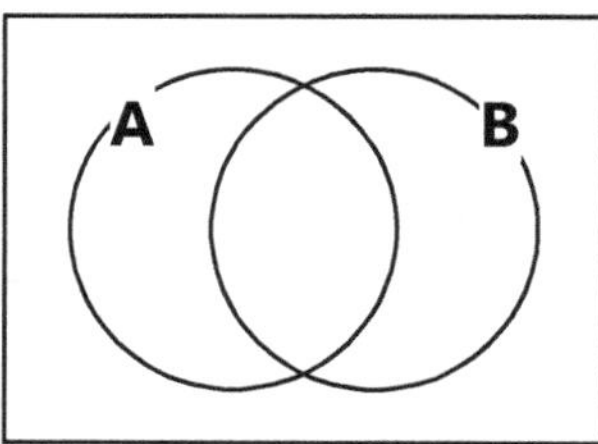

Pinta el área $(A \cup B) - (A \cap B)$.

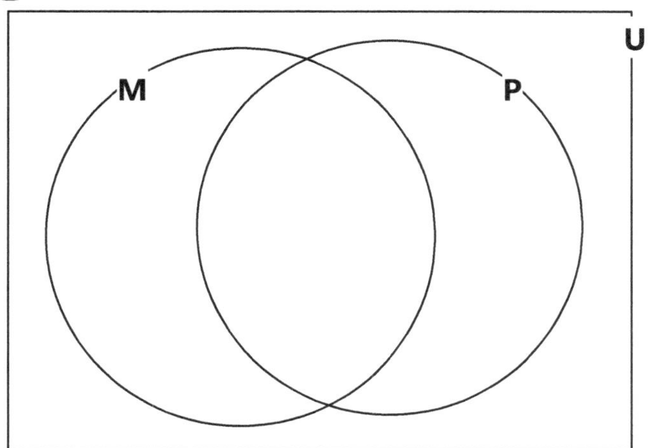

M contiene los números menores a 10.
P contiene los números primos.
El universo U contiene los números de 1 a 20. Escribe cada número del universo en el lugar que le corresponde.

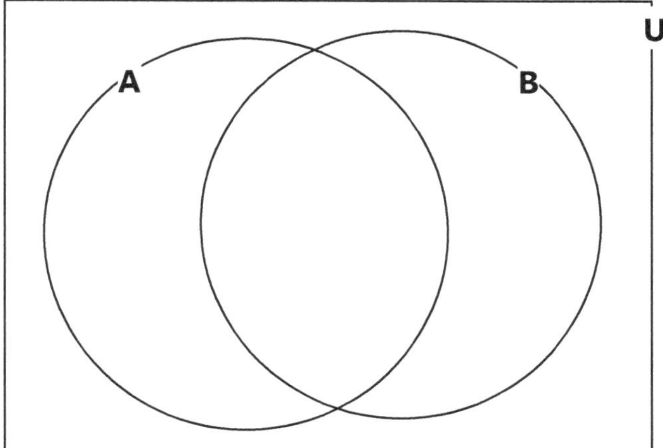

A: Números que contienen la cifra 2.
B: Múltiplos de 4.
U: Los números de 191 a 210.
Escribe cada número del universo en el lugar que le corresponde.

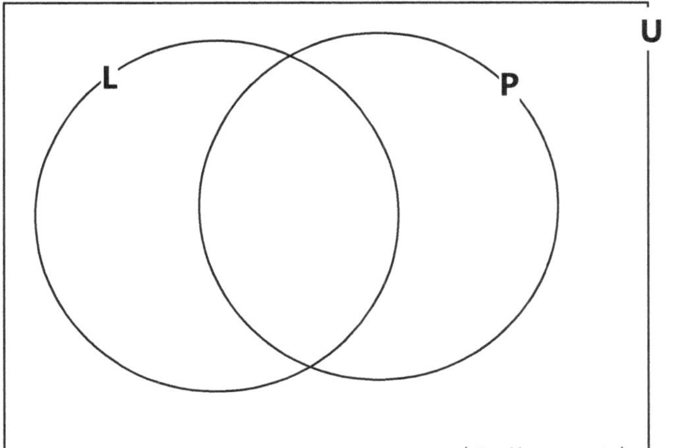

L: Cuadriláteros.
P: Figuras con por lo menos dos lados paralelos. - U: Figuras geométricas.
Dibuja en cada uno de los 4 campos por lo menos una figura que pertenece allí.

U
S
V

S: Animales con seis patas.
V: Animales que vuelan.
U: Animales.
Escribe en cada uno de los 4 campos por lo menos un nombre de un animal que pertenece allí.

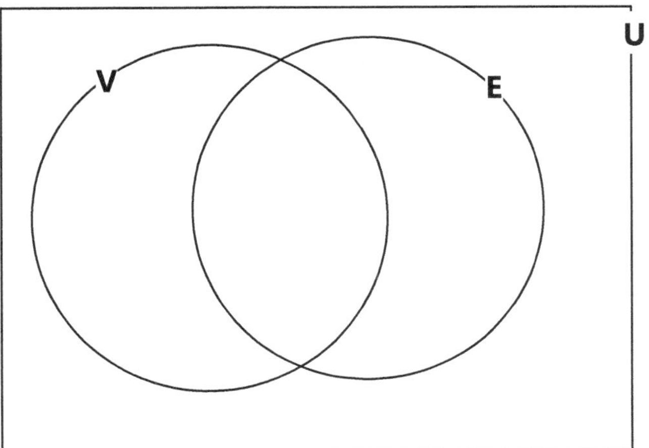

(Izquierda)
V: Vocales.
E: Letras de la palabra "exactamente".
U: Letras del abecedario.
Escribe cada elemento del universo en el lugar donde pertenece.

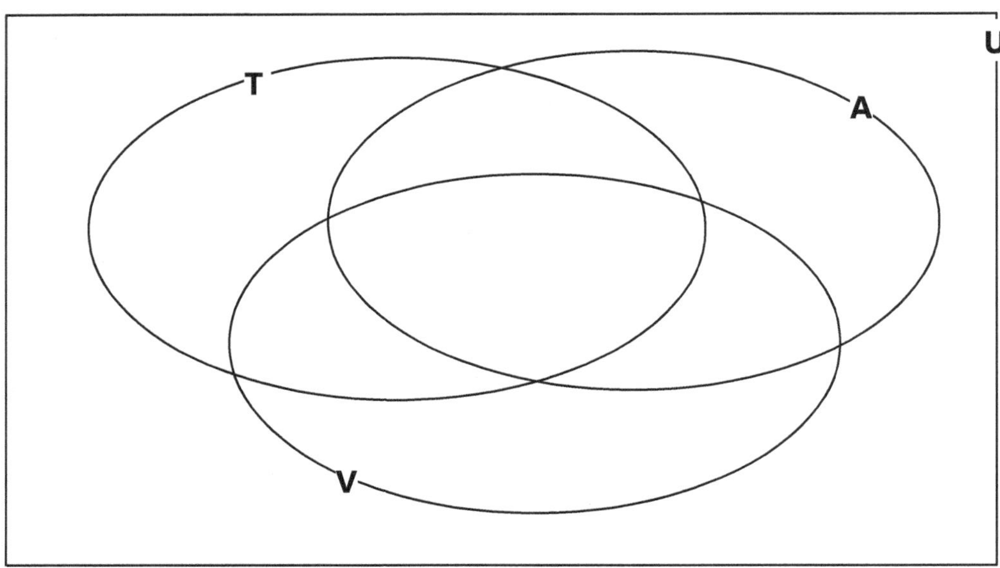

U: Animales.

T: Animales terrestres (que viven en la tierra)

A: Animales acuáticos (que viven en el agua)

V: Animales que saben volar.

Escribe en cada campo por lo menos un nombre de un animal que pertenece allí.

U: Palabras.

A: Nombres de alimentos.

H: Palabras que empiezan con H.

P: Nombres de plantas.

Escribe en cada campo por lo menos una palabra que pertenece allí.

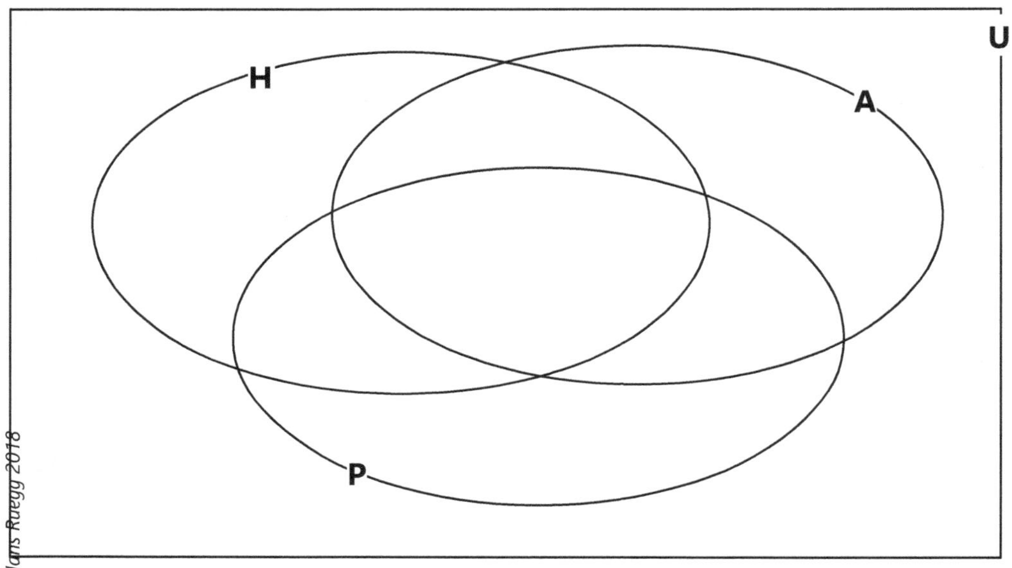

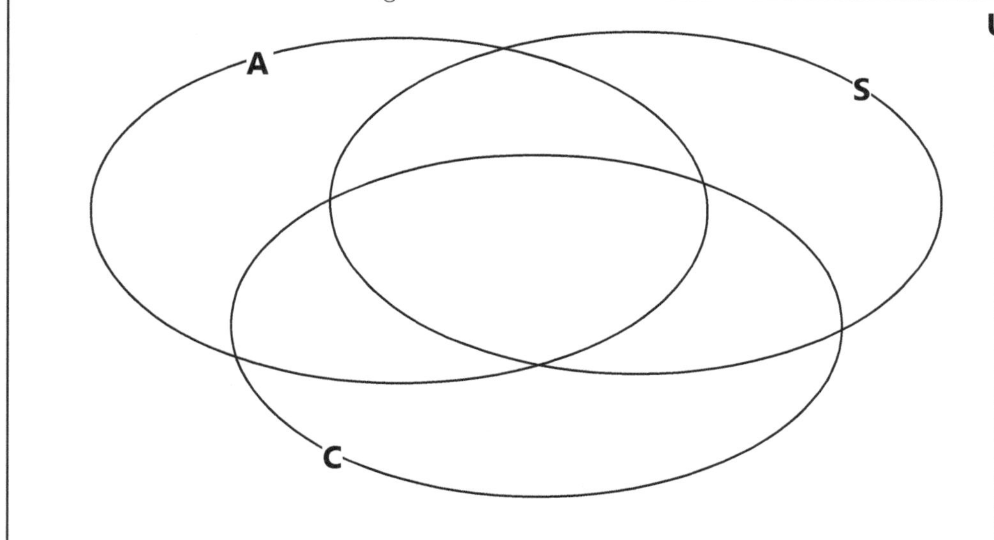

U: Plantas.

A: Árboles

C: Plantas que producen frutos comestibles

S: Plantas que crecen en la región donde tú vives.

Escribe en cada campo por lo menos un nombre de una planta que pertenece allí.

U: Los números de 1 a 60.

E: Números que terminan con 1.

F: Números mayores a 35.

G: Múltiplos de 3.

Escribe cada elemento del universo en el campo donde pertenece.

U: Los números de 1 a 60.

W: Números primos.

X: Números menores a 35.

Y: Números que contienen la cifra 3.

Escribe cada elemento del universo en el campo donde pertenece.

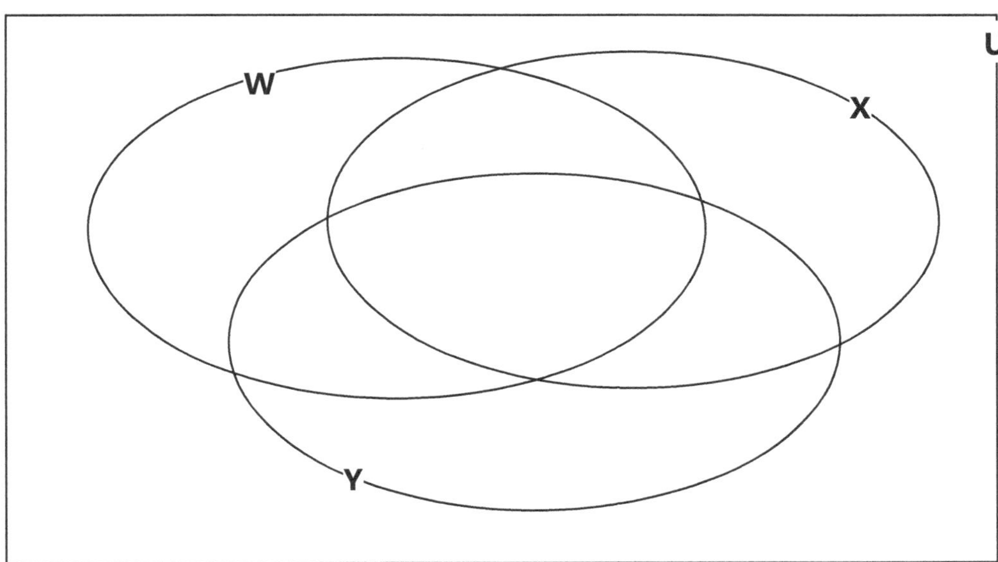

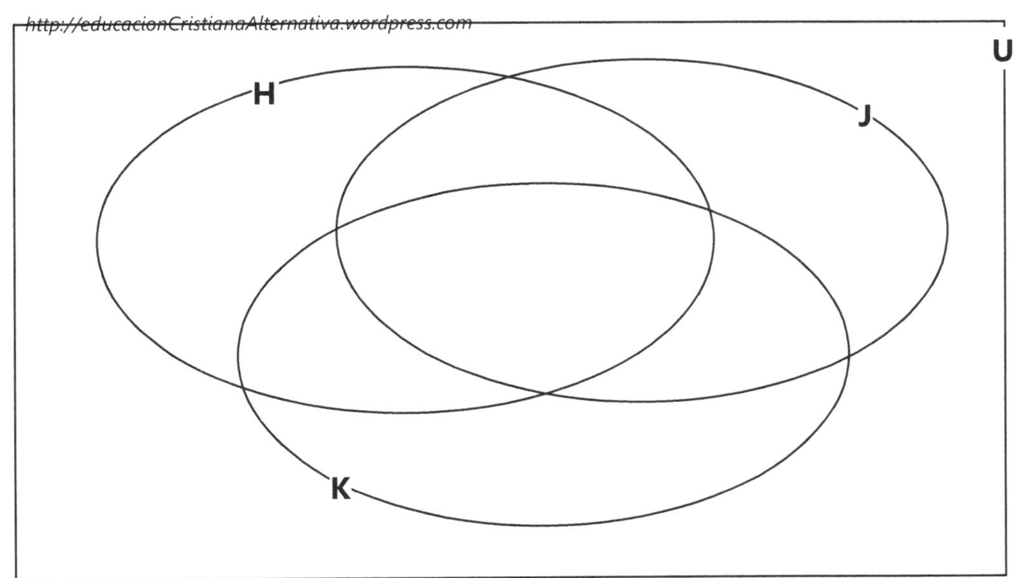

U: Los números de 1 a 60.

H: Números triangulares.

J: Números cuadrados perfectos.

K: Múltiplos de 3.

Escribe cada elemento del universo en el campo donde pertenece.

(Acerca de los números triangulares y cuadrados perfectos, vea la Unidad 81.)

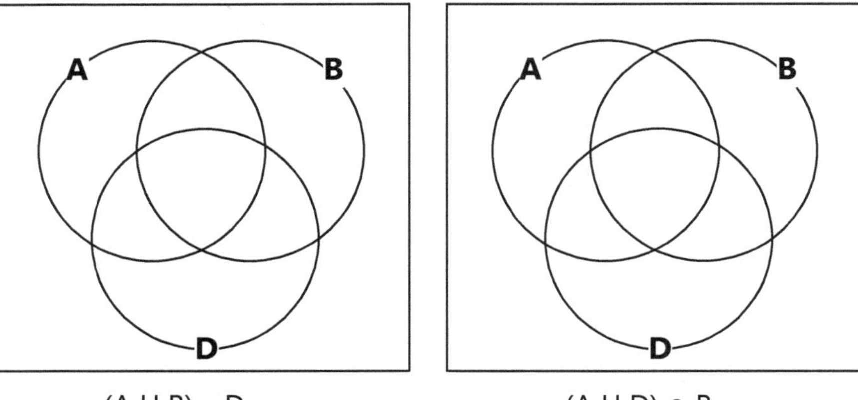

(A U B) – D

(A U D) ∩ B

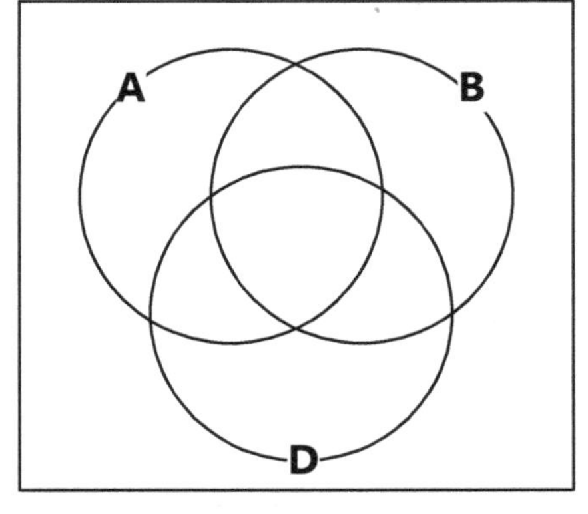

A U (D ∩ B)

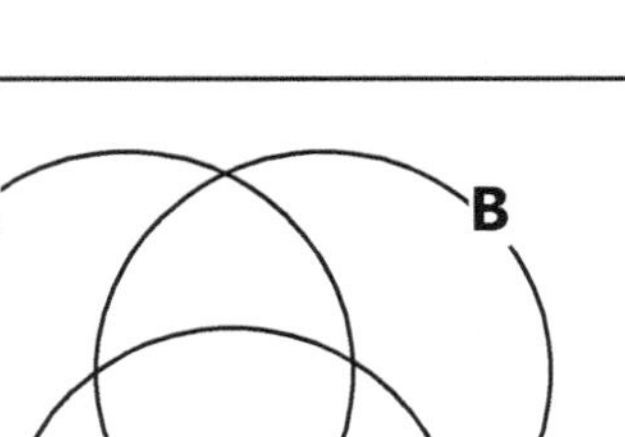

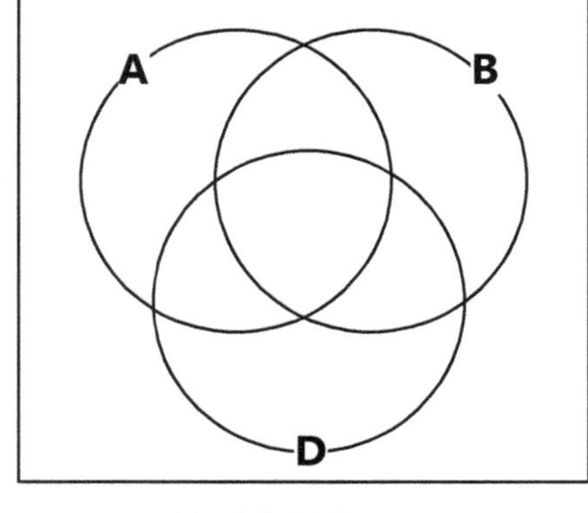

(A U B U D)'

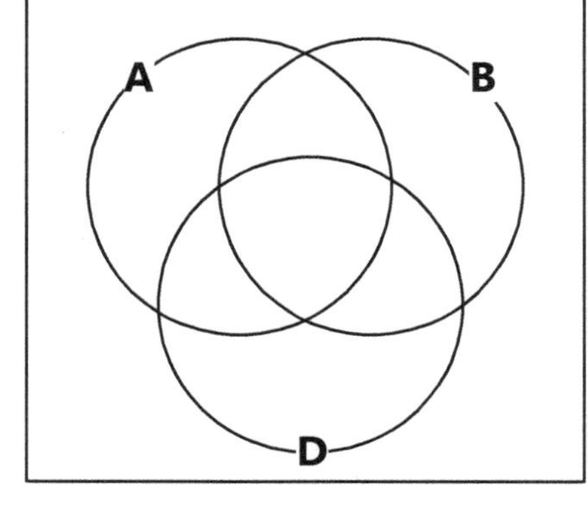

A' U B' U D'

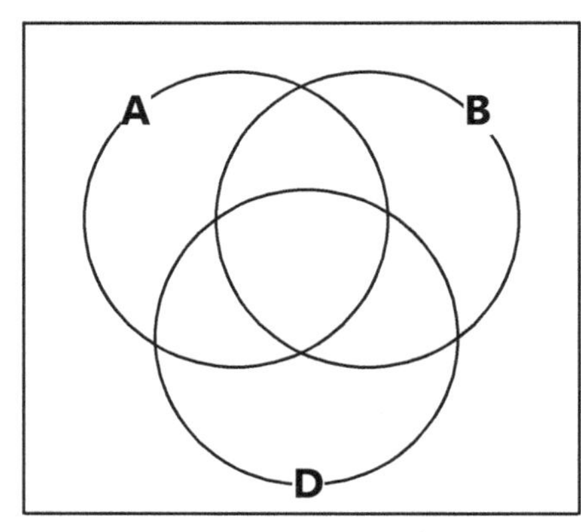

A U (D ∩ B)

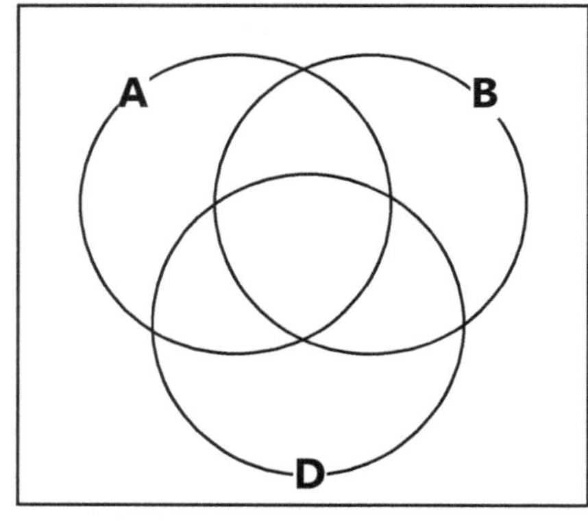

B – (A ∩ D)

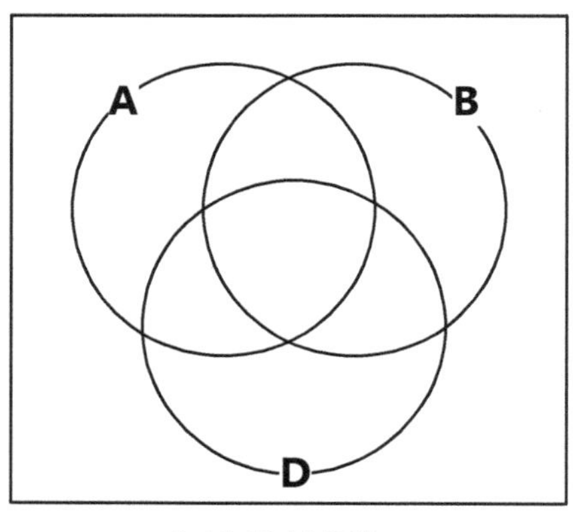

A U (B U D)'

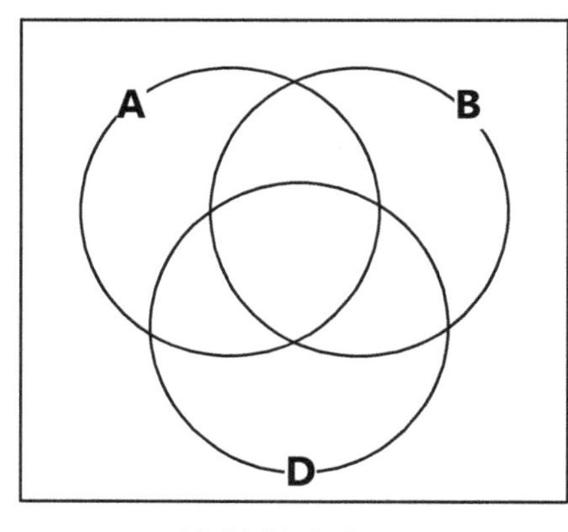

(A U B) Δ D

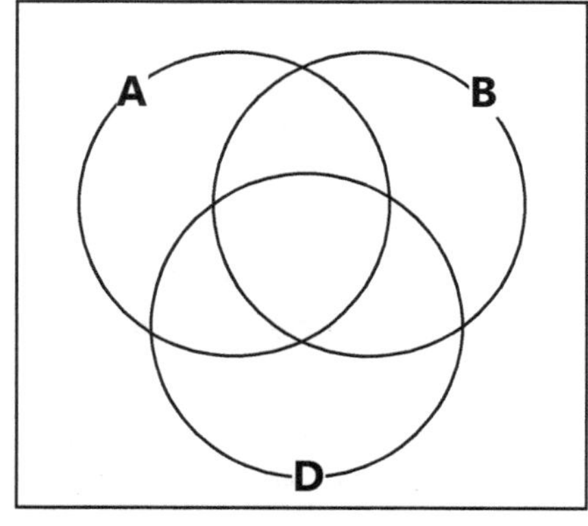

(A ∩ B) U (D – B)

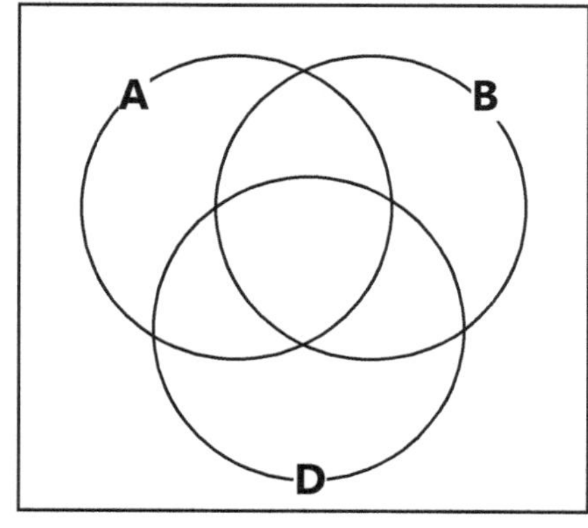

(B' ∩ D') – A

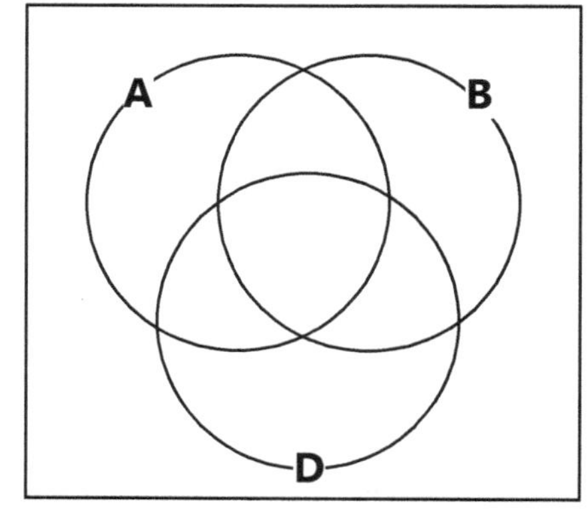

A Δ B Δ D

En los diagramas abajo significan:
U = toda la humanidad.

P = todas las personas de tu país.
A = todas las personas adultas.
V = todos los varones.

Describe las regiones indicadas por medio de operaciones de conjuntos, y coloréalas.

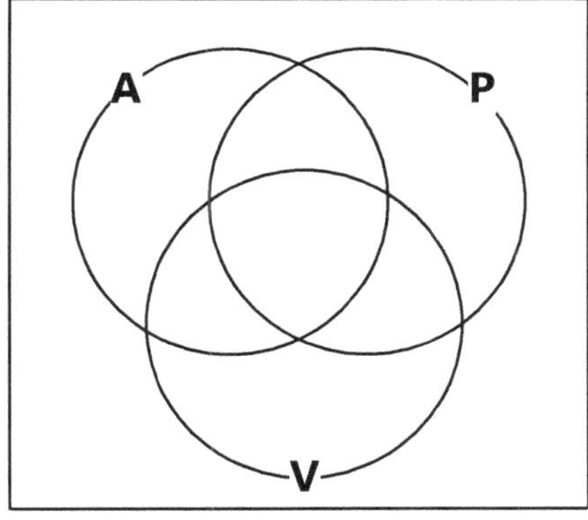

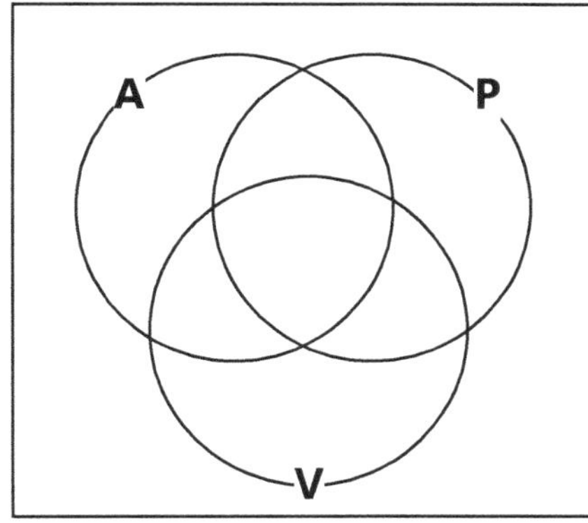

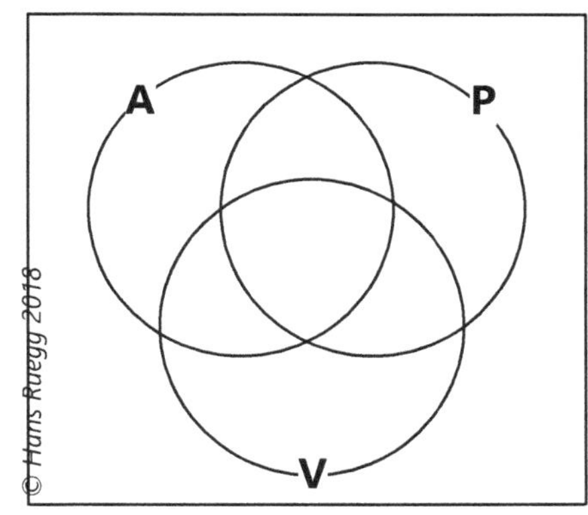

____
Todas las niñas de tu país.

____
Todas las personas extranjeras adultas.

____
Todas las personas que son ciudadanos adultos de tu país, o extranjeros masculinos.

* Abajo: Describe las regiones sombreadas con operaciones de conjuntos.
(Puede haber más que una solución correcta.)

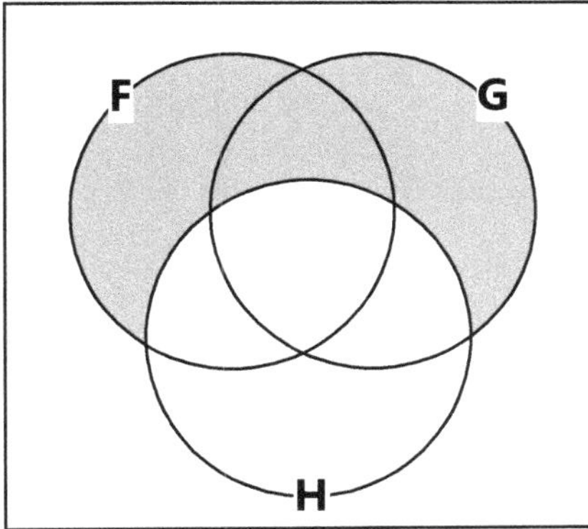

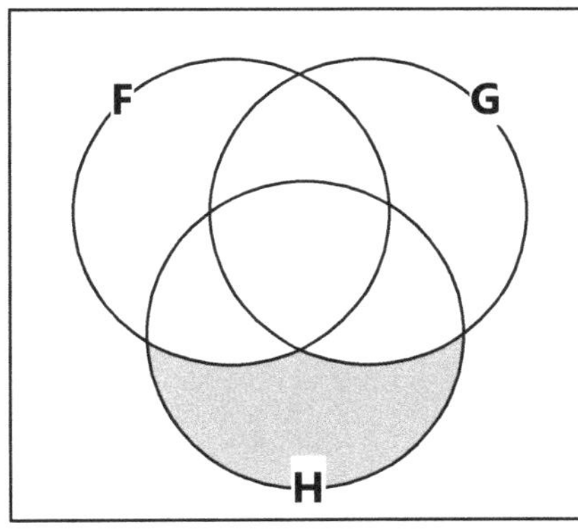

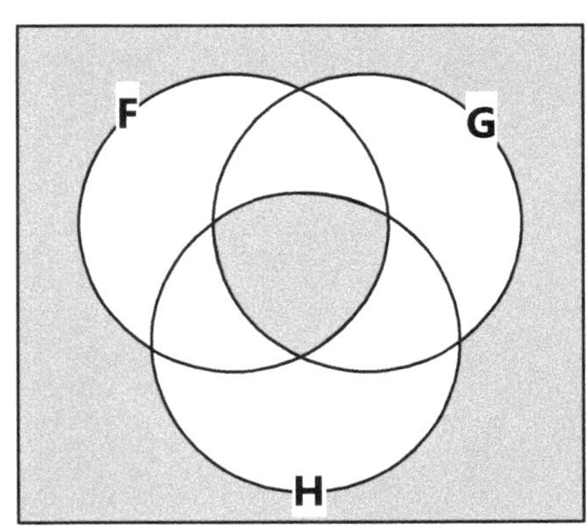

______________________ ______________________ ______________________

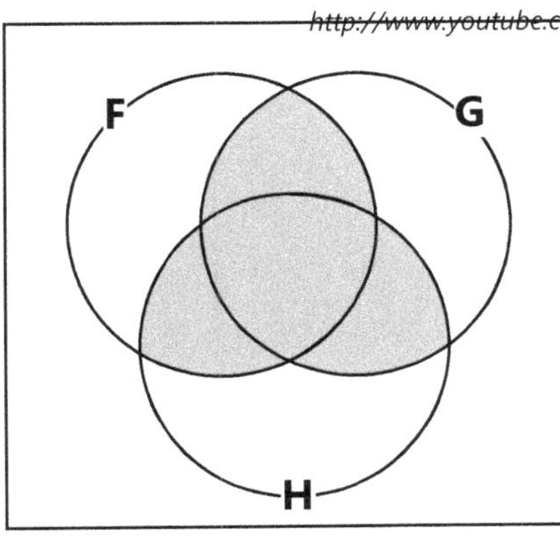

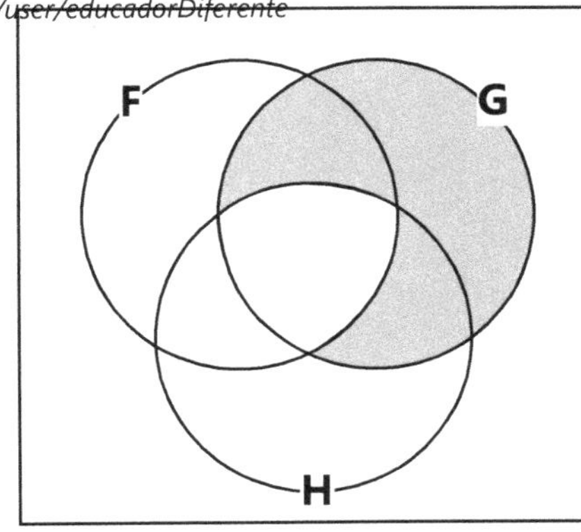

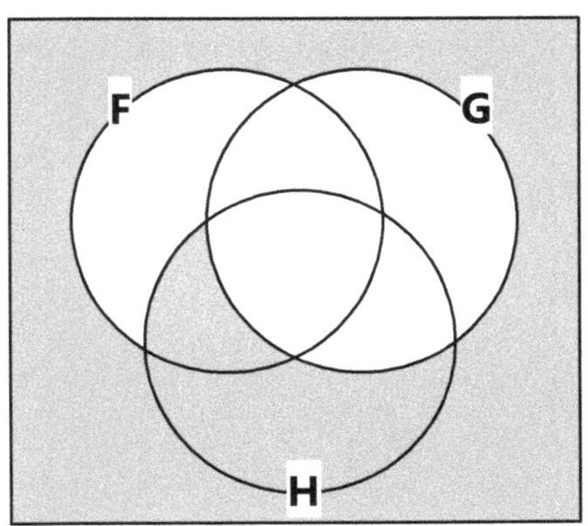

______________________ ______________________ ______________________

Camino de aprendizaje para: ____________________

(Nombre)

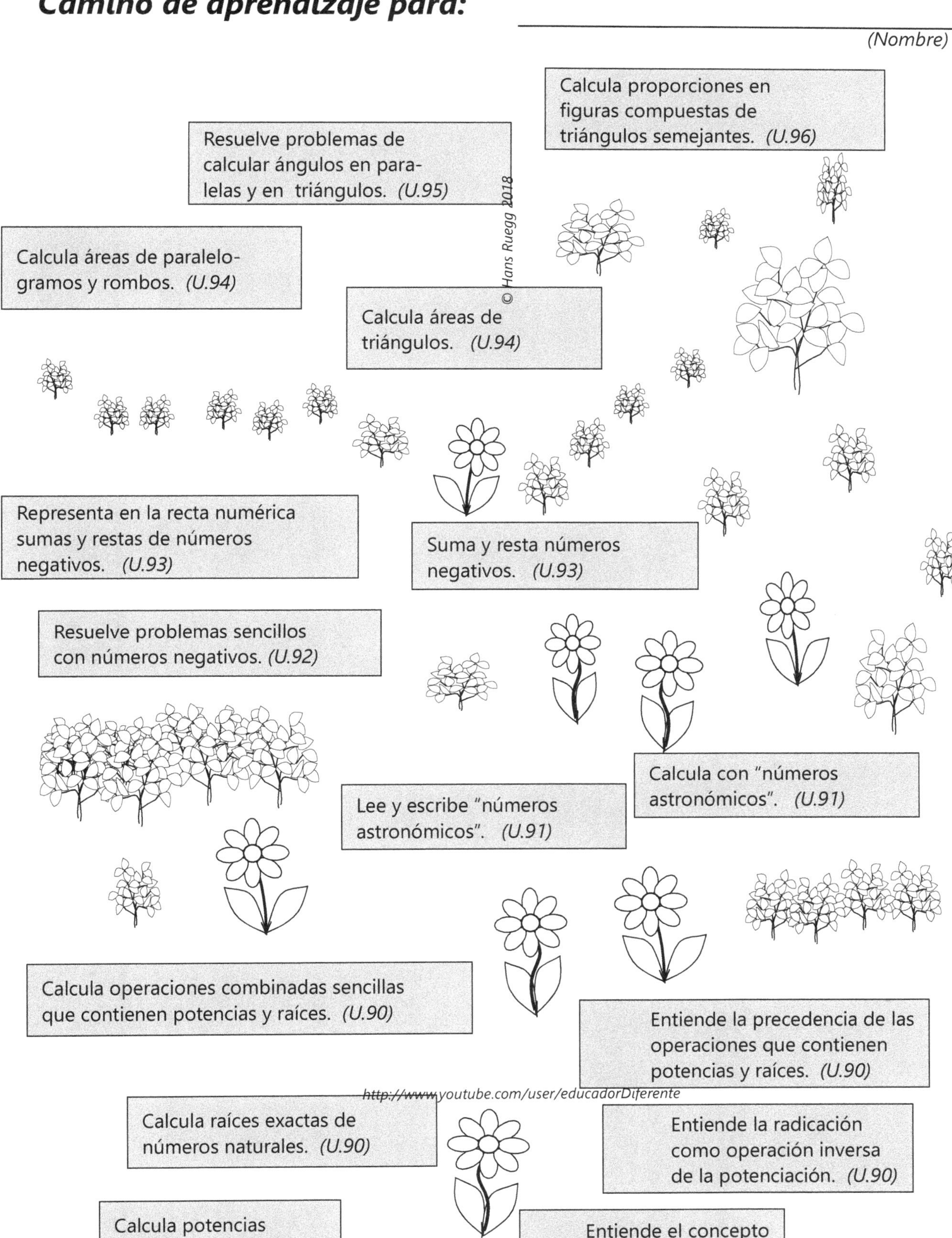

$(-3) + 4$	$(-3) - 4$	$(-4) - 3$	$(-4) + 3$
$3 - 4$	$4 - 3$	$(-10) + 6$	$(-6) + 10$
$10 - 6$	$6 - 10$	$(-8) + 5$	$(-5) - 8$
$(-5) + 8$	$(-12) + 5$	$5 - 12$	$(-7) - 7$
$(-7) + 7$	$(-7)+14$	$(-14) + 7$	$(-8) + 14$
○ $(-10) - (-9)$	○ $(-1) - (-2)$	○ $(-4) + (-9)$	○ $(-6) + (-5)$
○ $8 - (-4)$	○ $2 - (-5)$	○ $10 + (-13)$	○ $7 + (-4)$
○ $6 + (-3) - 6$	○ $(-7) - 6 + 9$	○ $1 - 8 + 5$	○ $5 - 7 - 4$
○ $10+(-7) - 5$	○ $1-10 -(-2)$	○ $4 + (-5) + 6$	○ $(-3)-6+(-1)$
○ $(-1)+10+1$	○ $(-8)+7+3$	○ $7-10 -(-3)$	○ $(-10)-3+4$

–1	–7	–7	1
4	–4	–1	1
–13	–3	–4	4
–14	–7	–7	3
6	–7	7	0
–11	–13	1	–1
3	–3	7	12
–6	–2	–4	–3
–10	5	–7	–2
–9	0	2	10

$(-2)+(-8)-(-5)$	$(-2)+8+(-9)$	$(-9)-(-4)+2$
$4-(-7+9)$	$(-10)-(-1-(-2))$	$6+(-5-6)$
$(-2)-(10+3)$	$(-3)-(-6-9)$	$2-(10-3)$
$3-(-4-8)$	$(-8)-(5-1)$	$(-7)+(-(-8)-5)$
$7+(-9-(-4))$	$(-2)+(8-4)$	$2+(5-9)$
$(1-8)-(-10)$	$((-3)+8)-(-4)$	$(5+(-9))+7$
$(-4)-(-10+1)$	$8-(1+5)$	$(-6)+(-1+(-5))$
$10-(-4+(-10))$	$14-(-(-9)+(-3))$	$(-15)+(-2-(-9))$
$8+(-7-4)$	$8-(7+4)$	$(-8)-(7-4)$
$1-(3-9-2)$	$2+(-3-9+1)$	$(-5)-(-8+3)$

–3	–3	–5
–5	–11	2
–5	12	–15
–4	–12	15
–2	2	2
3	9	3
–12	2	5
–8	8	24
–11	–3	–3
0	–9	9

El resultado de cada operación es el comienzo de la siguiente.
Une los puntos en línea recta, como en el ejemplo.

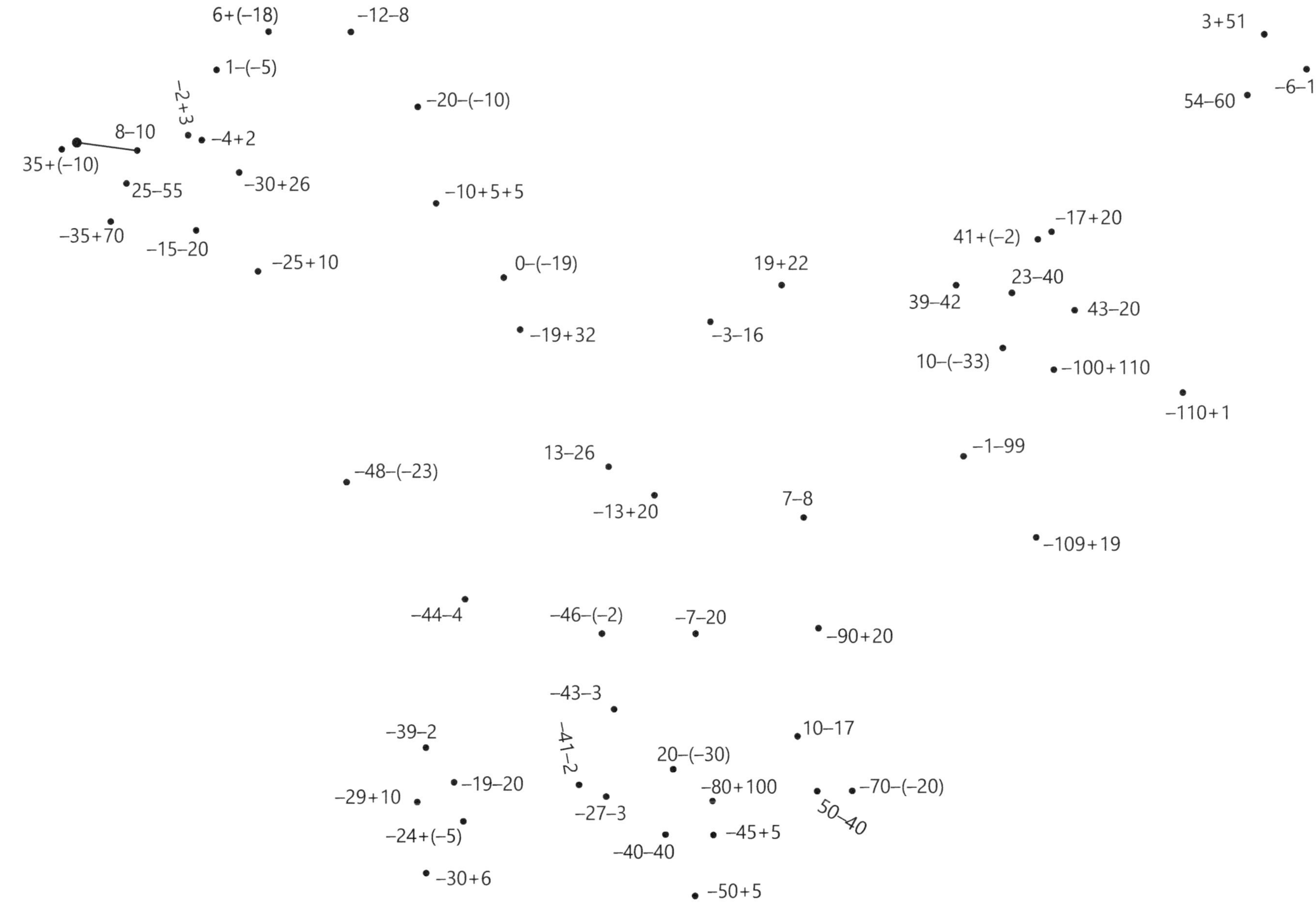

12. Construye un rectángulo ABCD
tal que AC sea su diagonal,
y B sea un punto de la recta a.

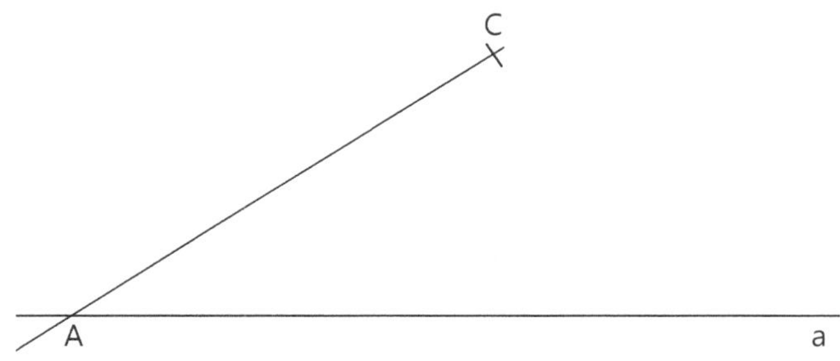

15. Construye una paralela a AB que pase por C,
una paralela a AC que pase por B,
y una paralela a BC que pase por A.
Prolonga todas estas paralelas hasta que se crucen entre sí y formen un triángulo grande.
¿Observas alguna propiedad especial de este triángulo grande, respecto al triángulo original?

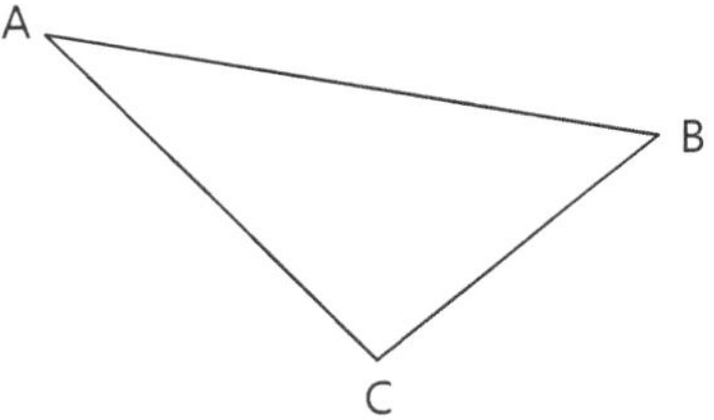

13. Construye un triángulo $A_1B_1C_1$ congruente a ABC,
tal que A_1 sea un punto de la recta a,
y usando el vértice B_1 que es dado.
(¿Cuántas soluciones existen?)

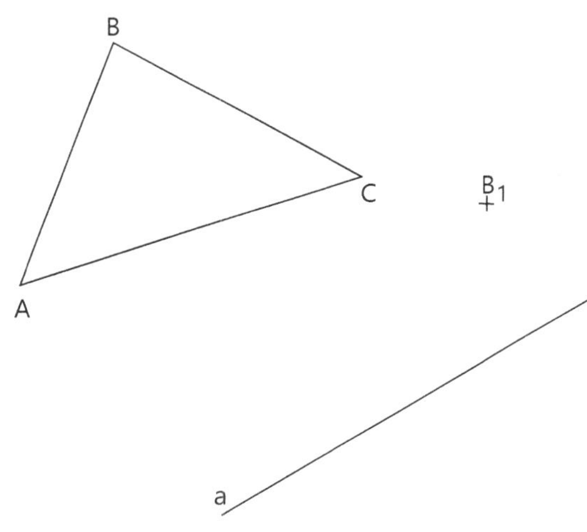

16. Construye un triángulo isósceles ABC (AB=BC) inscrito* al círculo dado, con AC=6 cm.

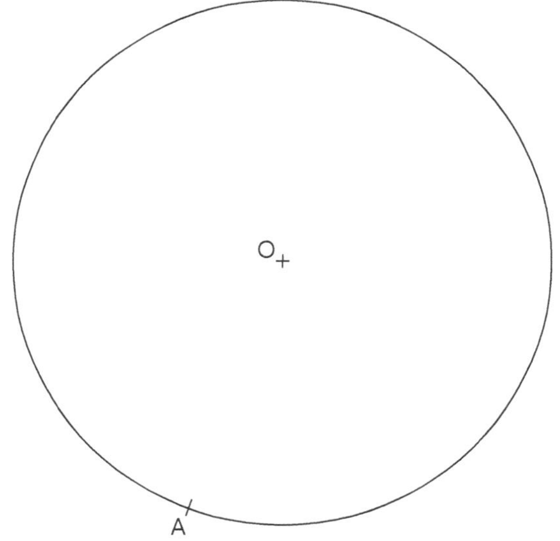

14. Construye un triángulo isósceles ABC (AB=BC),
tal que la distancia BD = 3 cm.

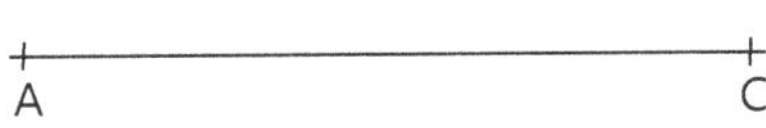

** Un triángulo inscrito a un círculo es un triángulo cuyos tres vértices son puntos de la circunferencia.*

CPSIA information can be obtained
at www.ICGtesting.com
Printed in the USA
BVHW062009140622
639769BV00007B/165